ÉLÉMENTS

DE

TACTIQUE NAVALE

NANCY, IMPRIMERIE BERGER-LEVRAULT ET Cie.

ÉLÉMENTS

DE

TACTIQUE NAVALE

PAR

Le Vice-Amiral PENHOAT

> Ceux qui ont la connaissance de la marine, jugeront sans doute que l'art des évolutions navales y est absolument nécessaire, parce que cet art n'est rien autre que la manière de régler les mouvements d'une armée navale.
>
> P. HOSTE.

PARIS

BERGER-LEVRAULT ET Cie, LIBRAIRES-ÉDITEURS

5, RUE DES BEAUX-ARTS, 5

MÊME MAISON A NANCY

—

1879

ÉLÉMENTS

DE

TACTIQUE NAVALE

CHAPITRE Ier

Les progrès de la mécanique et de la métallurgie ont exercé une influence considérable sur l'armement des vaisseaux de ligne et sur la constitution des forces navales.

L'établissement de machines à vapeur à bord, le cuirassement des bâtiments de ligne, le développement progressif de la puissance de l'artillerie et l'emploi de deux armes nouvelles, ont amené une transformation progressive de la flotte de combat.

L'initiative de cette transformation a été prise par la marine française, et son mouvement a été tellement rapide que, dans une période d'une quinzaine d'années, le vaisseau de ligne à voiles a été remplacé par un vaisseau de ligne à hélice cuirassé, armé d'un éperon et de torpilles. La forme et la grandeur du navire ont dû être modifiées pour recevoir l'appareil à vapeur, la cuirasse et l'éperon, et pour permettre d'établir à bord des canons d'un poids plus considérable que celui des pièces de l'ancienne artillerie de mer.

Avec ces données nouvelles, l'architecture navale a produit, dans toutes les marines, des types de navires très-variés ; les types créés par M. Dupuy de Lôme et adoptés dans la marine française ont eu, dès l'origine de cette transformation, une supériorité incontestable sur ceux des marines étrangères. On peut affirmer cependant que l'on n'est pas encore parvenu à fixer d'une manière définitive la forme et la grandeur des types appartenant aux diverses catégories de bâtiments qui doivent former l'ensemble de la force navale.

On avait d'abord pensé qu'il fallait des bâtiments spéciaux pour combattre au moyen de l'éperon ; on admet actuellement que tout bâtiment de ligne doit être pourvu de cet engin de combat.

La force de résistance des cuirassés a conduit à développer la puissance du canon et, par suite, son poids, qui a été considérablement augmenté. Le nombre des canons que l'on peut établir à bord a donc nécessairement été diminué ; néanmoins le nombre des pièces placées en batterie sur les côtés est plus grand que celui que l'on pourrait établir en chasse et en retraite ; le côté du bâtiment est donc plus fort en artillerie que l'avant ou que l'arrière.

Ainsi le bâtiment de ligne est muni d'une puissante machine à vapeur, établie à l'abri des coups de l'ennemi, et qui imprime au navire une vitesse indépendante du vent ; il est revêtu d'une cuirasse de fer qui le protége contre les coups de l'artillerie ; son avant est armé d'un éperon capable d'enfoncer les carènes les plus solides.

L'avant armé d'un éperon devient la partie forte du bâtiment, tandis que le travers en est la partie faible.

Il était essentiel de résumer ces conditions du bâtiment de ligne actuel, parce qu'elles serviront à déterminer la manière de combattre à la mer, et, par suite, la forme de l'ordre de bataille.

Dès l'origine de la transformation de la flotte, la tactique des bâtiments à voiles a paru insuffisante pour régler les évolutions des instruments de guerre nouveaux que les marins étaient appelés à manier.

L'on s'est demandé d'abord s'il ne fallait pas rejeter les anciens principes de guerre maritime, c'est-à-dire les règles de la tactique en usage pour les bâtiments à voiles, et remplacer le tout par une conception nouvelle en harmonie avec le nouvel état de la flotte.

Telle est la question que les meilleurs esprits se sont posée dès l'apparition des bâtiments à vapeur à roues. Elle a été traitée à cette époque dans plusieurs écrits très-remarquables ; il semble cependant que, dans ces écrits, on n'ait pas tenu un compte suffisant des traditions du passé.

Chez toutes les puissances maritimes, la tactique des bâtiments à voiles était, pour ainsi dire, l'expression de l'expérience acquise pendant une longue période de guerres maritimes, et l'on est conduit à se demander si une partie des dispositions qu'elle contient ne pourrait pas, avec des modifications convenables, être appliquée au nouvel état naval et servir de guide pour créer une nouvelle tactique. Assurément cette question vaut la peine d'être examinée ; c'est à ce point de vue que cette étude a été entreprise.

Pour procéder avec méthode dans les recherches qui ont pour objet de recueillir les traditions du passé et de les relier à l'état naval actuel, il est nécessaire de jeter un coup d'œil :

1° Sur l'ancienne marine à rames et sur la tactique de combat qui a été en usage dans les temps anciens ;

2° De décrire et d'analyser, d'une manière sommaire, les règles d'attaque et de défense de lignes de bâtiments à voiles.

Cette étude conduira à déterminer la nature des changements que la transformation du navire doit amener dans les règles de la nouvelle tactique navale.

Commençons d'abord par examiner les principes généraux.

PRINCIPES GÉNÉRAUX.

La tactique navale est l'art de conduire au combat un nombre quelconque de bâtiments réunis, de combiner leurs mouvements au moyen d'évolutions destinées à les mettre en action de la manière la plus avantageuse contre l'ennemi pour l'attaque et pour la défense.

Toute manœuvre d'attaque doit avoir pour but d'opérer sur la partie la moins défendue de l'armée ennemie une concentration rapide de forces pour affaiblir ou détruire cette partie et se trouver en mesure d'attaquer l'autre partie avec des forces supérieures.

Toute manœuvre de défense doit avoir pour but de garnir le point attaqué de telle sorte que l'ennemi y rencontre des forces supérieures, ou bien, si l'attaque de l'ennemi est mal concertée, de jeter sur les points faibles de son ordre des forces supérieures.

Ces règles sont exposées de la manière suivante dans l'*Essai sur la tactique navale,* de Clarke, ouvrage écrit en 1781 et qui a fait autorité dans la marine anglaise.

Premier principe. — Si un général de mer a disposé ses forces de manière qu'aucune division de son armée ne puisse être attaquée sans que le reste ou du moins une partie de l'armée ne soit prête à lui porter secours, il a pourvu par là non-seulement aux moyens d'éloigner une défaite, mais même il a fait un premier pas vers la victoire.

2e principe. — Si un général de mer conduit ses forces et attaque une division séparée de son ennemi avec une grande supériorité de forces et de manière à ce que la division attaquée ne puisse être soutenue, il a non-seulement, dans ce cas, fait le premier pas vers la victoire, mais encore il s'assure une retraite si elle devient nécessaire, etc.

3e principe. — Si un général de mer a disposé ses forces de manière qu'une partie ou une division de son armée puisse être attaquée par un ennemi supérieur en forces, sans que le reste de son armée, ni aucune partie du reste de l'armée, ait les moyens de lui porter secours, ce général sera battu.

4e principe. — Si un général de mer attaque son ennemi et dispose ses forces de manière que quelque partie ou division de son armée ne puisse pas être soutenue et qu'il puisse se trouver exposé à l'ennemi supérieur en forces (à recevoir plus de boulets qu'il n'en pourra rendre), un tel général sera certainement mis en déroute.

Ces principes sont applicables aux opérations de guerre maritime, comme à celles de la guerre de terre.

Mais pour mettre ces principes en pratique, il faut savoir ranger une armée en ordre de bataille, la faire marcher et la faire évoluer.

Voici ce que dit le P. Hoste à ce sujet :

Les différentes circonstances où une armée peut se trouver, les différents desseins qu'un général peut se proposer, donnent lieu aux différents ordres.

Si l'armée combat, elle doit être rangée différemment que si elle marche.

Si l'armée fait route en vue de l'ennemi, il faut qu'elle soit disposée autrement que si elle était éloignée de le rencontrer.

Une armée qui marche en retraite a son ordre particulier; celle qui poursuit l'ennemi, celle qui garde un passage, celle qui force un passage, celle qui est mouillée dans un port ou dans une rade, celle qui va insulter l'ennemi, toutes ces différentes armées doivent être rangées en ordre différent.

Trois choses font juger qu'un ordre est bon :

1° Si l'ordre rend l'armée plus disposée à faire ce à quoi on la destine, comme si l'ordre de marche contribue à faire aller l'armée plus vite; si l'ordre de retraite met l'armée plus sûrement à couvert contre les poursuites de l'ennemi;

2° Si l'ordre donne moins d'étendue à l'armée, en la réunissant davantage, parce qu'une armée moins étendue est plus difficile à couper et que les différentes divisions s'entr'aident plus aisément et parce qu'il y a plus de communications entre le commandant en chef et les particuliers;

3° Si l'ordre se réduit d'une manière simple et facile à l'ordre de bataille.

L'ordre de bataille est donc la base de la tactique navale, et l'on doit déterminer avec précision sa forme, son organisation et la nature de ses mouvements, avant d'entrer dans le détail des évolutions qu'une armée navale peut exécuter.

Les conditions générales de tout ordre de bataille à la mer sont les suivantes :

1° Les bâtiments, dans l'ordre de bataille, doivent être rangés de manière à pouvoir mettre en action contre l'ennemi les armes établies à bord, sans qu'ils soient exposés à se gêner mutuellement;

2° Ils doivent pouvoir changer de direction dans tous les sens par « un mouvement à la fois », sans courir aucun risque d'abordage, même dans le cas où l'évolution serait faite avec peu d'ensemble; ils doivent enfin être placés de manière à pouvoir se porter rapidement sur un point quelconque de l'ordre de bataille;

3° Le fractionnement de l'armée en divisions et subdivisions et le placement des chefs dans l'ordre de bataille, dans les divisions et les subdivisions de cet ordre doivent être faits en vue de favoriser les évolutions de l'armée et de permettre aux bâtiments de se donner promptement un appui réciproque.

Ces règles générales sont communes à toutes les tactiques; mais pour les appliquer il y a des règles spéciales qui varient

avec le mode de locomotion du bâtiment et avec la nature
des armes employées à bord.

Les règles variables de la tactique navale telles qu'on
vient de les définir, dépendant de la nature des moyens offensifs et défensifs établis à bord, et surtout du mode de locomotion du navire, nous allons étudier l'application qui en a
été faite dans la marine à rames et dans la marine à voiles.

CHAPITRE II

DES BATIMENTS A RAMES.

Les navires anciens avaient plusieurs rangs de rames.

Cette installation des rames, qui n'est pas bien connue et
qui était probablement défectueuse, avait fini par disparaître,
et la galère du moyen âge ne portait qu'un seul rang de
rames. Néanmoins, ces deux espèces de bâtiments différaient
assez peu pour qu'il soit possible de conclure de l'une à
l'autre.

Les grandes galères portaient des deux bords 50 rames
armées de 5 hommes chacune ; en général, elles n'avaient
que 26 ou 30 rames. Leur largeur variait entre le sixième,
le septième et même le neuvième de leur longueur.

« La galère *la Levrette,* prompte à merveille, n'avait que
quinze pieds de bau pour quatre-vingt-cinq pieds de quille.

« La galère la mieux montée pouvait filer, par un calme
parfait, pendant la première heure, $4^n,5$ en moyenne. La vitesse tombait ensuite progressivement à 3 nœuds, 2 nœuds
et $1^n,5$. Enfin, après un temps assez court, la chiourme, complétement épuisée, était hors d'état d'imprimer au navire la
moindre vitesse. »

On regardait comme un grand avantage d'être au vent pour combattre, parce que, poussé par le vent, on pouvait obtenir sans fatigue une vitesse suffisante pour bien évoluer.

Les galères employaient pour combattre le choc de l'éperon et l'abordage.

L'éperon était formé d'une pointe d'airain placée presque à fleur d'eau ; on évaluait souvent la force d'une flotte par le nombre d'éperons qu'elle pouvait mettre en ligne.

Voici un exemple remarquable de manœuvre d'éperon tiré de l'histoire des guerres du Péloponèse. Une flotte athénienne était poursuivie par une flotte de Leucade :

« Un vaisseau de Leucade, qui avait beaucoup d'avance sur le reste de la flotte, serrait de près le seul vaisseau athénien resté en arrière ; mais celui-ci, prenant l'avance, fait le tour d'un bâtiment marchand mouillé au large, va frapper par le milieu le navire leucadien qui le poursuivait et le submerge. » (Thucydide.)

Pour faciliter les combats à l'arme blanche, on établissait sur l'avant de chaque bâtiment des ponts mobiles, que l'on abaissait pour passer à l'abordage, et afin de combattre avec plus de sûreté, on accrochait l'ennemi au moyen de corbeaux, de grappins établis également dans cette partie.

On élevait encore sur l'avant des machines qui servaient à lancer des traits, des pierres, des artifices et même des poutres ferrées par le bout, appelées béliers. Toutes ces machines étaient encombrantes et d'un usage compliqué.

Quelques galères portaient des tours que l'on montait lorsqu'on se préparait au combat.

Si l'armée était en désordre, on jetait à la mer tout ce matériel pour rendre la fuite plus légère.

Les galères présentaient l'avant à l'ennemi pour combattre ; elles étaient rangées en ordre de front, sur deux ou sur trois lignes droites parallèles, rarement sur une seule ligne. Dans ce dernier cas, on donnait à l'ordre de front simple la forme d'un croissant ou demi-lune, dont les ailes ou les cornes, comme on les appelait aussi, étaient tournées du côté de l'ennemi.

Dans chaque ligne, la distance d'un bâtiment à l'autre était égale à deux fois environ la longueur d'une galère.

L'ordre de bataille affectait quelquefois la forme inverse, c'est-à-dire que le centre formait sur l'avant un angle saillant, compris entre deux ailes en ligne droite, comme une ligne à redan.

« En 1340, à la bataille de l'Écluse, l'armée anglaise était rangée sur deux lignes, en belle ordonnance, les plus forts devant, une nef chargée d'hommes d'armes entre deux chargées d'archers, l'amiral se réservant aucunes pour aller au secours de celles qui seraient trop pressées.

« Le combat fut très-long et très-âpre, ayant duré neuf heures, avec autant d'obstination qu'on combattait quasi comme sur terre, les vaisseaux étant accrochés les uns aux autres.

« Les causes de la défaite furent, la première, que le dit Buscher Manceau n'avait mis sur les vaisseaux que des coquins, au lieu de bons marins, pour mieux gagner sur leur solde. »

En 1647, à la Canée, la flotte vénitienne, composée de galères, était rangée en triangle ; la base de ce triangle, formée de six galéasses, était soutenue en arrière par une ligne de galères rangées en croissant et par une réserve partagée en trois corps.

La forme triangulaire considérée comme ordre de combat présente, au point de vue des mouvements, de graves inconvénients pour des bâtiments à éperon. Il serait, en effet, fort difficile de faire tourner promptement, par « un mouvement à la fois », et en sens inverse de leur première direction, les bâtiments qui composent les deux côtés de l'angle saillant du triangle, sans qu'ils se trouvent exposés à tomber en travers devant l'éperon de leur matelot de hanche. Il faudrait, pour prévenir les chances d'abordage, exécuter le mouvement avec un ensemble parfait, difficile à obtenir sur un champ de bataille.

Si, par exemple, les navires placés à la base du triangle, ou si les corps formant l'arrière-garde devenaient l'objet d'une attaque, les bâtiments de l'armée placés en avant de cette attaque seraient très-gênés pour se porter promptement par « un mouvement à la fois » à l'aide de leurs camarades.

Dans l'ordre triangulaire, les bâtiments sont, pour ainsi dire, soudés les uns aux autres et ne peuvent guère suivre qu'une seule direction, parce que les changements de direction ne peuvent se faire que par des conversions qui prennent beaucoup de temps et d'espace. Les changements de direction de quelque importance faits par « un mouvement à la fois » deviennent non-seulement d'une exécution difficile, mais même dangereuse s'ils ne sont exécutés avec de grandes précautions. Dans tous les cas, par suite du mouvement à la fois, la pointe de l'ordre angulaire ne sera plus tournée dans le sens de la route de l'armée.

Ces défauts inhérents à l'ordre triangulaire ne paraissent pas du reste avoir échappé à l'amiral vénitien, car on le voit accumuler une grande masse de forces pour protéger la base de son triangle qui ne formait, du reste, qu'une sorte d'avant-garde.

Les batailles navales étaient livrées généralement près des côtes, dans les golfes, sur les rades, entre des îles qui pouvaient servir à cacher des embuscades.

Le mode de locomotion des navires à rames permettait de les arrêter sur place, de les faire tourner au moyen des rames, même lorsqu'ils n'avaient pas de vitesse ; on pouvait alors, avant d'engager la mêlée, faire exécuter à la flotte des mouvements compliqués, destinés soit à rompre l'ordre de l'ennemi en le forçant à évoluer, soit à reconnaître le point d'attaque le plus avantageux pour engager le combat bord à bord.

On cherchait encore à gagner la position du vent et à mettre le soleil au visage de l'ennemi.

Enfin, les dispositions que les généraux prenaient pour engager l'action variaient suivant le plan qu'ils se proposaient de suivre et les ruses qu'ils méditaient; mais l'ordre type de combat était l'ordre de front.

Les galères abaissaient leurs voiles pour combattre; elles s'avançaient l'une contre l'autre à force de rames, chacune cherchant à briser celles de son adversaire et ensuite à le frapper de son éperon sur le côté.

Dès que l'on était assez rapproché, on faisait usage des frondes, des flèches et des balistes, etc.

Si les deux armées étaient rangées en croissant, le combat commençait par les cornes du croissant et s'étendait progressivement jusqu'à ce que les deux armées fussent mêlées.

Les bâtiments cherchaient à s'accrocher au moyen des corbeaux, et quand ils étaient parvenus à se lier à leur adversaire, on abaissait les ponts et l'on combattait de pied ferme comme dans un assaut.

C'était le seul moyen de combat vraiment décisif, puisque le moindre éloignement ne permettait pas de se servir des flèches, des frondes et des machines de jet.

Il se formait une mêlée de bâtiments accrochés les uns aux autres, et dans une pareille action, impossible à diriger quand elle était commencée, la victoire appartenait à la flotte qui avait les meilleurs capitaines et les hommes de mer les plus exercés.

La tactique consistait à aborder chaque bâtiment ennemi des deux côtés.

Quand deux bâtiments étaient accrochés l'un à l'autre, il leur devenait impossible de se mouvoir puisqu'ils ne pouvaient plus faire usage des rames ; un troisième bâtiment survenant, pouvait aisément couler l'un des deux adversaires d'un coup d'éperon.

L'éperon dont le choc peut être évité par un bâtiment qui a assez de vitesse pour évoluer, est une arme des plus redoutables contre un bâtiment surpris au mouillage ou à la mer sans vitesse.

Lors donc que les flottes à rames étaient forcées de se tenir au mouillage à proximité de l'ennemi, elles se couvraient par des estacades et même par des pilotis plantés dans la mer afin de pouvoir se tenir à l'ancre dans l'intérieur de ce retranchement, à l'abri du choc des navires ennemis, comme le démontre l'exemple suivant :

« Il y eut une escarmouche dans le port au sujet des pilotis que les Syracusains avaient enfoncés dans la mer pour que leurs bâtiments pussent se tenir à l'ancre à l'intérieur (de ce retranchement) sans craindre d'être endommagés par le choc des vaisseaux athéniens. » (Thucydide.)

C'est pour le même motif que l'entrée des ports était fermée par des chaînes, et pour favoriser l'établissement de ces barrages, on rendait souvent l'entrée des rades aussi étroite que possible par des ouvrages fixes. Le Pirée offre encore un exemple remarquable de ce genre de fortification.

En résumé, pendant cette première période de la tactique

navale, dont la durée s'étend jusqu'au XVe siècle, l'ordre de combat type est l'ordre de front.

La forme généralement donnée à l'ordre de front pour le combat est celle d'un croissant, de demi-lune, dont les ailes étaient recourbées du côté de l'ennemi.

L'organisation de l'ordre de bataille des flottes à rames paraît avoir été semblable à celle des corps combattants répartis sur les bâtiments.

Chaque armée était divisée en trois parties : le centre ou corps de bataille et les ailes placées à droite et à gauche du corps de bataille.

Le commandant en chef était placé au centre de la ligne, les commandants particuliers se tenaient également au centre de leurs ailes ou de leurs détachements.

Le rapprochement des bâtiments rendait le commandement à la voix possible ; l'usage des signaux était très-limité.

Telle a été l'ordonnance des armées navales avant que l'artillerie devînt l'arme de la flotte.

Pendant cette longue période de guerres maritimes, deux moyens de combat ont toujours été invariablement employés : le choc de l'éperon et le combat à l'arme blanche par l'abordage des bâtiments. Les autres moyens de combat, tels que les brûlots, les fusées incendiaires, les balistes et même les plongeurs qui perçaient les carènes, n'ont jamais été que des moyens accessoires.

Les progrès de la construction firent abandonner l'éperon vers 1380.

« Dès lors on commença à faire des vaisseaux plus forts en bois pour mieux résister au choc du bec, auquel son inutilité ou ses inconvénients firent substituer un long éperon élevé à la hauteur de la proue et tel à peu près que celui de nos galères actuelles. A partir du siége de Calais en 1355, les galères disparaissent dans les armées anglaises et sont remplacées par des galions dont le modèle paraît être venu d'Espagne. »

Le second moyen de combat, par l'abordage ou l'arme blanche, a par contre été employé comme moyen principal de combat, bien après l'établissement de l'artillerie sur les bâtiments.

Quant à la grandeur des bâtiments de guerre à rames, elle a peu varié pendant cette longue période, malgré les nombreux essais tentés à diverses époques pour la développer.

Cette grandeur était limitée par l'usage des rames, mode de locomotion impuissant à faire mouvoir de trop grands bâtiments et peut-être aussi par l'usage de l'éperon comme moyen de combat.

En effet, quelque grand que soit un bâtiment, il n'a qu'un éperon, et lorsque le tonnage et la vitesse sont assez grands pour rendre cette arme efficace, il est clair qu'il y a intérêt à multiplier le nombre des bâtiments de cette grandeur, de préférence à de plus grands bâtiments.

C'est dans la Méditerranée que la marine à rames avait pris naissance et s'était développée.

Mais, dans l'Océan et sur les côtes du nord de l'Europe, la marine avait suivi une marche différente, parce que les bâtiments sont placés dans des conditions de navigation particulières. On trouve en effet une exception importante à l'ordre de choses qui vient d'être exposé, à l'époque de la conquête des Gaules par les Romains.

Pour la première fois, l'histoire fait mention d'une bataille navale livrée à la voile contre une flotte à rames.

Cet événement eut lieu sur les côtes de Bretagne entre une flotte romaine et une flotte bretonne.

Dans les parages tourmentés du golfe de Gascogne et de

la Manche, il faut, pour résister à l'effort de la mer et du vent, des bâtiments d'une construction solide.

L'action des rames, très-gênée d'ailleurs par la nature de la mer que la brise soulève et par des courants considérables, était la plupart du temps impuissante pour faire mouvoir ces sortes de navires. Ils naviguaient à la voile.

Lorsque la flotte romaine parut devant la ville de Vannes, deux cents voiles bretonnes, bien équipées et pourvues de toutes sortes d'armes, sortirent du port et vinrent se ranger en bataille contre la flotte romaine.

L'éperon des galères romaines ne pouvait entamer la carène des bateaux bretons, construits en bois de chêne d'un fort échantillon et auxquels la voile donnait une puissance de mouvement très-grande ; mais les Romains avaient évidemment étudié à l'avance le genre de bâtiments auxquels ils allaient avoir affaire, car ils employèrent pour les combattre un moyen qui ne pouvait être improvisé facilement à bord.

Ils se servirent de faux emmanchées sur de longues perches pour couper de loin les agrès qui soutenaient les voiles des bateaux bretons ; ayant réussi à abattre les voiles de quelques-uns de ces navires qui n'avaient pas d'autre moyen de locomotion, les galères les entourèrent et les prirent à l'abordage.

En voyant la prise successive de plusieurs de leurs bâtiments, les Bretons prirent la fuite ; mais le calme étant survenu, ils ne purent se soustraire à la poursuite des galères qui achevèrent de les défaire.

Les galères romaines, d'une construction trop légère pour supporter les gros temps de la Manche et du golfe de Gascogne, ne tardèrent pas à éprouver de nombreux désastres.

« L'expérience a prouvé, de la manière la plus incontestable, que la voilure latine, telle qu'elle était en usage sur les galères des anciens, est absolument impraticable dans les mers dures de l'Océan Atlantique et plus encore dans le canal britannique et les mers du Nord. »

Après l'invention de la poudre, l'usage des armes à feu s'introduisit peu à peu dans la marine.

L'histoire fait mention, pour la première fois, de l'emploi de ces armes dans le combat naval livré devant La Rochelle en 1372.

L'artillerie devint bientôt l'arme principale des navires de guerre. Sur les galères, que l'on peut considérer comme les bâtiments de guerre réguliers de cette époque, elle était disposée pour tirer dans le sens de la quille et placée de la manière suivante :

« Dans les galères, il y a d'ordinaire 9 pièces en proue dont la plus grosse, qui est au milieu, se nomme coursier, ou canon de coursive ; elle est de 33 livres de calibre, et a son recul jusqu'à l'arbre de maestre où se met quelque matière obéissante pour empêcher qu'il ne l'offense.

« Les deux plus proches s'appellent moyennes et portent seulement 5 ou 6 livres de balles ; auprès d'elles sont les pierriers qui ont plus d'embouchure et se chargent de pierres pour tirer de près.

« En troisième lieu sont les vers ouverts par-dessus, se chargeant avec boîtes pleines de clous et de fer pour tirer de près, et les plus éloignées du coursier sont les escarpines, de la grandeur d'arquebuses à croc, dans lesquelles se mettent les balles ramées pour couper les voiles et les cordages. »

Avec ce nouvel armement, la manière de combattre devait éprouver une première modification ; et, en effet, on voit, à partir de cette époque, le combat de loin précéder le combat de près, livré, comme précédemment, au moyen de l'abordage. Dans quelques circonstances, le combat de loin devient suffisant pour obliger l'ennemi à céder le champ de bataille.

Cependant l'artillerie ne tarda pas à produire de profondes modifications dans la construction des vaisseaux de guerre.

La marine du commerce avait employé de tout temps des bâtiments destinés à porter de grands poids et qui ne marchaient qu'à la voile. Cette sorte de bâtiments était répandue plus particulièrement dans le Nord, où on les appelait nefs, vaisseaux ronds et galions. L'artillerie les transforma rapidement en bâtiments de guerre.

« Sur les vaisseaux ronds on a mis parfois 200 pièces d'artillerie, bien qu'à présent l'expérience ait fait connaître que 60 suffisent. »

La combinaison de la voile et de l'artillerie ne tarda pas à produire une transformation navale importante. A partir de ce moment, la flotte de combat se compose de vaisseaux à voiles et de navires à rames.

Les bâtiments à rames formaient la flotte de bas bord, dont les deux types principaux étaient les galères, armées comme on vient de le dire, et les galéasses. Ce dernier type de bâtiment n'était autre qu'une grosse galère à voiles et à rames. « Il y avait par-dessus les forçats un pont qui supportait une batterie de canons d'environ 8 à 10 pièces de chaque bord. Les galéasses avaient 50 rames. » Les bâtiments de bas bord dominaient dans la Méditerranée et formaient la marine du Levant.

Les bâtiments de haut bord marchaient principalement à la voile; ils comprenaient : les galions, les flouins, les caraques, les caravelles, les vaisseaux ronds, etc., et portaient de l'artillerie en batterie sur les côtés. On en trouve de toutes les dimensions et de toutes les formes : ils composaient plus particulièrement la marine du Nord ou du Ponant.

Comme à toutes les époques de transition, on voit paraître les types de bâtiments les plus divers, jusqu'à ce que l'expérience ait conduit à adopter des types réguliers.

Le récit suivant d'une bataille navale livrée en 1545 permet de se rendre un compte exact de la variété des bâtiments qui composaient une armée navale à cette époque.

« Pour chasser les Anglais de Boulogne, on résolut de dresser une armée navale sous la conduite de l'amiral d'Annebault. Cet amiral fit venir 25 galères du Levant, 10 caraques génoises, et réunit 150 vaisseaux ronds et 60 flouins.

« Le *Caracon,* qui était le plus beau vaisseau de la mer du Ponant et le meilleur à voiles, du port de 800 tonneaux, et armé de 100 pièces d'artillerie de bronze, brûla au moment d'appareiller.

« Une première rencontre eut lieu, entre l'île de Wight et la terre, contre la flotte anglaise sortant de Plymouth. Après avoir longtemps combattu à coups de canon, les ennemis commencèrent à se retirer près de la terre, afin d'être défendus par les forteresses de la côte et couverts du côté du large par des bancs et des roches.

« Cette retraite et la nuit approchant mirent fin au combat de ce jour, sans que nous ayons reçu de tant de coups de canon (300) aucune perte notable.

« L'amiral disposa l'ordre de bataille en demi-lune pour le lendemain. Il devait être en personne au centre de l'armée avec 30 vaisseaux qu'il choisit. Il ordonna que le seigneur de Boutières côtoierait ce bataillon sur la corne de droite avec 36 navires, et le baron de Curton ferait la corne de gauche avec pareil nombre, et considéré l'avantage du lieu où l'ennemi se tenait retranché, il manda que, dès la pointe du jour, les galères les iraient trouver à l'ancre pour les escarmoucher à coups de canon et les attirer si faire se pouvait hors de leurs forts.

« Cette ordonnance fut très-hardiment exécutée : au matin, à la faveur du calme, nos galères se mouvaient avec plaisir et au grand dommage des ennemis, lesquels, faute de vent, ne se pouvaient mouvoir et demeuraient exposés à l'injure de l'artillerie des galères, qui mit à fond la *Marie-Rose,* l'un des principaux navires, qui était de 600 hommes ; et si le *Grand-Henry,* qui portait l'amiral, n'eût été soutenu par de prochains navires, il eût eu le même sort.

« Mais tout à coup la face des affaires changea, car se levant un vent de terre, ils vinrent à pleines voiles sur nos galères et leur auraient passé sur le ventre si, par grande adresse des chefs, expérience et vigueur des chiourmes, on n'eût prestement tourné les galères, et à force de rames, pour les tirer hors de la portée du canon, attirant toujours l'ennemi hors des bancs où notre armée ne pouvait aller.

« Les ramberges ennemies, plus longues et plus étroites que les galères, se trouvèrent avoir une si grande vitesse, qu'il y en eut qui dépassèrent nos galères et les molestèrent grandement de leur artillerie, de quoi elles ne pouvaient se défendre, n'ayant pas du canon en poupe et n'osant se retourner sur elles, de peur de donner à l'ennemi le temps de les aborder à pleines voiles. Toutefois le prieur de Capoue, se fiant à l'agilité de sa galère, tourna sur une si à propos, qu'il la fit rebrousser chemin vers le corps de bataille et depuis aucune ne suivit nos galères.

« Ainsi, comme notre amiral était près de donner le signal du combat, ils reprirent le chemin de leur fort, afin de nous attirer sur les bancs et ne rien hasarder. »

Tandis que l'on voit, dans la marine du Ponant, des combats d'artillerie s'engager entre des navires à voiles, dans la marine du Levant ce sont toujours les bâtiments à rames qui jouent le rôle principal dans les opérations de guerre.

En 1571, à la bataille de Lépante, tous les bâtiments étaient à rames. Cette bataille navale livrée entre les chrétiens et les Turcs est une des plus mémorables dont l'histoire fasse mention.

La flotte chrétienne était composée de 205 galères de toute grandeur, parmi lesquelles on comptait 7 galéasses de 50 rames.

La flotte turque comptait 260 bâtiments.

Les deux flottes avaient adopté le même ordre de bataille; elles étaient rangées sur une seule ligne de front recourbée par les deux bouts du côté de l'ennemi. Sur le front de l'armée chrétienne il y avait 7 galéasses.

La flotte chrétienne était divisée en trois corps. Don Juan d'Autriche, généralissime des chrétiens, était placé au centre de l'armée; l'aile droite était commandée par le fameux Doria et l'aile gauche par Barbarigo.

Ce fut vers les deux heures de l'après-midi que les deux flottes s'étant rapprochées, se jetèrent l'une sur l'autre à force de rames, avec des cris épouvantables. La mêlée commença par les ailes et devint bientôt générale; malgré l'artillerie qui armait les galères, cette bataille fut décidée par l'arme blanche.

La défaite des Turcs fut complète, 30 galères parvinrent seules à s'échapper.

Ce fut la dernière grande bataille navale livrée à la rame et à l'arme blanche.

L'ordre de bataille en croissant a été suivi sur mer comme ordre de bataille, jusqu'au règne de Louis XIII. Le père

Fournier, qui écrivait à cette époque, en parlant des devoirs
de l'amiral, dit :

S'il faut donner bataille, il ne sera beaucoup en peine de la
figure qu'il doit donner à son armée, n'y en ayant qu'une prati-
quée à la mer, à savoir : en demi-lune, tant à cause que les vaisseaux ne peuvent se succéder les uns aux autres comme des gros
de cavalerie ou d'infanterie, comme aussi parce que c'est la figure
avec laquelle on peut plus facilement environner l'ennemi. Il com-
posera le gros de son armée des galions et vaisseaux les plus
puissants et forts en bois qu'il ait, et mettra sur les ailes les vaisseaux les plus légers pour environner et harceler l'ennemi ; tandis
que les vaisseaux de haut bord et galions feront leur approche
et décharges, et à guise de citadelles, tiendront ferme contre
l'ennemi.

Après la découverte de l'Amérique, le champ de la navigation s'était considérablement agrandi.

L'habitude des longues navigations avait conduit à per-
fectionner l'appareil à voiles ainsi que la construction des
bâtiments.

L'artillerie avait également fait de notables progrès.

Le premier vaisseau de guerre vraiment digne de porter
ce nom fut la *Couronne*.

Ce vaisseau, construit en 1638 dans la rivière la Vilaine,
portait en batterie 74 canons de gros calibre, espacés de
12 pieds d'axe en axe.

Après une navigation d'essai sur les côtes d'Espagne, il
fit partie de l'escadre mouillée devant La Rochelle.

« Ce fut le 13 juillet 1638 que M. d'Aulnay Rosily amena
la *Couronne* dans l'escadre pour y prendre la qualité de vice-
amiral de la flotte.

« Quand ce vaisseau parut, sa vitesse faillit le faire mécon-
naître, car la prodigieuse grandeur de ce bâtiment avait mis

dans l'esprit de la plupart qu'il serait pesant et difficile à gouverner et que le même lui arriverait qui était advenu à la plupart de ceux dont j'ai déjà parlé, et que leur grandeur avait rendus inutiles. Ils furent grandement étonnés quand ils le virent prendre le vent si à propos, se tourner et virer par là même où on voulait, fendre les eaux et glisser avec tant d'agilité, qu'un chétif brûlot, avec lequel il arriva, pouvait à peine le suivre ; et le jour qu'on leva l'ancre, ce fut la *Couronne* qui, ayant promptement appareillé incontinent que l'amiral en eut donné le signal, fit connaître à l'armée qu'il n'était pas impossible de se servir du vent qui soufflait, alors que les plus vieux pilotes jugeaient tout le contraire. »

Ce succès important marque une des dates les plus mémorables des progrès de l'architecture navale.

A partir de ce moment, les types de la flotte à voiles se régularisent.

Ainsi, en 1641, le vaisseau à deux ponts *l'Amiral* portait en batterie 74 canons de 36 et de 24.

« Le *Royal-Louis,* construit à Toulon, en 1692, était un vaisseau de trois ponts, le plus beau qui eût paru jusqu'alors et qui pourrait encore passer pour un modèle. Il était armé de 110 canons, dont 90 en trois batteries complètes de 48, de 18 et de 12 ; il avait du 8 et du 6 sur les gaillards. »

La difficulté de faire agir dans la même ligne des bâtiments à voiles et des galères fit renoncer à employer ce dernier genre de bâtiments dans les armées à voiles et dans l'Océan ; la marine à rames subsista encore quelque temps dans la Méditerranée et enfin ne tarda pas à disparaître.

Désormais la marine à voiles est fondée, les types sont créés ; mais s'ils varient peu au fond pendant une longue période maritime, ils sont sans cesse l'objet de nouveaux perfectionnements.

« On a calculé et on a réglé que les vaisseaux de notre armée auront entre eux à l'avenir des figures semblables, et par conséquent des marches semblables, du moins autant qu'il est possible de l'espérer de vaisseaux de différents rangs. C'est une des perfections les plus essentielles que l'art naval ait acquises depuis longtemps. »

La tactique ne tarda pas à se modifier pour s'adapter à cette marine nouvelle.

« Ceux qui ont la connaissance de la marine, dit le P. Hoste, jugeront sans doute que l'art des évolutions navales y est absolument nécessaire, parce que cet art n'est rien autre que la manière de régler les mouvements d'une armée navale.

« Les anciens rangeaient les armées navales de manière qu'elles faisaient front à l'ennemi, parce que les machines dont ils armaient les bâtiments se mettaient sur la proue; mais les vaisseaux de guerre sont dans d'autres conditions.

« Nous supposons que les vaisseaux de guerre sont armés de canons qu'on range le long des côtés, d'où il suit qu'un navire ne peut pas combattre qu'il ne présente le côté à l'ennemi. De même, quand plusieurs vaisseaux en combattent plusieurs, il faut que chacun d'eux présente le côté à chacun de ceux-là et qu'ils soient, par conséquent, rangés sur une ligne de file parallèle à la ligne ennemie. »

Tel est, en effet, l'ordre de bataille que les bâtiments à voiles ont constamment tenu dans les nombreuses batailles livrées pendant cette deuxième période navale. Cet ordre, qui sert de base à la tactique de ces bâtiments, demande à être examiné avec la plus grande attention.

BATIMENTS A VOILES

CHAPITRE III

COMPOSITION DES FLOTTES A VOILES.

Avant de commencer la discussion de l'ordre de bataille des bâtiments à voiles, il est nécessaire de jeter un coup d'œil sur les bâtiments qui ont constitué la flotte de guerre pendant la période où la voile a été le seul moyen de locomotion des bâtiments.

L'ensemble des forces navales se compose nécessairement de plusieurs catégories de bâtiments, parce qu'il est impossible de concevoir un type unique qui réponde à toutes les exigences du service naval, telles, par exemple, que les combats en ligne, les croisières, la navigation dans les parages lointains, la défense des côtes et des rades, etc.

Chacun de ces services appelle un développement plus spécial, ou de la force militaire du navire, ou de ses qualités nautiques, ou des approvisionnements dont il doit être pourvu.

Ce développement spécial, fait aux dépens des autres éléments de la force, constitue le caractère principal de chaque catégorie et de chaque classe de bâtiments.

C'est pour ces raisons que la flotte à voiles était composée de plusieurs genres de bâtiments, classés ainsi qu'il suit :

Les bâtiments de ligne,

Les frégates et corvettes,

Les bâtiments de flottille.

Les vaisseaux de 120 et de 100 canons, expression la plus

haute de la force navale, n'étaient pas des bâtiments de grande navigation; ils n'ont figuré avec avantage que dans les flottes dont le rayon d'action était limité.

Les vaisseaux de 90, 80 et 74 canons ont toujours été considérés comme de bons bâtiments de mer, capables de naviguer dans les parages les plus tourmentés; cependant un trop long séjour à la mer les fatiguait et dès lors ils ne pouvaient rester trop longtemps éloignés des arsenaux.

Les frégates ont toujours passé pour posséder des qualités nautiques des plus remarquables.

Ce genre de bâtiment, pourvu d'une grande voilure et d'un approvisionnement développé, a joué un grand rôle dans les escadres pour remorquer les vaisseaux désemparés, répéter les signaux, éclairer l'armée, ainsi que dans les navigations lointaines et les croisières. Il comporte trois ou quatre classes graduées en force.

Cette variété de classes avait l'avantage de permettre de proportionner la force navale et, par conséquent, la dépense à l'importance des intérêts que l'État a pour mission de protéger, et enfin de faciliter le ravitaillement des bâtiments dans les parages lointains.

Les corvettes et les bricks ont été construits pour satisfaire aux mêmes exigences de service dans les stations et dans les croisières.

Au point de vue des croisières, la force des bâtiments n'importe pas beaucoup, mais leur nombre importe singulièrement; car si les croiseurs sont nombreux, ils formeront comme un réseau serré à travers lequel les navires de commerce ne pourront guère passer sans être aperçus.

Comme on le voit, l'ensemble de la flotte à voiles comportait plusieurs catégories de bâtiments. Chaque catégorie se subdivisait elle-même en plusieurs classes.

Telle était la composition de la flotte de guerre à l'époque où les bâtiments à vapeur n'en faisaient pas encore partie.

Nous allons maintenant examiner le vaisseau de ligne au point de vue du combat. Dans ce qui va suivre, on trouvera des détails qui pourront paraître minutieux. Il est cependant indispensable de les donner, parce qu'ils influent sur la forme de l'ordre de bataille et sur les mouvements de cet ordre pour combattre (1).

Du vaisseau de ligne à voiles.

La forme de l'ordre de bataille des bâtiments à voiles découle des propriétés du vaisseau, notamment du placement de l'artillerie à bord et de la nature de ses mouvements à la voile.

Un vaisseau ayant la presque totalité de son artillerie placée sur les côtés présente, pour combattre, le côté à l'ennemi.

Il doit se maintenir dans cette position, c'est-à-dire tourner de manière à présenter toujours le côté à son adversaire, quelle que soit la position qu'il peut prendre par rapport à lui; mais, pour y parvenir, il doit pouvoir évoluer, et pour pouvoir évoluer, il faut qu'il ait de la vitesse.

D'autres considérations exigent encore qu'un vaisseau ait de la vitesse pour combattre.

Tous les marins savent qu'un vaisseau sans vitesse embarde et tourne à peu près au hasard, et qu'il est impossible de le maintenir dans une direction fixe propre à assurer le tir de l'artillerie.

Un vaisseau qui combat à la mer doit donc avoir de la vitesse.

La direction de la route étant perpendiculaire à la direc-

---

(1) Tout ce qui concerne la marine à voiles a été rédigé en 1846, époque à laquelle les vaisseaux à voiles formaient encore la flotte de combat.

tion du tir, on peut dire que le vaisseau se meut dans un sens perpendiculaire à la direction de la force destructive qu'il met en action.

Il résulte de cette considération que, si l'on veut approcher un vaisseau qui présente le travers, soit pour commencer le combat, soit dans le cours du combat, on est forcé de gouverner de pointe sur lui et d'essuyer son feu d'enfilade jusqu'à ce que, trouvant la distance convenable, on prenne une direction parallèle à la sienne pour commencer le combat en présentant le côté ; mais alors on cesse de l'approcher.

C'est une manœuvre délicate que d'approcher un vaisseau pour le combattre lorsqu'il se tient sur la défensive, et toutes les directions ne sont pas bonnes à prendre pour y parvenir.

Ces attaques se font généralement par la direction de l'une des deux hanches, où il existe un secteur sans feu ; mais le vaisseau attaqué, pouvant toujours tourner sur lui-même, conserve la faculté de présenter le travers à son adversaire et d'ouvrir le feu sur lui dès qu'il arrive à portée de canon.

Il serait trop long, malgré tout l'intérêt que présente le sujet, d'exposer les règles des combats de navire à navire.

La manœuvre principale à pratiquer dans ces sortes d'engagements consiste, après avoir pris une position convenable derrière et près de son adversaire, à tourner rapidement, de manière à s'établir perpendiculairement à sa direction pour le battre par un tir d'enfilade ou d'écharpe, à l'abri de son feu, puis à revenir promptement en route, c'est-à-dire dans une direction parallèle à la sienne, pour regagner la distance perdue et recommencer la même manœuvre.

Pour exécuter cette suite de mouvements avec quelques chances de succès, il faut évidemment que le navire avec lequel on entreprend cette manœuvre possède un avantage de vitesse sur son adversaire. Il faut, en outre, qu'il puisse tourner rapidement sur lui-même et dans un espace relativement petit ; par exemple, les bâtiments remorqués ne pourraient éviter d'être battus en enfilade et ne pourraient battre l'ennemi de la même manière.

De l'allure de combat et de la vitesse.

Les bâtiments à voiles doivent prendre, pour combattre, l'allure du plus près du vent, sur un bord ou sur l'autre.

Cette allure est la seule qui permette de virer vent devant et vent arrière, en un mot de suivre à volonté toutes les directions qu'un bâtiment à voiles peut prendre sur l'étendue de l'horizon ; par le moyen des voiles mises sur le mât ou simplement en serrant le vent, on parvient à régler d'une manière suffisante la vitesse du bâtiment (1).

Enfin, sous l'allure du plus près, le navire, se trouvant appuyé contre la mer par le vent et la disposition des voiles, éprouve des mouvements de roulis plus doux et d'une moindre amplitude. Le tir de l'artillerie devient plus facile et acquiert toute la rapidité et la précision que l'état de la mer permet de lui donner.

Tels sont les avantages de l'allure du plus près.

La vitesse du vaisseau pour combattre doit être telle qu'en raison de l'état de la mer et du vent, on ait toujours la certitude qu'il pourra virer vent devant. Pour satisfaire à cette condition, la vitesse ne doit pas être réduite au-dessous de 4 ou 5 nœuds lorsque cela est possible.

-----

(1) Il est très-important, pour tenir aisément son poste dans une ligne, d'avoir un moyen facile d'enlever ou de donner au vaisseau de petits excès de vitesse ; sous l'allure du plus près, on obtient ce résultat en gouvernant près du vent, en filant une écoute, etc., pour diminuer la vitesse et pour l'augmenter en orientant une voile plus ou moins, etc.

De tout ce qui précède, on peut conclure qu'un vaisseau à voiles combat en faisant route au plus près du vent avec une vitesse minimum de 4 ou 5 nœuds.

CHAPITRE IV

DE L'ORDRE DE BATAILLE.

Lorsque plusieurs vaisseaux seront réunis pour combattre, ils devront se ranger en ordre de file sur une des lignes du plus près du vent.

L'ordre de file permet de dégager le tir de toutes les batteries des vaisseaux contre l'ennemi. L'allure du plus près, en même temps qu'elle est la plus favorable pour le tir de l'artillerie, est la seule qui permette d'exécuter les évolutions vent devant, de régler aisément la vitesse de la ligne et celle de chaque vaisseau dans la ligne.

Enfin, la vitesse de la ligne ne doit pas être, autant que possible, réduite au-dessous de 4 nœuds, minimum nécessaire pour assurer l'exécution des évolutions vent devant.

La ligne de bataille est constamment mobile, et les vaisseaux qui la composent sont obligés de suivre la même route sous peine de se séparer les uns des autres. Par suite de sa mobilité, l'ordre de bataille est une ligne droite et les vaisseaux en ligne ne pourraient se tourner de manière à battre obliquement, avec l'artillerie, les vaisseaux d'une ligne opposée comme ils peuvent le faire dans les combats particuliers, sans courir le risque de perdre leur poste et de tomber sous le vent de la ligne.

De même que les vaisseaux d'une ligne de bataille sont astreints à suivre des routes parallèles pour conserver l'ordre suivant lequel ils sont rangés, de même deux lignes de bataille opposées doivent suivre des directions parallèles pour se maintenir constamment à portée du canon; voici quelles étaient, à ce sujet, les opinions émises dans les anciennes tactiques, toujours bonnes à consulter.

Dans un combat, dit le P. Hoste, les armées se rangent sur deux lignes parallèles à une des deux lignes du plus près; tous les vaisseaux portent au plus près, sur quoi les armées sont rangées. Les brûlots et les bâtiments de charge sont à une demi-lieue au large de l'armée, du côté opposé à celui que les armées occupent.

On met l'armée qui est au vent au plus près, *afin que les vaisseaux désemparés puissent se tirer aisément de la mêlée;* car si un vaisseau vient à être désemparé, il pourra courir le rumb de l'autre bord, sans tomber sous le vent de son armée; ainsi, pourvu qu'il ne tombe pas plus sous le vent qu'un vaisseau qui fait cape, il se glissera sans peine au vent de son armée.

Et il ajoute plus loin :

On ne trouvera pas étrange, dit-il, qu'un homme de ma condition ait travaillé sur ces matières si on sait que, depuis douze ans, j'ai l'honneur d'être auprès de M. le maréchal d'Estrées, de M. le duc de Mortemart et que M. le maréchal de Tourville a bien voulu me communiquer ses lumières en m'ordonnant de composer sur une matière qui, je crois, n'a pas encore été traitée.

En réfléchissant avec attention, on voit qu'il ne peut y avoir que deux ordres types : l'ordre de file ou ligne de bataille pour le combat, et l'ordre de front ou de relèvement pour la chasse ou la retraite.

Si l'ordre de front pouvait être maintenu sous toutes les allures, et si l'on pouvait passer rapidement avec les bâtiments à voiles de cet ordre à l'ordre de bataille, on pourrait en tirer parti pour l'attaque des lignes; mais, sous la plupart des allures, les vaisseaux rangés en ordre de relèvement s'abritent mutuellement du vent, et l'ordre de front ne peut être maintenu que vent arrière ou grand largue; c'est pourquoi on le considère plus particulièrement comme un ordre de retraite.

L'ordre de bataille en ligne de file fut gardé pour la première fois au combat du Texel, dans lequel le duc d'York défit la flotte hollandaise, le 13 juin 1665. Les vaisseaux à trois ponts y figuraient déjà. On fit aussi usage, dans cette bataille, d'un système de signaux dont l'invention a été attribuée à cet amiral, qui a passé pour être l'inventeur des signaux; mais il est assez difficile d'admettre qu'avant lui on n'en ait pas fait usage.

On vient de voir que l'ordre de bataille des bâtiments à voiles est une ligne droite et que la nécessité de conserver de la vitesse aux vaisseaux combattants pour assurer la direction du tir, est cause qu'il ne peut être qu'une ligne droite.

La ligne de bataille étant formée en ligne de file au plus près du vent, la distance des vaisseaux entre eux dans la ligne est variable et dépend de l'état de la mer et du vent, ainsi que de la longueur des bâtiments.

Cette distance, qui se mesure du grand mât d'un vaisseau au grand mât du vaisseau suivant, ne peut être inférieure à une encablure (200 mètres) pour des vaisseaux de ligne, si on veut leur conserver la faculté d'évoluer avec promptitude, sans la moindre hésitation, sans préoccupation d'abordages et sans que l'on puisse concevoir des doutes sur l'exécution des évolutions, c'est-à-dire si l'on veut conserver aux vaisseaux en ligne une vitesse capable d'assurer l'exécution de toute espèce de mouvement pendant le combat.

Une armée moins serrée manœuvre, dans quelques circonstances, plus aisément qu'une armée plus serrée, et si elle est moins nombreuse, ses mouvements sont plus prompts, ses signaux y sont plus remarqués et l'ordre s'y observe avec plus d'exactitude. (B. de Morogues, 1763.)

L'état du vent et de la mer pourra permettre quelquefois de réduire la distance jusqu'à trois quarts d'encablure, mais alors la ligne sera sujette à s'engorger, et les vaisseaux étant exposés à quitter leur poste pour éviter des abordages et à se doubler, l'armée ne sera pas manœuvrante et ne pourra exécuter que difficilement des mouvements d'attaque et de défense.

La distance de 200 mètres entre les vaisseaux rangés en ligne de bataille peut donc être considérée comme une distance minimum.

Enfin, dans toute ligne, on doit, autant que possible, conserver une vitesse de quatre nœuds, vitesse qu'il est toujours avantageux de maintenir supérieure à cette quantité lorsque la brise le permet.

La forme de la ligne de bataille étant déterminée, il s'agit de l'examiner aux points de vue :

1° Des conditions du pointage de l'artillerie à bord ;

2° Des divisions de la ligne et de la force de chacune de ces divisions ;

3° Des mouvements de la ligne pour l'attaque et pour la défense.

De l'artillerie à bord.

Le nombre des sabords que portait un vaisseau de ligne à voiles était toujours considérable et les exigences de la construction ne permettaient pas de donner à chaque sabord des dimensions trop étendues.

On donnait généralement de 92 centimètres à un mètre carré d'ouverture aux sabords des batteries basses et aux sabords des batteries hautes des vaisseaux. Dans ces conditions, l'angle du pointage latéral des canons de 36, n° 1, en batterie basse, est d'environ 20 degrés à droite et 20 degrés à gauche de la normale menée par le milieu du seuillet de chaque sabord. L'angle du pointage latéral des canons de 24 placés en batterie haute est de 22 degrés environ.

A chaque extrémité des batteries, l'angle du pointage latéral vers l'extrémité opposée se trouvant réduit de 5 à 6 degrés par la courbure de la muraille, le pointage oblique se trouve réduit de ce côté à 15 degrés ; on peut donc admettre que le secteur de l'horizon, qui peut être battu à la fois par tous les canons d'un vaisseau est d'environ 30 degrés, 15 degrés à droite et 15 degrés à gauche de la perpendiculaire du travers.

Cet angle ne peut guère être plus grand, même en supposant l'angle des pointages obliques plus grand, à cause du peu d'écartement des pièces entre elles, écartement si réduit que déjà dans le tir en belle rapide, il se produit de la confusion dans les batteries par le rapprochement des nombreux servants des pièces. On peut donc admettre que chaque vaisseau possède un champ de tir latéral de 15 degrés sur l'avant et de 15 degrés sur l'arrière de la perpendiculaire à la ligne de bataille, en un mot, que chaque vaisseau d'une ligne possède un champ de tir de 30 degrés sur le travers de la ligne.

La figure 1 rendra suffisamment compte de tout ce qui est relatif aux pointages obliques.

A l'inspection de cette figure, on voit qu'un vaisseau placé devant la ligne de bataille AB ne peut être battu que par un seul vaisseau de cette ligne jusqu'à la distance de 400 mètres. A cette distance, il pourra être battu par deux vaisseaux à la fois s'il se tient en D′ sur la perpendiculaire menée par le milieu de la distance qui sépare les deux vaisseaux.

Enfin, un vaisseau placé à 2,000 mètres du centre de la ligne, pourra être battu par six vaisseaux, mais seulement s'il se tient sur la pointe D′ du triangle formé par la convergence des feux des six vaisseaux lorsqu'ils sont exactement à leur poste.

Il est difficile d'admettre que l'on puisse tenir longtemps

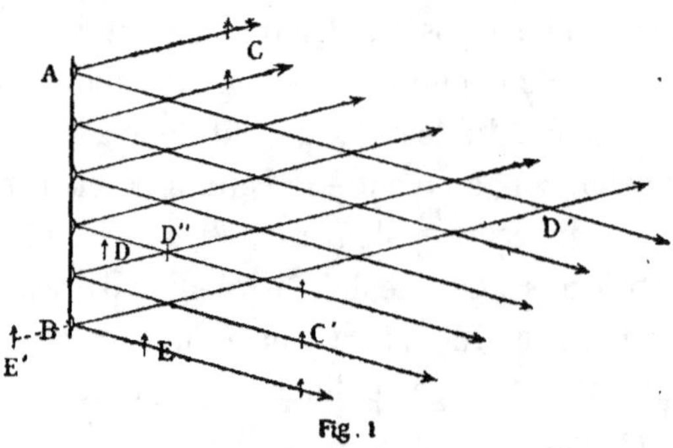

Fig. 1

un groupe de vaisseaux dans cette position ; on conçoit, au contraire, que ce groupe pourra toujours se placer soit en C sur l'avant, soit en C′ sur l'arrière du champ de tir de la ligne, de manière à n'avoir à supporter que des feux égaux à ceux qu'il peut diriger sur elle.

Il existe, à peu de distance de la ligne de bataille AB et devant les distances d'un vaisseau à l'autre, une suite de triangles sans feux ; un vaisseau D qui parviendrait à entrer dans l'un quelconque de ces triangles, n'aurait à supporter, de la part des vaisseaux de la ligne, que le feu de quelques canons.

Enfin si deux vaisseaux EE′ (*fig.* 1) attaquent de très-près le dernier vaisseau B de la ligne AB, en le prenant entre deux feux, ce vaisseau ne pourra être défendu par la ligne AB à laquelle il appartient, que si cette ligne se replie pour venir à son aide, c'est-à-dire qu'il ne peut être défendu qu'au moyen d'un changement de direction ; d'où il est évident que plus une ligne est attaquée de près, et moins les différentes parties de cette ligne peuvent se prêter un mutuel appui par l'obliquité des feux, mais si les vaisseaux présentent un champ de tir latéral peu étendu sur le travers de la ligne de bataille, on peut cependant établir dans les joues et dans les hanches de chaque bâtiment, à 45 degrés de la direction du travers, des pièces capables de donner des feux très-obliques à la ligne de bataille. Si l'on place dans ces deux parties des pièces d'une grande puissance, on obtiendra par ce moyen des feux de flanc d'une utilité incontestable.

A ce point de vue, la disposition des feux sur l'avant et sur l'arrière des batteries acquiert une importance d'autant plus grande que l'on ne peut placer qu'un petit nombre de canons dans ces deux parties du bâtiment.

D'après ce qui précède, on voit toute l'utilité d'un pointage oblique étendu ; il serait donc imprudent de trop diminuer la largeur des sabords, en vue de garantir l'intérieur des batteries contre les coups d'embrasure ; le champ de tir latéral des pièces en batterie déjà faible, se trouvait alors tellement réduit que le moindre changement dans la position relative de deux vaisseaux qui se combattent et qui sont mobiles tous deux, les porterait à chaque instant en dehors d'un champ de tir limité à un espace trop petit de chaque côté de la perpendiculaire du travers ; enfin, avec des sabords réduits en largeur, il deviendrait difficile, sinon impossible, de réunir sur un seul vaisseau le feu de deux vaisseaux en ligne, quelque rapprochés l'un de l'autre qu'on les suppose dans la ligne.

Quelques définitions sont nécessaires afin de poursuivre avec plus de facilité et de clarté la suite de cette discussion.

Nous appellerons champ de tir d'un vaisseau le secteur de l'horizon qui peut être battu par tous ses feux (*fig. 2*). Le champ de tir d'une ligne de bataille comprend le champ de tir de chacun des vaisseaux de la ligne depuis le premier jusqu'au dernier.

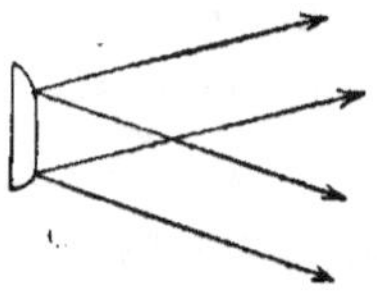

Fig. 2

On appellera tir concentré la réunion des feux de plusieurs vaisseaux sur un nombre plus petit de vaisseaux, en un mot, sur un objectif quelconque, et tir convergent la réunion des feux d'un même vaisseau sur un point.

On a supposé que le secteur de l'horizon qui peut être battu par tous les feux d'un vaisseau était de 30 degrés, ou, en d'autres termes, que le champ de tir latéral des batteries était de 15 degrés à droite et à gauche de la perpendiculaire du travers; mais il ne faut pas perdre de vue que chaque canon possède réellement un champ de tir latéral plus étendu; ainsi les canons des divisions avant des batteries ont sur l'avant un pointage oblique plus grand que 15 degrés, et d'autant plus grand que le canon est plus rapproché de l'avant. Les canons des divisions arrière ont de même sur l'arrière un pointage oblique plus grand que 15 degrés. Quoique le champ de tir d'un vaisseau ne soit point invariable, qu'il puisse être augmenté par l'agrandissement et la forme des sabords, par le système des affûts, par la forme du canon et par le mode de pointage, *cependant, dans le but de raisonner sur des quantités toujours bien déterminées,* on le supposera égal à 30 degrés. Chacun pourra tenir compte aisément des améliorations dont cet élément peut être l'objet.

La distance de 1,000 mètres peut être généralement

considérée comme la limite du tir utile à la mer, à cause
du peu de précision que l'on remarque dans le tir au
de à de cette distance, quelle que soit du reste l'espèce de
l'artillerie.

Ce défaut de précision provient, non des pièces, mais de
la difficulté de pointer et de tirer un canon entraîné constamment hors de la direction du pointage par les roulis, les
tangages et les mouvements d'embardée du bâtiment; elle
provient encore de la difficulté de pointer et de tirer sur un
but mobile dont la distance varie et dont la direction change
tellement qu'il peut sortir facilement du champ de tir du
canon: il y a, dans ces conditions du canon à la mer, des
causes d'erreur telles, qu'au delà de 1,000 mètres le tir n'a
généralement aucune précision, surtout lorsque les trajectoires sont courbes, comme celles des canons allégés, qui
entrent dans une forte proportion dans l'armement des vaisseaux. Cependant il est juste d'ajouter que par des temps
particuliers, dans certains parages, près des côtes et sur les
rades, l'état de la mer permet souvent de profiter de la
grande portée des pièces, du moins de la portée relative à
la hauteur des sabords.

L'angle du pointage vertical d'un canon de 36 en batterie
est de 9 degrés de pointage positif et de 5 degrés ou de
6 degrés de pointage négatif, ce qui correspond à une portée
de 2,400 mètres ou 3,000 mètres pour les canons rayés.
Ces angles sont augmentés ou diminués par la bande ou
inclinaison du bâtiment, de telle sorte que si l'inclinaison
est de 5 degrés, l'angle de pointage positif du canon placé
au vent sera de 14 degrés, et celui du canon sous le vent de
6 degrés. Il est difficile d'admettre que l'angle du pointage en
hauteur puisse être augmenté par l'agrandissement des sabords, excepté pour les pièces établies sur le pont en bar-

bette ; mais le nombre en est nécessairement restreint, à cause des exigences de la stabilité du bâtiment.

Enfin, pour terminer ce qui est relatif à l'artillerie, on devra remarquer que l'élévation du seuillet du sabord au-dessus du plan de flottaison est d'une importance extrême au point de vue du tir. Le seuillet du sabord doit être assez élevé au-dessus du niveau de la mer, pour permettre de tenir la batterie ouverte par tous les temps où l'on peut combattre, et pour placer la ligne de mire à une hauteur suffisante pour qu'elle ne soit pas coupée à chaque instant par la crête des houles qui viendraient dérober la vue du but sur lequel on vise.

L'expérience a démontré que la hauteur de la batterie basse d'un vaisseau à voiles ne devait pas être inférieure à $1^m,80$, et celle des frégates à 2 mètres ; pour les vaisseaux à vapeur et les frégates cuirassées rapides, elle devrait être de $2^m,50$ en charge.

Si l'on résume ce qui vient d'être exposé, on voit que l'ordre de bataille des navires à voiles est composé d'une succession de bâtiments en ligne droite, animés d'une vitesse minimum de 4 nœuds ou 120 mètres à la minute, rangés sur une des lignes du plus près, à une distance minimum de 200 mètres.

Une ligne de bataille de 10 vaisseaux occuperait donc une étendue minimum de 1,800 mètres.

Dans cette ligne, le pointage latéral des canons est très-peu étendu, en sorte que si une force navale attaque une ligne de bataille à la distance de 800 mètres, par exemple, cette force pourra toujours se placer en C ou en C', de manière à n'être exposée au feu que d'une partie de la ligne attaquée de même étendue qu'elle (*fig.* 1).

On comprend de suite la faiblesse de la ligne de bataille, sous le rapport des feux, avant d'examiner le système d'attaque et de défense qui lui est propre ; en raison des conditions spéciales que l'on vient d'exposer, il est nécessaire d'examiner comment on divise la ligne de bataille, quelles en sont les parties fortes et les parties faibles.

La force d'une ligne de vaisseaux dépend évidemment de celle des vaisseaux qui la composent; mais, à égalité de forces en artillerie, les différentes parties de la ligne possèdent des avantages ou des inconvénients qui leur sont propres.

Divisions de la ligne de bataille.

On divise généralement la ligne de bataille en trois parties : l'avant-garde, le centre ou corps de bataille et l'arrière-garde.

Cette division était réglée, dans les premières armées de vaisseaux à voiles, de la manière suivante :

« Quand une armée a 60 vaisseaux de ligne, on la divise en trois escadres, dont chacune a trois divisions et ses trois officiers généraux, amiral, vice-amiral et contre-amiral. Chaque escadre a sa couleur et chaque division son mât pour arborer cette couleur.

« La couleur blanche est propre à la première escadre, la couleur blanche et bleue à la deuxième, et la couleur bleue à la troisième.

« L'amiral de l'escadre blanche porte un pavillon au grand mât, le vice-amiral au mât de misaine et le contre-amiral au mât d'artimon.

« Il en est de même pour les couleurs des officiers généraux de l'escadre blanche et bleue et de l'escadre bleue.

« Les vaisseaux particuliers portent des flammes de la couleur de leur escadre.

« Les officiers généraux des divisions se tiennent toujours au milieu des divisions qu'ils commandent; il faut excepter les trois amiraux, *qui se tiennent à la tête de leur escadre.* »

Lorsque ces dispositions étaient en usage, les armées navales étaient composées d'un très-grand nombre de vaisseaux ; mais depuis cette époque, chaque vaisseau ayant acquis un développement considérable en grandeur et en force, le nombre des vaisseaux réunis en armée s'est trouvé moindre, et les couleurs distinctives des escadres ont été abandonnées comme inutiles.

La partie la plus faible de la ligne de bataille, et en général d'une ligne de file quelconque, est l'arrière-garde.

Pour le démontrer, supposons qu'une attaque soit faite sur l'arrière-garde d'une ligne A, par une force B placée d'un seul côté de cette ligne, soit au vent, soit sous le vent (*fig.* 3).

Si, à l'origine du feu, les chances semblent égales de part et d'autre, car la ligne B ne peut diriger sur l'ennemi des feux supérieurs à ceux qu'elle reçoit elle-même, cependant le tir amène promptement des effets désavantageux pour l'arrière-garde de la ligne de file attaquée.

En effet, l'arrière-garde de la ligne A (*fig.* 3) tendra à s'allonger par suite des avaries que le tir de l'ennemi pourra déterminer dans la mâture, le gréement et la voilure des vaisseaux engagés.

L'avant-garde de la ligne B perdra, par suite de la même cause, une partie de sa vitesse. Cette perte de vitesse produira des effets différents dans les deux lignes.

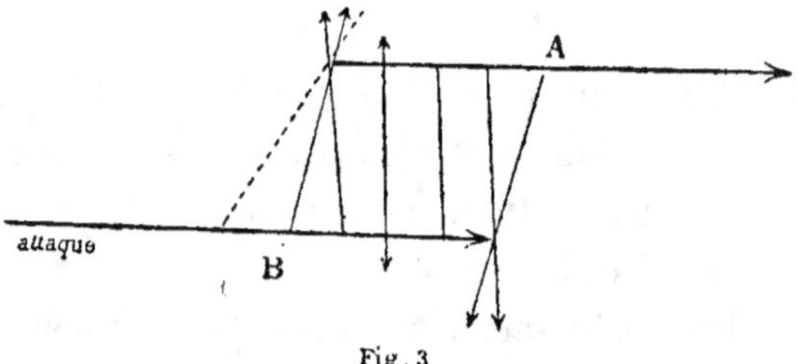

Fig. 3

Par suite du ralentissement de la vitesse des vaisseaux engagés, l'arrière-garde de la ligne A s'allongera, ses vaisseaux s'écarteront les uns des autres; le feu sera moins concentré, et les vaisseaux désemparés s'engageront de plus en plus dans le champ de tir de la ligne B.

L'effet produit par le tir sur l'avant-garde de la ligne B sera inverse, c'est-à-dire que le ralentissement de la vitesse des vaisseaux engagés tendra à diminuer les distances; les feux se concentreront davantage et si quelque vaisseau désemparé reste en arrière, il lui sera facile de manœuvrer pour sortir du feu et réparer ses avaries.

Dans toute ligne de file l'avant-garde est la partie la plus facile à maintenir serrée, parce que les vaisseaux qui la composent se trouvant plus rapprochés du vaisseau de tête, sur lequel se règlent les distances et la vitesse, ont moins de mouvements à faire pour se maintenir à leur poste.

L'arrière-garde d'une ligne de file peut difficilement être maintenue serrée, parce que les mouvements exécutés par chacun de ses vaisseaux pour se maintenir à son poste, augmentent à mesure qu'il s'éloigne du chef de file, en sorte que le serre-file est celui qui aura le plus à manœuvrer pour garder son poste. C'est pour cette raison que les arrière-gardes ont une tendance à s'allonger. Il est du reste bien difficile de maintenir longtemps une ligne de plus de 20 vaisseaux à voiles régulièrement formée.

Lorsqu'une avant-garde est attaquée et que l'attaque détermine des avaries de nature à l'empêcher d'évoluer facilement, elle perdra une partie de sa vitesse, et le corps de bataille et l'arrière-garde arriveront facilement à son secours.

Si une arrière-garde est attaquée et que par suite du combat elle fasse des avaries, elle perdra également une partie de sa vitesse, tendra à s'allonger et à se séparer de l'armée, laquelle, pour venir la soutenir aux mêmes amures, sera obligée d'exécuter deux virements de bord, c'est-à-dire un tour complet; évolution d'une exécution longue et incertaine lorsque la brise est molle et la mer houleuse.

Dans ces dernières circonstances de temps la vitesse des bâtiments à voiles est si faible qu'avant que les renforts aient pu se mettre en action, il pourra s'écouler un temps assez considérable pour amener la destruction des vaisseaux attaqués.

Ces exemples démontrent clairement que la partie faible d'une ligne de file quelconque est l'arrière-garde. Il est aisé d'en déduire aussi qu'une ligne de bataille est d'autant plus faible qu'elle est plus longue ou qu'elle a moins de vitesse, puisque dans ces deux circonstances la lenteur des évolutions peut laisser sans soutien les vaisseaux engagés contre des forces supérieures. Enfin, l'état de la mer exerce une grande influence sur la force des lignes, parce que le feu est d'autant moins dangereux que les mouvements de roulis sont plus grands et plus répétés.

Dans la formation d'une armée en ligne de bataille, il semble donc que l'on doive s'attacher à placer les vaisseaux les plus forts à l'arrière-garde; toutefois, il n'y a rien d'absolu pour ces arrangements.

Mouvements de défense de la ligne de bataille.

On vient de voir que les différentes parties d'une ligne de bataille ne pouvaient pas se soutenir suffisamment entre elles par le moyen des feux obliques; mais elles peuvent se donner un appui mutuel par des évolutions qui consistent :

1° A changer la direction de la ligne de bataille;

2° A renverser la ligne pour amener, le plus directement possible, tous les vaisseaux sur le point attaqué, lorsqu'il s'agit, par exemple, de défendre l'arrière-garde de la ligne contre les attaques de l'ennemi.

Le premier mouvement, qui consiste à changer la direction de la ligne, peut se faire par un virement de bord, lof pour lof, exécuté par la contre-marche (*fig.* 4).

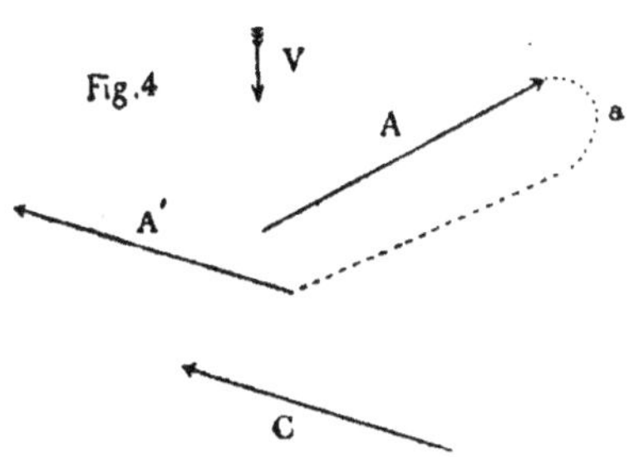

La figure 4 montre que le mouvement de contre-marche A *a* A′ conduit l'avant-garde de l'armée A en A′, où elle couvre son arrière-garde contre les attaques qui pourraient être faites par une force C placée sous le vent à elle. Cette évolution peut se faire sans signal, lorsque l'amiral occupe la tête de la ligne.

Le deuxième mouvement, qui a pour objet de renverser la ligne de bataille, peut se faire par un virement de bord lof pour lof *à la fois* (*fig.* 5); cette manœuvre est plus prompte que la précédente, mais elle doit toujours être précédée d'un signal.

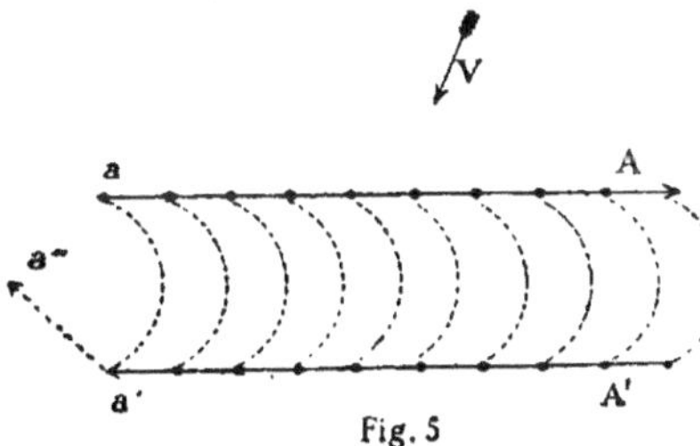

Après le mouvement, le vaisseau *a* serre-file de la ligne de bataille A rangée en ordre naturel, devient en *a*′ le chef de file de la ligne de bataille A′ dans l'ordre renversé. Cette ligne A′ marche avec quatre quarts de largue dans une direction A′*a*′ opposée à la première *a*A.

Le premier mouvement, celui de la figure 4, qui s'exécute par la contre-marche, prend toujours plus de temps que le second (*fig.* 5); mais il peut être fait avec plus d'ordre.

En général, les mouvements successifs ou de contre-marche peuvent toujours être faits avec plus d'ordre et de méthode que les mouvements à la fois, mais ils sont d'une exécution moins prompte.

La ligne de bataille peut donc marcher en ligne de file dans deux sens opposés (*fig.* 5) :

1° Au plus près du vent, en ordre naturel *a*A ;

2° A dix quarts du vent, en ordre renversé A'*a*'.

En ordre naturel, la ligne de bataille rangée au plus près du vent peut exécuter, par la contre-marche, des changements de direction sur toute la partie de l'horizon située sous le vent à elle (*fig.* 4); mais elle ne peut agir directement sur la partie de l'horizon placée au vent.

Dans l'ordre renversé qui résulte du mouvement à la fois (*fig.* 5), la ligne A'*a*' peut en outre venir de quatre quarts au vent de la direction de la ligne en *a*''.

Les deux mouvements que l'on vient de définir constituent à peu près la seule défense d'une ligne de bataille de vaisseaux à voiles, ils peuvent être considérés comme les mouvements élémentaires des manœuvres de combat qui seront décrites plus loin.

Enfin, il faut remarquer que les bâtiments d'une même ligne ne peuvent communiquer entre eux qu'au moyen de signaux, qu'il est difficile et même quelquefois impossible d'apercevoir ; c'est dire que les mouvements d'ensemble, qui doivent toujours être signalés, ne peuvent pas toujours être exécutés au moment opportun, parce que le mode de commandement par signaux n'est pas toujours suffisant pour expliquer la pensée de l'amiral.

Dans un grand nombre de circonstances, l'initiative des capitaines est donc appelée à suppléer le sens incomplet d'un signal, et il est de la dernière importance de fixer des règles précises pour l'attaque et la défense des lignes, elles serviront à guider les capitaines dans les mouvements qu'ils auront à exécuter pour atteindre le but de la manœuvre et à leur permettre de manœuvrer sans hésitation et d'éviter les faux mouvements.

Il existe une deuxième manière de renverser la ligne de bataille par un mouvement à la fois, elle s'applique précisément au cas où les vaisseaux de l'armée ne pourraient pas apercevoir à temps le signal de l'amiral. Dans ce cas, afin d'éviter que la portion de l'armée qui n'est pas engagée au feu ne s'éloigne trop des bâtiments combattants, l'amiral prendrait l'initiative du mouvement à exécuter, en virant lui-même pour se diriger du côté des combattants, et en signalant à l'armée de former une ligne de bataille, par ordre de vitesse, sur le vaisseau amiral comme chef de file ou sur tout autre chef de file qu'il aura désigné (*fig.* 17).

Cette ligne s'appelle ligne de bataille de prompte formation.

A l'inspection d'une ligne de bataille, on est conduit à penser que si l'on parvenait à défiler sur une de ces extrémités, soit perpendiculairement, soit obliquement, on la combattrait avec avantage à l'abri de son feu, mais on reconnaît bien vite que le système de locomotion des bâtiments à voiles rend généralement cette manœuvre difficile ou dangereuse; elle peut cependant être employée avec avantage dans certains cas particuliers.

Les bâtiments à voiles emploient un temps si considérable à former les différents ordres et à passer d'un ordre à l'autre, que l'on est obligé de former la ligne de bataille dès que l'on s'attend à rencontrer l'ennemi.

Cet ordre est donc le point de départ des manœuvres de combat; c'est, en effet, l'ordre qui se prête le mieux aux évolutions des lignes; mais il est impossible d'admettre qu'il soit bon pour toutes les circonstances d'une bataille, au point que l'on doive impérieusement le conserver et le reformer si quelque circonstance vient à le rompre. Il faut savoir le manœuvrer pour en tirer parti et même savoir le rompre, lorsque les besoins de l'attaque et de la défense l'exigent.

L'expérience a montré qu'il est très-difficile de manier et de maintenir en ordre une ligne étendue de vaisseaux à voiles.

Persuadé qu'il est presque impossible de conduire au combat une flotte de 40 vaisseaux avec des vents variables, par un temps brumeux et dans d'autres circonstances qui peuvent se présenter, etc., j'ai résolu de tenir la flotte, *à l'exception des vaisseaux du commandant en chef et du commandant en second,* dans une position telle que l'ordre de marche soit aussi l'ordre de bataille : j'y parviens en rangeant l'armée sur deux colonnes de 16 vaisseaux chacune et composant une escadre avancée de 8 vaisseaux à deux ponts des plus fins voiliers, qui pourra toujours fournir au besoin une ligne de 24 vaisseaux avec celle des deux colonnes que le commandant en chef voudra. (NELSON.)

CHAPITRE V

DU LOUVOYAGE.

Après avoir étudié les propriétés de la ligne de bataille, il reste à étudier les mouvements des armées pour engager ou pour soutenir le combat; mais auparavant il est nécessaire d'examiner le champ de manœuvre des armées navales.

On peut considérer l'horizon de la mer comme une surface circulaire invariablement plane, dont les seuls accidents consistent en une mer plus ou moins agitée, un temps clair ou brumeux.

Sur un pareil champ de bataille, tout se voit, et l'espace pour les manœuvres est illimité, à moins que la proximité d'une terre ne vienne entraver quelques-uns des mouvements des lignes.

Les combattants peuvent être considérés comme placés au centre de l'horizon.

L'horizon est divisé, par rapport au vent, en deux parties ; la partie au vent et la partie sous le vent ; cette division est essentielle, et il convient de la décrire avec quelques détails.

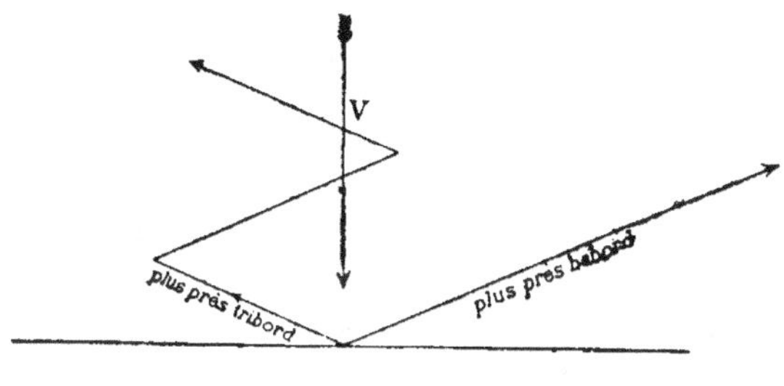

Fig. 6

Un bâtiment à voiles ne peut marcher contre le vent, et l'angle le plus petit de sa route avec la direction du vent (qu'on appelle aussi lit du vent) est de 6 quarts ou 68 degrés (*fig.* 6) ; c'est l'angle adopté pour les évolutions de la tactique.

Un bâtiment qui suit une telle route, court au plus près du vent, et la route qu'il suit alors s'appelle route du plus près ou route oblique.

Il existe deux routes du plus près, l'une à droite et l'autre à gauche de la direction du vent.

Lorsque le bâtiment parcourt la ligne de droite, on dit qu'il court au plus près bâbord amures, parce que pour la suivre il porte les amures à bâbord ; s'il suit celle de gauche, il court au plus près tribord, parce qu'il porte les amures à tribord.

La trace de ces deux routes se nomme ligne du plus près bâbord et ligne du plus près tribord, suivant que, pour les parcourir, on porte les amures à bâbord ou à tribord.

Les deux lignes du plus près comprennent entre elles un secteur de 136 degrés, divisé en deux parties égales par la direction du vent; nous appellerons ce secteur angle de vent.

Un bâtiment ne peut atteindre, par une route directe, un point fixe quelconque placé dans l'angle du vent; mais il y parvient en parcourant alternativement sur les deux lignes du plus près, deux routes suffisamment longues, ou un système de routes équivalent à ces deux routes; c'est ce que l'on appelle louvoyer.

Si le point à atteindre, au lieu d'être un point fixe, est un bâtiment mobile lui-même, non-seulement on ne peut l'atteindre par une route directe lorsqu'il se trouve dans l'angle du vent, mais même si, courant à contre-bord, on le relève au vent de la ligne perpendiculaire à la direction du vent.

L'horizon est donc divisé, par la perpendiculaire du vent, en deux parties égales. On pourra joindre par une route directe tout bâtiment placé dans la partie de l'horizon qui se trouve sous le vent de la perpendiculaire du vent. On ne pourra joindre qu'en louvoyant tout bâtiment placé dans la partie de l'horizon situé au vent de cette perpendiculaire.

Enfin, si deux bâtiments, courant à contre-bord, se relèvent sur la perpendiculaire du vent, ils se rencontreront à l'intersection des deux routes si les vitesses sont égales.

Les mouvements des lignes de vaisseaux sont assujettis aux mêmes lois que les mouvements du bâtiment siolé. Ainsi, une armée navale pourra joindre directement, soit pour la combattre, soit pour la soutenir, toute force placée dans la partie sous le vent de l'horizon par rapport à elle; elle ne pourra joindre que par des routes obliques toute force placée dans la partie au vent.

Une ligne placée au vent d'une autre ligne pourra donc s'approcher promptement de cette dernière pour l'attaquer, tandis que la ligne sous le vent ne pourra approcher la ligne au vent que par une suite de routes obliques, opération toujours longue. On peut admettre, en effet, qu'une ligne de vaisseaux qui louvoie avec quatre nœuds de vitesse, par exemple, gagne au plus un nœud dans le lit du vent, c'est-à-dire qu'en une heure elle aura à peine franchi, dans le vent, une distance de 1,800 mètres.

Dans ces conditions, la ligne au vent, pouvant être difficilement forcée au combat, est maîtresse d'accepter ou de refuser l'engagement.

Lorsque deux groupes de bâtiments sont placés de telle sorte que l'un soit au vent de l'autre, si on dirige une attaque contre le groupe au vent, ce groupe au vent pourra être difficilement soutenu par le groupe sous le vent, obligé de louvoyer pour l'approcher; mais, si l'attaque est dirigée contre le groupe sous le vent, ce dernier sera promptement soutenu par le groupe au vent.

Si, par exemple, au moment de diriger une attaque contre une ligne de bataille A, on s'aperçoit que le vent refuse d'une manière notable, l'arrière-garde de la ligne A tombera sous le vent, et c'est contre l'avant-garde de cette ligne A que l'on devra former l'attaque principale, parce qu'il s'écoulera un temps assez considérable avant qu'elle puisse être soutenue par l'arrière-garde, obligée de louvoyer pour se rendre au feu; si le vent avait adonné, c'est sur l'arrière-garde qu'il aurait fallu agir.

Si une ligne de vaisseaux au mouillage est formée suivant la direction du vent, et qu'on attaque la partie au vent de cette ligne, la partie sous le vent sera obligée d'appareiller et de louvoyer pour se porter à l'aide de la partie au vent.

En résumé, les mouvements des bâtiments à voiles ne sont directs que sur une moitié de l'horizon; par conséquent, une ligne placée au vent d'une autre ligne peut attaquer directement cette dernière, tandis que la ligne sous le vent ne pourra attaquer la ligne au vent qu'en louvoyant.

Là est la grande différence entre les bâtiments à voiles et les bâtiments à vapeur; ces derniers, en effet, peuvent faire des attaques directes dans toutes les directions et manœuvrer toujours comme une ligne de bâtiments à voiles placés au vent.

De la position de l'armée sous le vent ou au vent de l'ennemi.

On a beaucoup discuté sur les avantages ou les inconvénients qui résultent, pour une force navale, de la position qu'elle peut occuper sous le vent ou au vent de l'ennemi.

La position au vent a toujours été recherchée comme offrant plus de ressources pour la manœuvre que la position sous le vent, mais un habile manœuvrier sait tirer parti de toutes les positions, en profitant des moindres variations de la brise pour exécuter son plan.

Il n'est pas hors de propos d'en donner un exemple :

« Le comte de Tourville ayant armé 20 vaisseaux de guerre à Toulon et les ayant conduits à la hauteur de Ouessant, apprit que les alliés étaient devant l'Iroise avec 70 vaisseaux de ligne. Les conjonctures étaient fâcheuses, parce que l'escadre du comte de Tourville était trop petite

pour risquer un combat et que, d'autre part, étant depuis
deux mois à la mer, elle manquait de beaucoup de choses
nécessaires.

« Le comte de Tourville savait que le vent de S.O. souffle
très-fort dans ces parages et il était résolu de l'attendre,
sachant bien que, d'un vent de S.O. forcé, les alliés ne
pourraient pas tenir devant Ouessant et qu'ils seraient obligés de donner dans la Manche en même temps que nous
donnerions dans l'Iroise.

« Nous demeurâmes six jours à attendre le vent de S.O. à
30 lieues environ au large de Ouessant. Ce fut le 29 juillet
qu'un vent de S.O. forcé nous fit prendre la route de Brest.

« On détacha deux frégates pour forcer de voiles et tâcher
de reconnaître la terre. Sur le midi, nous crûmes être à 12
lieues de Ouessant ; mais comme nous n'avions pas vu la
terre depuis longtemps, il y avait quelque danger que nous
fussions plus près et qu'à travers le brouillard nous n'allas-
sions donner sur quelque roche. C'est pourquoi le comte de
Tourville fit mettre en travers à toute notre escadre en atten-
dant les deux frégates. Elles nous rejoignirent vers le soir et
nous apprirent qu'elles avaient vu Ouessant et que nous en
étions à environ 14 milles dans l'Ouest. Le lendemain, au
point du jour, nous nous trouvâmes à l'entrée de l'Iroise ; le
vent était venu au N.O., et les ennemis, qui étaient à 8 ou
10 lieues au vent, eurent le déplaisir de nous voir entrer à
Brest. »

La campagne du large de Tourville, exécutée en 1691,
montre tout le parti que l'on peut tirer d'une armée de vaisseaux à voiles lorsqu'elle est bien conduite.

« Les alliés ayant plus de 20 vaisseaux de guerre de plus que
la flotte française, semblaient devoir la tenir enfermée dans
ses ports ; mais on voulut tenir la mer et n'y faire aucune

manœuvre indigne de la gloire de nos armées ; on ne voulait pas néanmoins donner un combat désavantageux et où le plus grand nombre des ennemis nous pût faire risquer la victoire.

« Il fallait toute l'habileté d'un grand capitaine pour réussir en des circonstances si délicates.

« Le comte de Tourville commença par croiser pendant 15 jours à l'entrée de la Manche, arrêtant tout ce qui sortait et tout ce qui se présentait pour y entrer. Ayant appris que la flotte de Smyrne avait joint l'armée des alliés sur les côtes d'Irlande, il ne laissa pas de s'approcher des Sorlingues pour donner de la jalousie aux ennemis ; et tomba ensuite sur la flotte de la Jamaïque après avoir pris les deux vaisseaux de guerre qui l'escortaient.

« Les alliés qui étaient mouillés aux Sorlingues apprirent ces nouvelles avec quelque chagrin ; ils appareillent et se mettent en mer pour chercher les Français et les combattre, ne doutant pas qu'étant si supérieurs en nombre ils ne les défassent ou qu'ils ne les obligent à rentrer dans leurs ports ; mais le comte de Tourville les tire au large, leur dispute le vent, les joue par mille fausses routes, passe 50 jours à la mer, toujours prêt à profiter des occasions qu'il pourrait trouver de donner sur l'ennemi avec avantage.

« Il rentre ensuite à Brest finissant très-heureusement cette campagne. »

Dans les combats livrés par les flottes à voiles, on ne voit jamais figurer une force navale servant de réserve, parce que l'élément moteur est tellement variable, qu'on ne peut jamais avoir la certitude de pouvoir faire agir cette réserve au moment opportun ; il est donc plus sûr d'amener sur le champ de bataille les vaisseaux réunis ; mais on voit presque toujours figurer dans les armées navales une escadre légère, formée par les meilleurs marcheurs de l'armée, et destinée à donner la chasse à l'ennemi pour le retarder dans sa marche et permettre de le joindre pour engager le combat.

CHAPITRE VI

BUT GÉNÉRAL DES MANŒUVRES DE COMBAT.

Il est nécessaire de rappeler ici les principes généraux de la tactique, pour les appliquer à des bâtiments à voiles et n'ayant pour combattre d'autre arme que l'artillerie.

L'art d'engager une action navale avec un nombre quelconque de bâtiments réunis, et de combiner leurs feux au moyen de manœuvres d'ensemble, dans le but de donner au tir contre l'ennemi sa plus grande somme d'effet, se divise en deux parties : l'attaque et la défense.

Toute manœuvre d'attaque doit avoir pour but d'opérer sur la partie la moins défendue d'une ligne, une concentration rapide de feux pour détruire ou affaiblir cette partie, et se trouver en mesure d'attaquer le reste de la ligne avec des forces supérieures.

Toute manœuvre de défense doit avoir pour but de garnir le point attaqué, de telle sorte que l'ennemi y rencontre des forces supérieures; ou bien, si l'attaque de l'ennemi est mal concertée, de jeter sur les points faibles de son ordre des forces supérieures, et d'opérer une concentration mieux entendue que la sienne (1).

Toute concentration de force a donc pour but de mettre rapidement un certain nombre de vaisseaux en batterie contre un nombre plus petit.

---

(1) Voir les *Principes généraux*.

Ce résultat peut être obtenu de trois manières ; on peut les désigner par les noms suivants :

1° Concentration par pointage oblique ;

2° Concentration par défilement ;

3° Concentration double.

Pour être parfaitement clair, nous allons définir chacun de ces trois moyens de concentration d'artillerie.

Concentration par pointage oblique.

Si une armée A, composée d'un certain nombre de vaisseaux, combat contre une ligne B composée d'un nombre moindre de vaisseaux, en restant d'un seul côté de cette ligne, la ligne A pourra concentrer sur la ligne B le feu de tous ses vaisseaux ; mais, pour y parvenir, elle devra se maintenir à une certaine distance de cette ligne et dans une direction particulière (*fig.* 1).

Soit, par exemple, AD (*fig.* 7), une ligne composée de dix

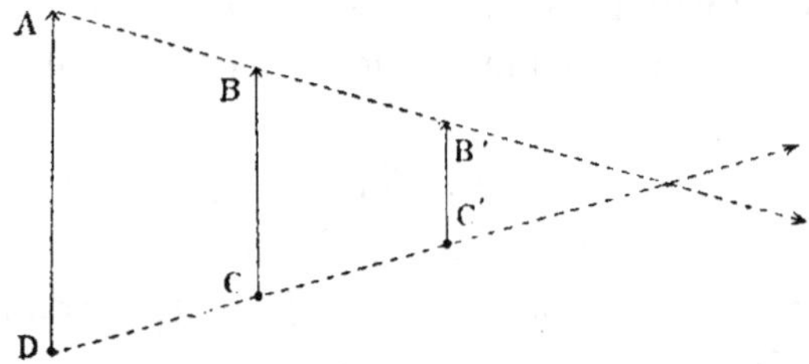

Fig. 7

vaisseaux rangés à 200 mètres de distance ; si on suppose que le pointage latéral des canons des batteries est de 15 degrés sur l'avant et de 15 degrés sur l'arrière du travers, on obtiendra les résultats suivants :

A la distance de 800 mètres, les 10 vaisseaux de la ligne AD pourront concentrer tous leurs feux sur la ligne BC, composée de 8 vaisseaux rangés dans le même ordre que ceux de la ligne AD et aux mêmes distances, 200 mètres, lorsque les 2 vaisseaux extrêmes B et C sont placés comme dans la figure 7.

En dehors de cette position, les deux lignes supporteront des feux égaux pour des pointages latéraux égaux (*fig.* 1).

A la distance de 1,200 mètres, les feux de la ligne AD pourront être concentrés sur une ligne de 7 vaisseaux B′C′, toujours dans les mêmes conditions que ci-dessus, c'est-à-dire si cette ligne occupe la position B′C′.

On voit que ce genre de concentration n'est possible que pour une position particulière dans laquelle il est difficile de maintenir l'ennemi.

Il faut remarquer que l'on a pris pour exemple la ligne la plus serrée dont on puisse faire usage dans la pratique, et que la moindre augmentation de la distance entre les vaisseaux de la ligne éloignera beaucoup le point de concentration des feux.

Ce genre de concentration peut être favorisé :

1° Par tout mode de pointage capable d'augmenter sans inconvénient l'étendue du pointage latéral des canons en batterie ;

2° En diminuant la distance entre les vaisseaux de la ligne ;

3° Par un plus grand écartement des pièces dans les batteries, disposition qui donne plus de facilité pour manœuvrer l'artillerie, et permet d'obtenir plus aisément l'angle maximum du pointage latéral en plaçant la pièce sur le côté du sabord.

La concentration par pointage oblique peut trouver son application contre une ligne trop étendue pour quelque cause que ce soit. On comprend que, si la ligne d'attaque a su maintenir ses distances serrées, elle puisse, par des pointages obliques, concentrer des feux supérieurs sur une portion de la ligne allongée qu'elle combat. C'est en cela que consiste la concentration par pointage oblique.

On ne peut guère engager, de cette manière, que des affaires à grande distance et, par conséquent, peu décisives. Cependant les combats mémorables livrés le 17 février 1782 sur la côte de Coromandel, et le 12 avril 1782 sur les côtes de l'île de Ceylan par le bailli de Suffren, ont été engagés sur le principe des concentrations par pointage oblique.

Concentration par défilement.

On peut concentrer les feux d'une ligne sur une portion de la ligne opposée, en faisant défiler successivement les vaisseaux de la première ligne sur un certain nombre de vaisseaux de la seconde ligne.

Mais les vitesses des lignes de vaisseaux à voiles étant toujours très-peu différentes, lorsqu'elles marchent dans le même sens, on ne peut, généralement, exécuter cette concentration qu'en défilant à contre-bord devant la ligne attaquée.

Ce genre de concentration trouve une application utile dans le cas où deux lignes qui louvoient pour se disputer le vent, vont se croiser à contre-bord (*fig. 8*).

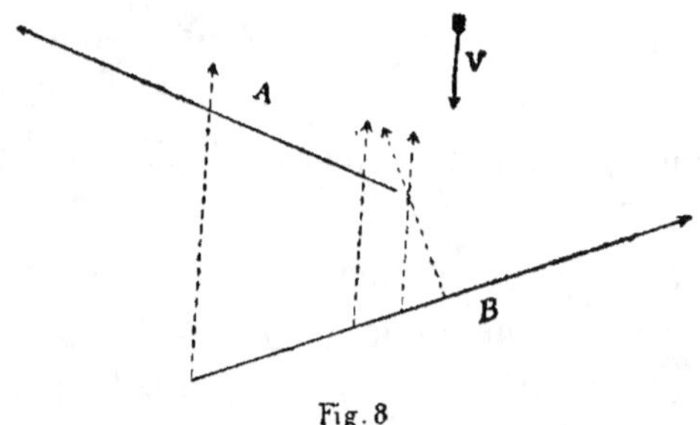

Fig. 8

Si la bordée conduit l'avant-garde de la ligne sous le vent

B à passer très-près de l'arrière-garde de la ligne au vent A, elle ouvrira, successivement, le feu de tous ses vaisseaux sur cette arrière-garde, jusqu'à ce que le mouvement des lignes les ait amenées hors de la portée du canon.

Le combat du 12 avril 1782 dans le canal de la Dominique, ceux des 9 et 10 prairial et plusieurs autres, ont été basés sur ce genre de concentration.

Étant au vent, on peut encore défiler sur l'arrière-garde d'une ligne sous le vent, en passant, en ligne de file, de la position au vent à la position sous le vent (*fig.* 9). Cette manœuvre fait perdre l'avantage du vent et présente d'autres inconvénients.

Si, par exemple, l'armée au vent (*fig.* 9) court sur une ligne de file A rapprochée du lit du vent V, pour défiler sur l'arrière-garde de l'armée sous le vent B rangée sur la ligne

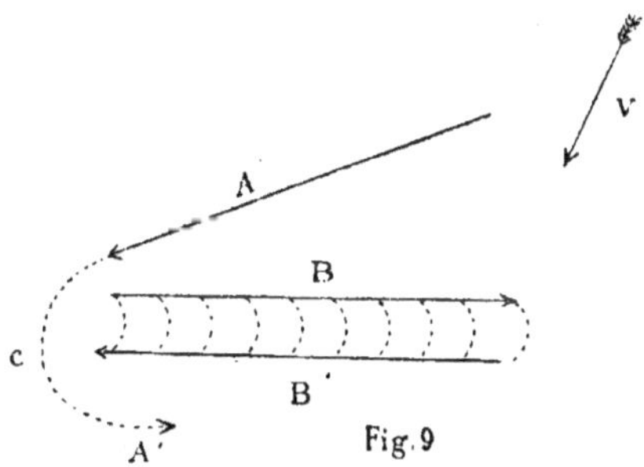

du plus près bâbord, l'armée B, au moment où le vaisseau de tête de A croise son arrière-garde, pourrait renverser sa ligne de bataille en B' par un virement de bord, lof pour lof à la fois (*fig.* 9), et couper la ligne de file AA' au point C, lorsqu'une partie de cette ligne se trouverait déjà sous le vent de la direction de la ligne B'.

La partie de la ligne A qui reste au vent de la ligne renversée B′ sera d'autant plus exposée que la partie A de cette ligne, déjà sous le vent, sera obligée de louvoyer pour venir à son aide.

Concentration double.

On peut encore concentrer des feux sur une fraction de ligne en la prenant entre deux feux, c'est-à-dire en plaçant des vaisseaux en batterie des deux côtés de la partie attaquée de la ligne.

C'est en cela que consiste l'attaque en concentration dou-ble. Entrepris dans des conditions favorables, ce genre d'attaque mène toujours à des résultats décisifs; il convient donc de le décrire avec précision.

C'est généralement en passant dans les distances entre les vaisseaux de la ligne objet de l'attaque, c'est-à-dire en coupant cette ligne sur un ou plusieurs points, que l'on parvient, le plus promptement possible, à en prendre une portion entre deux feux.

Cette attaque ne peut être entreprise avec des bâtiments à voiles, que lorsqu'ils possèdent l'avantage du vent; cependant, une ligne sous le vent, manœuvrant contre une ligne au vent, pourra la couper si, en la croisant à contre-bord, elle se trouve assez au vent pour atteindre une partie de cette ligne; mais dans ce cas il est difficile de saisir entre deux feux la partie coupée de la ligne, précisément parce que l'on marche à contre-bord des bâtiments coupés (*fig.* 20) (1).

L'attaque à contre-bord, ne menant pas directement à un engagement sur le principe de la concentration double, sera examinée plus loin.

______

(1) Combat du 12 avril 1782 dans le canal de la Dominique.

L'exemple suivant expliquera suffisamment le mécanisme de la concentration double.

Soit B une ligne de 10 vaisseaux (*fig.* 10) courant au plus près bâbord au vent, et soit A une ligne de file placée au vent de la ligne B et courant largue, et par la route la plus directe, sur le centre de cette ligne. On sait qu'un bâtiment qui marche sur le largue possède en général une vitesse supérieure à celle d'un bâtiment qui marche au plus près, particulièrement lorsque la brise est faible et la mer un peu houleuse. La ligne au vent possède donc un avantage de vitesse assez grand pour permettre à ses vaisseaux de traverser la ligne sous le vent, et de prendre poste au vent et sous le vent par le travers des vaisseaux qu'ils doivent combattre; la ligne sous le vent, établie au plus près et n'ayant que peu de vitesse, évitera difficilement la manœuvre entreprise sur elle.

La ligne au vent courant, comme on vient de le dire, sur la ligne sous le vent, avec, par exemple, quatre nœuds de vitesse, aura à supporter pendant dix minutes le feu de cette ligne.

Le premier vaisseau de la ligne A coupera la ligne sous le vent B vers le centre de cette ligne et derrière le vaisseau *a*, qu'il aura pu atteindre directement, il s'établira sous le vent à lui et aux mêmes amures en 1′.

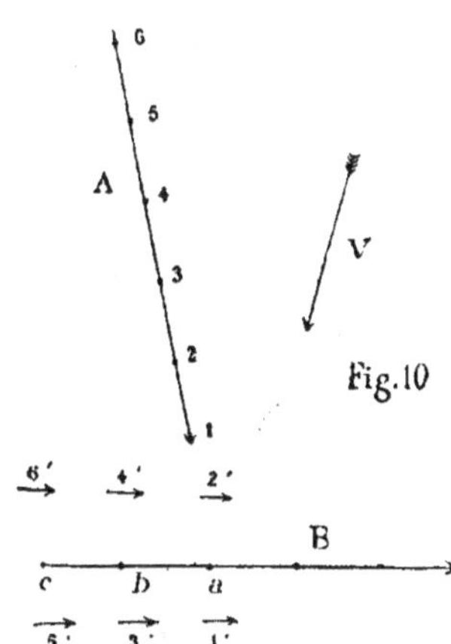

Le vaisseau 2 s'établira en 2′ au vent et très-près du vaisseau *a*, qui se trouvera pris entre deux feux.

Le vaisseau 3 de la ligne au vent A passera à poupe du vaisseau *b* qui suit le vaisseau *a* dans la ligne B et s'établira sous le vent et près de ce vaisseau en 3′.

Le vaisseau 4 s'établira en 4′ au vent par le travers et près de ce vaisseau *b*.

Le cinquième et le sixième vaisseau de la ligne A manœuvreront de la même manière sur le vaisseau suivant *c* de la ligne B ; ainsi de suite, les vaisseaux impairs de A s'établissant sous le vent de la ligne attaquée B et les vaisseaux pairs au vent ; les vaisseaux 1 et 2 combattant toujours un même vaisseau, les vaisseaux 3 et 4, un autre même vaisseau, le cinquième et le sixième un autre, ainsi de suite ; en un mot, le vaisseau impair de chaque groupe manœuvrant pour s'établir sous le vent de la ligne, par le travers du vaisseau que son matelot pair combat. La figure 10 fait comprendre clairement cette manœuvre.

C'est toujours sur la partie arrière d'une ligne de file que l'on doit former l'attaque en concentration double.

Lorsque l'on sera parvenu à prendre un vaisseau entre deux feux, il ne restera qu'à le suivre dans ses mouvements pour le maintenir par le travers des batteries, afin de l'écraser sous les feux réunis des deux vaisseaux.

On doit admettre en principe que tout vaisseau qui traverse une ligne doit, plutôt que de renoncer à son entreprise, aborder ou choquer de l'étrave tout vaisseau qui se présente pour lui barrer le passage.

On ne peut mettre plus de deux vaisseaux en batterie contre un vaisseau qui fait route, c'est-à-dire un de chaque bord ; si donc la concentration double n'a pu s'opérer que sur une portion de la ligne ennemie plus petite que la moitié des vaisseaux de la ligne qui attaque, les vaisseaux de cette dernière ligne qui ne sont pas engagés au feu, pourront former une réserve prête à se porter sur les points où sa présence serait nécessaire, ou se tenir prêts à combattre l'avant-garde de la ligne attaquée, qui, dans la généralité des cas, ne pouvant virer que vent arrière, pourra tomber sous le vent du groupe des combattants; en tout cas, elle sera obligée d'exécuter un tour complet pour venir, aux mêmes amures, prendre part au combat; mais avant que ces renforts aient pu se mettre en bataille, il s'écoulera un temps considérable pendant lequel l'attaque prendra un avantage décisif.

Pour obtenir tout l'avantage que ce genre d'attaque peut donner, les vaisseaux doivent être engagés au feu très-près de la ligne attaquée; le but de cette position est de rendre la destruction plus rapide et en même temps d'empêcher les différentes parties de la ligne attaquée de se donner un appui mutuel par des feux obliques. Tel est le mécanisme d'une concentration double.

On peut établir en principe que, toutes les fois qu'on parvient à former une mêlée de bâtiments par quelque moyen que ce soit, qu'elle résulte d'une ligne traversée ou d'un combat engagé dans d'autres conditions, les vaisseaux agiront immédiatement par groupes de deux vaisseaux (vaisseau impair et vaisseau pair) pour attaquer un seul vaisseau ennemi.

Dans chaque groupe, le matelot de combat du vaisseau de tête veillera donc attentivement les mouvements de ce dernier, qui a l'initiative de la manœuvre, afin de régler ses mouvements sur les siens.

Le premier groupe de deux vaisseaux doit, à moins d'inconvénient grave, combattre, non pas un vaisseau déterminé de la ligne ennemie, mais celui qu'il aura pu atteindre le plus directement; les autres groupes manœuvreront en conséquence.

On peut énoncer ainsi ce principe : *Dans toute mêlée on doit tendre, le plus rapidement possible, à former une concentration double contre la partie de la ligne ennemie la moins défendue ou la plus rapprochée.*

Pour y parvenir, dans toute réunion de bâtiments, on pourrait organiser à l'avance les groupes de deux vaisseaux destinés à manœuvrer ensemble dans les attaques par concentration double ; mais il est évident que, si l'on fait attaquer un vaisseau faible par un trois-ponts, il est inutile de lui donner un aide. On établira par des exemples la nécessité de cette organisation.

On vient de voir comment la ligne au vent, en attaquant sur une colonne, parvenait à placer ses vaisseaux en bataille au vent et sous le vent, contre une partie de la ligne ennemie. Si, au lieu d'attaquer sur une seule colonne, on forme l'attaque sur deux ou même sur trois colonnes, on abrégera la durée de la manœuvre de la moitié ou des deux tiers du temps.

On peut encore entreprendre ce genre d'attaque, soit sur deux colonnes parallèles à la ligne attaquée et courant sur elle en ligne de relèvement, soit en dirigeant directement chaque groupe de deux vaisseaux sur le vaisseau qu'ils doivent combattre, sans ordre apparent ; mais en donnant cependant aux groupes l'écartement nécessaire pour faciliter la manœuvre. *En général, l'ordre le plus favorable est celui qui permet de tenir les vaisseaux d'attaque réunis au vent dans un petit espace, de manière à pouvoir être dirigés par la voie la plus prompte sur les points attaqués.*

Quel que soit l'ordre adopté pour donner l'attaque en concentration double, les vaisseaux devront s'avancer sur la ligne ennemie, par la route la plus directe et sous l'allure la plus rapide, afin de rester le moins de temps possible exposés de pointe aux feux concentrés de la ligne.

L'attaque en concentration double est souvent délicate à tenter ; elle exige que l'on sache saisir à propos les circonstances et le moment où elle peut être entreprise avec des chances de succès. Si la ligne attaquée est bien formée et bien manœuvrée, l'attaque peut être dangereuse à tenter; mais si cette ligne est allongée, si elle a peu de vitesse et qu'en même temps les roulis soient assez forts pour rendre le tir à distance incertain, l'attaque peut être tentée, parce que l'on parviendra sans trop d'avaries à s'établir dans la ligne ennemie, et qu'à partir de ce moment, on mettra en action, de très-près, contre la portion attaquée, une force double de la sienne.

Au milieu de la confusion d'une mêlée de bâtiments, une armée attaquée de cette manière parviendra difficilement à rétablir l'égalité des feux sans une grande perte de temps, si elle n'a pas elle-même un système de concentration bien défini à opposer à celui qu'elle subit.

Remarquons, avant de terminer, que dans ces sortes d'attaque les vaisseaux sont obligés de courir de pointe sur l'ennemi et doivent être fortement armés par l'avant.

Les trois moyens de concentration qui viennent d'être définis constituent trois moyens d'attaque que l'on peut appliquer soit isolément, soit en les combinant entre eux, suivant les circonstances de temps et suivant le but à atteindre.

Ces principes de concentration sont indépendants du système de locomotion des vaisseaux : il suffit que les bâtiments soient astreints à conserver une vitesse quelconque pour assurer la direction du tir, et qu'ils combattent avec de l'artillerie par le côté pour qu'ils restent vrais dans tous les combats livrés à la mer par des bâtiments n'ayant qu'une seule arme : l'artillerie.

CHAPITRE VII

DU TIR.

Toute manœuvre de concentration deviendrait inutile si le tir n'était pas adapté aux positions que les vaisseaux occupent par suite de la manœuvre.

Pour appliquer les concentrations par pointage oblique et les concentrations doubles, l'armée court généralement dans le même sens que l'ennemi, et la direction dans laquelle on le tient reste à peu près la même par rapport à la ligne de tir. Le but est donc un point fixe relatif, sur lequel on a le temps de pointer et d'exécuter le tir à volonté. Pour exécuter ce tir, le chef de pièce guette l'instant où les mouvements du bâtiment amènent la ligne de mire sur le but à atteindre, et dès qu'elle s'y trouve, il fait feu; s'il s'écoule un intervalle de temps sensible entre le moment choisi par le chef de pièce pour envoyer son coup et celui où le boulet sort de la pièce, les mouvements du bâtiment ont pu déranger le pointage. Le mécanisme destiné à enflammer la charge doit donc fonctionner presque instantanément, afin que le coup parte lorsque la pièce se trouve en direction, et c'est le chef de pièce qui doit lui-même faire feu, afin d'éviter des signes ou commandements qui emploient toujours un temps appréciable, pendant lequel le roulis dérange le pointage.

C'est pour cette raison que le tir à la mer avait peu de justesse lorsque l'on faisait usage du boute-feu pour enflammer la charge; c'est par la même raison que les différents feux *de section, de division, de batterie, de bordées* commandés par les chefs de batterie, qui ne peuvent suivre les mouvements de la ligne de mire, ont très-peu de justesse. Dès qu'il s'agit d'une ligne de mire constamment mobile et dont les mouvements ne sont pas réguliers, rien ne peut remplacer le coup d'œil et l'appréciation du chef de pièce qui en suit les mouvements.

Si le feu s'engage à distance, à 1,200 mètres par exemple, il est avantageux de diriger le tir sur le centre de figure des œuvres mortes du bâtiment ennemi; on oppose ainsi une surface plus étendue aux erreurs provenant du pointage, des mouvements du bâtiment, des variations de la distance et de la déviation naturelle des projectiles, les chances du tir seront augmentées; dans ce cas, le grand mât de l'ennemi pourrait servir de jalon pour guider le pointage en direction dans les mouvements de roulis, ainsi que le tir.

Si le feu s'engage à distance moyenne, on peut diriger le tir des divisions avant sur le centre de figure de la partie avant des œuvres mortes du bâtiment ennemi. C'est à peu près le point qui se trouve à l'intersection du mât de misaine et de la ligne des sabords de la batterie basse.

Le tir des divisions arrière peut être dirigé sur le point correspondant de la partie arrière du bâtiment, c'est-à-dire sur l'intersection du mât d'artimon et de la ligne des sabords de la batterie basse.

Ces deux mâts pourront servir de jalons pour guider le pointage dans les mouvements de roulis, ainsi que le tir.

Si l'on combat à petite distance, on donnera, autant que possible, à chacune des sections des batteries un point de tir commun; on peut, par exemple, désigner pour but le sabord du centre de la section correspondante du bâtiment ennemi, ou d'autres points bien apparents de ses murailles. Les erreurs provenant du pointage, des mouvements du bâtiment, de l'appréciation des distances, de l'état de l'atmosphère et de la déviation naturelle des projectiles, amèneront toujours la diffusion des projectiles sur la surface des œuvres mortes du bâtiment à atteindre.

On peut encore, dans le tir à volonté, diriger le feu de toutes les pièces soit sur le centre de la batterie basse, soit sur le centre de la batterie haute, soit sur le centre des divisions avant, soit sur le centre des divisions arrière de chaque batterie, suivant l'effet que l'on veut produire.

Ce tir, que l'on pourrait appeler tir concentré, offre plus de chances de succès que le tir dispersé sans règle. Il est bien entendu que le pointage se fait à volonté et que l'exécution du tir a lieu au moment choisi par le chef de pièce.

Dans une ligne de vaisseaux, on doit s'efforcer de concentrer le tir de toute la ligne sur les vaisseaux ennemis les plus rapprochés, et, autant que possible, on doit tendre, dans les différents mouvements des lignes, à tirer toujours sur les mêmes vaisseaux ; au besoin, on doit manœuvrer pour atteindre ce but.

Dans les concentrations par défilement, les vaisseaux se croisent généralement à contre-bord, et, dans ce cas, leur vitesse composée est à peu près doublée. Comme le temps employé par un projectile à parcourir une distance de 1,000 mètres est de 3″4 (1), il en résulte que si la vitesse composée des deux bâtiments est de dix nœuds, le projectile devra passer à 17 mètres sur l'arrière du point visé ; il y a donc avantage à diriger le tir sur la partie avant des œuvres mortes du bâtiment que l'on croise, et si l'on adopte le point situé sur le prolongement du mât de misaine à la demi-hauteur des

_____

(1) Il est inutile de dire que ce chiffre varie suivant les qualités de l'artillerie en action ; il est du reste facile de substituer, dans le raisonnement, le chiffre réel au chiffre que nous donnons et qui s'applique à l'ancienne artillerie des navires à voiles.

œuvres mortes du bâtiment, ce point pourra servir de but dans la généralité des cas où le tir à volonté peut être utile. Le mât de misaine peut alors servir de jalon pour guider le tir, et pour éviter toute perte de temps, les canons des batteries doivent être pointés d'avance sur l'avant, lorsque l'ennemi entre dans le champ de tir de l'artillerie.

Lorsque les vaisseaux se croisent à contre-bord, ils restent souvent peu de temps dans leur champ de tir réciproque. Pour les vitesses moyennes et les distances moyennes, ce temps varie entre les limites de 2 à 5 minutes ; on ne peut donc généralement faire plus d'une décharge d'artillerie sur le même bâtiment, et l'on comprend l'utilité d'un pointage préparé et du tir par bordées. Pour exécuter le feu de bordée avec la justesse et la rapidité que comporte un intervalle de temps aussi court que celui pendant lequel l'objectif reste dans le champ de tir de l'artillerie de côté, il est nécessaire de pointer les canons à l'avance dans une même direction, au moyen de points de repère pris sur le pont.

Pour augmenter les chances d'atteindre le but ainsi que l'effet du tir, les lignes de mire des canons peuvent converger vers un centre situé à 400 mètres de distance du bâtiment, et à la moitié de la hauteur des œuvres mortes du bâtiment ennemi, ou mieux, sur la ligne des sabords de sa batterie basse.

Le tir par bordées ne peut guère être employé utilement que jusqu'à la distance de 400 mètres, encore ne faut-il l'employer, à cette distance, qu'avec une grande réserve et beaucoup de précautions. Pour commander ce feu, il y aurait de graves inconvénients à faire un commandement général d'exécution partant du pont; malgré toute la perfection des instruments viseurs que l'on peut imaginer pour connaître la direction exacte du pointage préparé au moyen des points de repère, un feu commandé de cette manière n'aurait aucune justesse, parce que :

1° Dès que le bâtiment est en mouvement, les lignes de mire des canons ont, les unes par rapport aux autres et surtout par rapport à la ligne de mire du viseur, des mouvements oscillatoires verticaux et latéraux; elles ne restent pas parallèles entre elles dans toutes les positions d'inclinaison du bâtiment, et cela tient à l'élasticité de la coque qui joue plus ou moins dans les mouvements de roulis et de tangage.

2° L'exécution du commandement n'est pas instantanée; le chef de pièce met, en effet, un temps appréciable à saisir le commandement et à l'exécuter; il s'écoule encore un intervalle de temps sensible entre le moment où le mécanisme destiné à enflammer la poudre, mis en mouvement par la main du chef de pièce, commence à jouer et le moment où le boulet sort de la pièce. Ces intervalles de temps s'ajoutent; or, un intervalle de temps très-court est suffisant pour que les mouvements du bâtiment, qui sont irréguliers, aient dérangé le pointage d'une quantité assez considérable pour que le but soit manqué. Il se produit, par cette manière de commander le feu, quelque chose d'analogue à la perte de temps qui résulte de l'emploi du boute-feu. L'instrument appelé viseur ne peut donc avoir d'autre utilité que d'indiquer la direction des lignes de pointage qui intéressent la manœuvre, laquelle a pour but d'amener le bâtiment que l'on veut combattre dans le champ de tir des batteries et de donner les moyens de vérifier si le tir est dirigé sur l'objectif indiqué; c'est plutôt un moyen de contrôle qu'un moyen d'action.

Pour exécuter le tir de bordée, lorsque le pointage a été préparé à l'avance, chaque chef de pièce doit faire feu lorsque sa pièce se trouve en direction; si l'ensemble du tir en souffre, sa justesse est plus grande, et c'est le point essentiel.

Dans les défilements à contre-bord, on doit s'abstenir de tirer sur les vaisseaux éloignés et réserver le feu pour les vaisseaux près desquels on doit passer. Autant que possible on s'attachera à défiler toujours sur les mêmes vaisseaux.

Dans les concentrations doubles, les vaisseaux étant très-rapprochés de l'ennemi et courant dans le même sens que lui, le tir à volonté est le plus avantageux à employer et doit acquérir sa plus grande rapidité ; il y a intérêt à diminuer le plus possible la distance, afin de rendre le pointage plus court et l'effet destructeur plus puissant.

Avant de terminer ce qui est relatif au tir, nous devons faire quelques remarques générales.

Le pointage au moyen de la barre, c'est-à-dire le pointage qui consiste à amener la ligne de mire sur l'objectif en faisant tourner le bâtiment sur lui-même, utile dans les combats isolés de bâtiment à bâtiment, est, en général, impraticable dans une réunion de bâtiments, quel que soit du reste l'ordre de bataille qu'on imagine de leur donner. En effet, les mouvements d'embardée des vaisseaux dans des sens différents ne tarderaient pas à altérer l'ordre suivant lequel ils combattent ; ils se doubleraient mutuellement, paralyseraient leur tir réciproque et seraient exposés, au milieu de la fumée, à tirer les uns sur les autres.

Enfin, lorsque la fumée gêne le tir au point d'empêcher de distinguer le but sur lequel on vise, il vaut mieux suspendre le feu pour laisser la fumée se dissiper, faire reposer les hommes et remettre les ustensiles en état dans les batteries, que de perdre des munitions d'autant plus précieuses que l'approvisionnement des bâtiments est limité aux environs de 110 coups par pièce.

Dans une action un peu vive, on n'a pas toujours les

moyens et le loisir de contrôler les indications d'un système aussi délicat que celui du tir convergent tel qu'il a été établi jusqu'à présent, et dans lequel des viseurs placés dans diverses parties du bâtiment, sont censés donner des indications exactes pour exécuter le pointage et le tir au moyen de points de repère. Il ne faut accorder qu'une confiance limitée à ces instruments, fixés quelquefois sur des parties peu rigides, susceptibles, souvent, de fléchir et de se tordre, comme, par exemple, la mâture, afin de ne pas s'exposer à perdre ses boulets et à tirer sur ses propres vaisseaux.

On évalue la force des bâtiments par le nombre de kilogrammes de fer qu'ils peuvent lancer en une seule bordée, toutes choses égales d'ailleurs, ou, en d'autres termes, par le poids du projectile multiplié par le nombre de canons. Cette évaluation présente assez d'exactitude pour les bâtiments sans cuirasse, aux distances où les boulets peuvent traverser les murailles.

Le tir de près, sur une coque en bois, demande une grande rapidité; dès que les boulets produisent tous un effet utile, il est important d'en lancer le plus grand nombre possible dans un temps donné.

Il est bien entendu que les règles de tir que l'on vient d'exposer ne sont applicables qu'à l'artillerie des vaisseaux sans cuirasse ; il serait impossible d'exposer les règles de la tactique des bâtiments à voiles si on négligeait ce facteur important.

CHAPITRE VIII

MANŒUVRE DES LIGNES DE BATAILLE POUR L'ATTAQUE
ET POUR LA DÉFENSE.

Considérations générales

On s'est longtemps borné, pour tout système d'attaque, à établir l'armée sur une ligne parallèle à la ligne ennemie, chaque vaisseau étant destiné à combattre le vaisseau correspondant de la ligne opposée.

Après un combat d'artillerie plus ou moins prolongé, la séparation des deux armées avait lieu souvent par le fait de celle des deux flottes qui craignait de ne pouvoir tenir la mer par l'effet des avaries produites par le combat.

Presque tous les combats livrés à grande distance des arsenaux et des points de ravitaillement présentent ce caractère.

Il est, en effet, essentiel, si l'on n'a pas des moyens de réparation et de ravitaillement suffisants, d'éviter de s'engager complétement, afin de pouvoir continuer à tenir la mer, lorsque l'intérêt des opérations en cours d'exécution l'exige impérieusement.

Il est évident qu'une flotte qui peut compter sur des ports rapprochés pour réparer les avaries qui sont la suite ordinaire des engagements à la mer, peut attaquer plus vivement que si elle en était privée. C'est qu'en effet la puissance navale se compose, non-seulement de vaisseaux, mais encore d'arsenaux ou magasins d'approvisionnements échelonnés sur les mers que l'on veut dominer.

Une flotte privée de cet appui, quelle que soit sa force, pourrait être détruite par une force inférieure appuyée sur des ports de refuge où elle pourrait se réparer et se ravitailler, et cette condition est plus impérieuse depuis que le vaisseau de guerre est devenu une machine de précision qui a besoin, à des intervalles rapprochés, de charbon, d'ateliers et de bassins.

On comprend de suite qu'il y a, suivant les circonstances, deux manières d'engager une action : manœuvrer l'ennemi si l'on veut gagner du temps, et alors c'est le cas d'employer les deux premiers moyens de concentration, ou bien l'attaquer à fond, ce qui correspond à la concentration double.

Les flottes à voiles manœuvraient beaucoup, soit pour engager le combat dans les meilleures conditions, soit pour éviter une attaque désavantageuse; on se disputait longtemps l'avantage du vent.

Lorsque deux armées se rencontrent à la mer, l'une se trouve nécessairement au vent de l'autre, les manœuvres d'attaque et de défense se divisent donc en deux catégories distinctes :

1° Étant sous le vent, donner l'attaque à une armée au vent ;

2° Étant au vent, recevoir l'attaque d'une armée sous le vent ;

3° Étant au vent, donner l'attaque à une armée sous le vent ;

4° Étant sous le vent, recevoir l'attaque d'une armée au vent.

Ces quatre manœuvres de combat peuvent être considérées comme les types de toutes les manœuvres d'attaque et de défense des lignes de bâtiments à voiles à la mer ; nous allons essayer de les exposer avec clarté.

Étant sous le vent, donner l'attaque à une ligne au vent.

Tout ce que l'on va dire est relatif à deux lignes composées chacune de 10 vaisseaux rangés à 200 mètres de distance les uns des autres et animés d'une vitesse de cinq nœuds, l'amplitude du pointage latéral étant égale à 30 degrés.

La ligne sous le vent, en donnant l'attaque à la ligne au vent, peut la rencontrer soit à contre-bord, soit aux mêmes amures.

Attaque à contre-bord.

L'attaque à contre-bord peut donner lieu à quatre mouvements successifs dans les deux lignes.

Nous supposerons que la ligne au vent A (*fig.* 9), gouvernant au plus près, bâbord au vent, a réduit sa vitesse pour attendre la ligne sous le vent B, qui ne pourrait la joindre sans un avantage de vitesse.

La ligne B, pour atteindre la ligne A et engager l'action, devra louvoyer, suivant les règles de la chasse donnée par une force sous le vent à une force au vent, jusqu'à ce qu'elle soit parvenue à la portée du canon de A.

Parvenue à cette distance, la ligne B ne suivra plus exactement les règles de la chasse ; elle évitera de virer sous le feu de la ligne au vent, et pour cela elle croisera cette ligne pour aller virer en dehors du champ de tir des batteries de ses vaisseaux.

Supposons que, par suite de ces mouvements, les deux lignes soient parvenues dans une position, par rapport au vent, telle que, lorsqu'elles se croisent à contre-bord, le vaisseau de tête *t* de la ligne sous le vent B puisse passer à 500 mètres, dans le lit du vent du vaisseau S, serre-file de la ligne au vent A (*fig.* 12).

A partir de ce moment, on supposera que les vitesses des deux lignes sont égales ; chaque ligne est composée de dix vaisseaux rangés à 200 mètres de distance l'un de l'autre ; les deux lignes sont animées d'une vitesse de cinq nœuds ou de 154 mètres par minute ; le pointage oblique de chaque vaisseau est égal à 15 degrés sur l'avant et 15 degrés sur l'arrière de la ligne du travers ; les vaisseaux portent à six quarts du vent avec une dérive de 5 degrés, c'est-à-dire que la route de chaque ligne fait un angle de 72 degrés avec la direction du vent.

Ces données vont nous permettre de calculer les mouvements des deux lignes et d'étudier la distribution des feux de chacune d'elles sur l'autre, au moment où, courant à contre-bord pour se croiser, elles entrent dans leur champ de tir réciproque.

Commençons d'abord par examiner l'action du tir de la ligne au vent A sur la ligne sous le vent B (*fig.* 11).

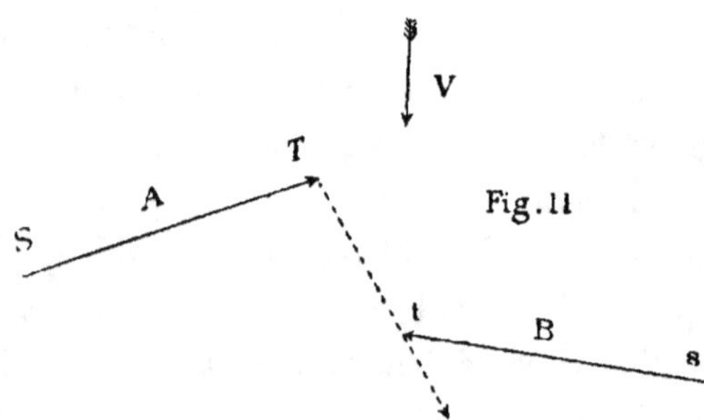

Au moment où le vaisseau de tête *t* de la ligne sous le vent B entre dans le champ de tir des batteries du vaisseau de tête T de la ligne au vent A (*fig.* 11), ces deux vaisseaux se trouvent à 1,300 mètres de distance l'un de l'autre.

Dans cette position, T relève *t*, sous le vent, à 15 degrés sur l'avant de son travers, dans le champ de tir de ses batteries, tandis que *t* relève T à 55 degrés sur l'avant de son travers et en dehors du champ de tir de ses batteries. La figure 11 donne cette position.

Les deux armées continuant leur route, 8 minutes après que les deux lignes auront occupé les positions de la figure 11, elles se trouveront dans la position de la figure 12.

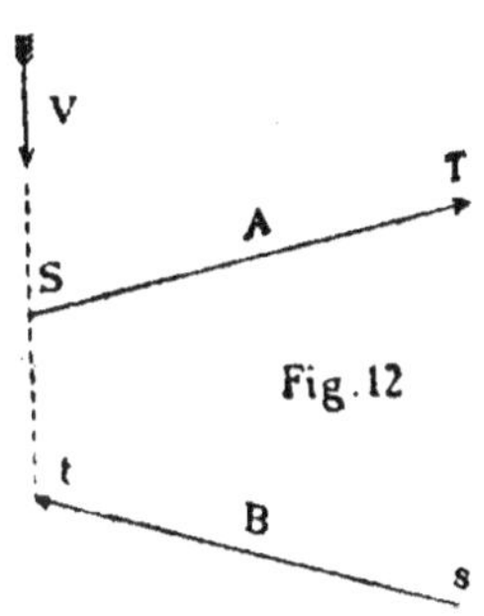

Fig. 12

Dans cette position, le vaisseau S, serre-file de la ligne au vent A, relèvera le vaisseau de tête *t* de la ligne sous le vent B sur le lit du vent V, à 500 mètres de distance sous le vent.

Cinq minutes et quelques secondes à partir de ce moment les deux lignes occuperont la position de la figure 13.

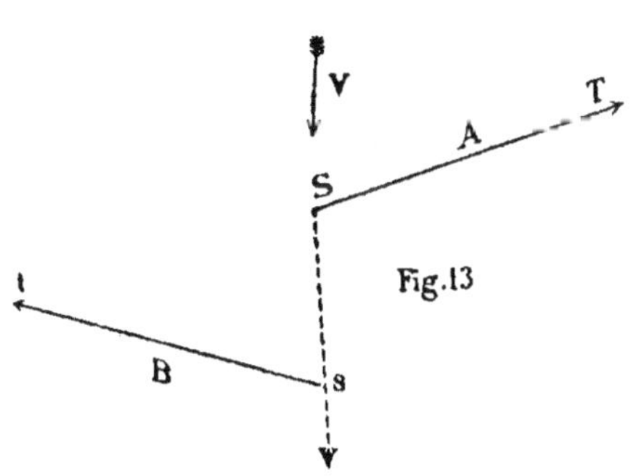

Fig. 13

Dans cette position, le vaisseau *s*, serre-file de la ligne sous le vent B, sort du champ de tir des batteries du vaisseau S, serre-file de la ligne au vent A. Ces deux bâtiments se trouvent alors à 1,000 mètres de distance l'un de l'autre (*fig.* 13).

En résumé, la ligne sous le vent B a mis 13 minutes pour traverser le champ de tir de la ligne au vent A, depuis le moment où son premier vaisseau *t* est entré dans le champ de tir de cette ligne (*fig.* 11) jusqu'au moment où son vaisseau serre-file *s* en est sorti (*fig.* 13).

Le tir de la ligne au vent a été dirigé plus particulièrement sur l'avant-garde de la ligne sous le vent B, à des distances variant régulièrement de 1,300 à 500 et de 500 à 1,000 mètres.

Passons maintenant à l'examen des effets du tir de la ligne sous le vent B sur la ligne au vent A, et pour cela reprenons les deux lignes dans la position de la figure 11, au moment où elles commencent à croiser leurs feux à contre-bord.

Deux minutes et demie après que le vaisseau de tête *t* de la ligne sous le vent B sera entré dans le champ de tir des batteries du premier vaisseau T de la ligne au vent A (*fig.* 11), ce vaisseau T entrera à son tour dans le champ de tir des batteries du vaisseau de tête *t* de la ligne sous le vent B; ces deux vaisseaux se trouvent alors à la distance de 1,000 mètres l'un de l'autre.

Les deux lignes continuant leur mouvement, cinq minutes après qu'elles auront occupé la position de la figure 14, elles parviendront à la position de la figure 12, le vaisseau de tête *t* relevant le serre-file S dans le lit du vent, à 500 mètres de distance au vent.

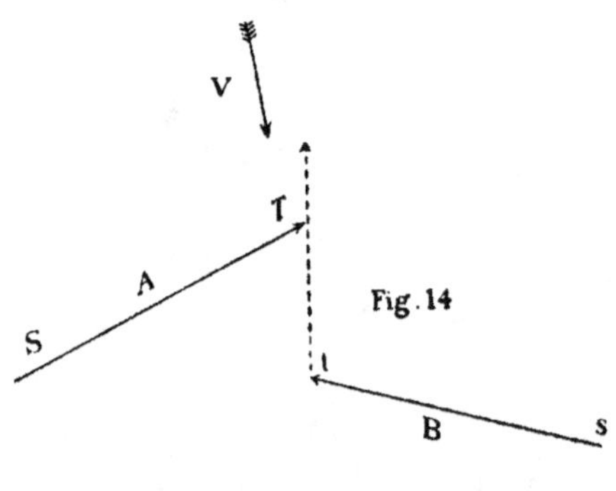

Enfin 8 minutes après, les lignes seront parvenues dans la position de la figure 15.

Dans cette position, le vaisseau *s*, serre-file de la ligne sous le vent B, relève le serre-file S de la ligne au vent à

15 degrés sur l'arrière de son travers, à la distance de
1,300 mètres.

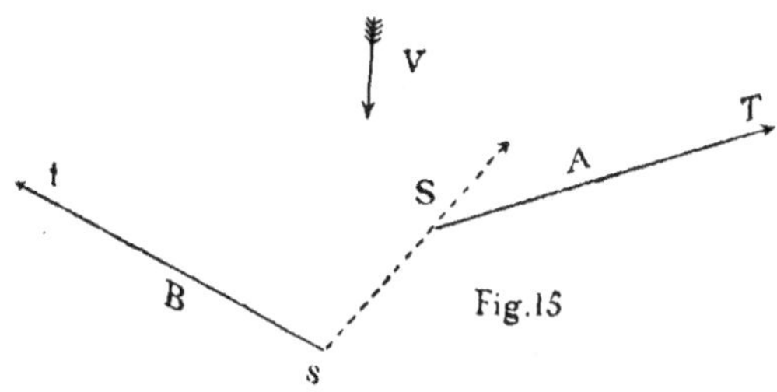

La ligne au vent A a employé 13 minutes pour traverser
le champ de tir de la ligne sous le vent B, depuis le moment
où son premier vaisseau T est entré dans ce champ de tir,
jusqu'au moment où son dernier vaisseau S en est sorti.

Les distances du tir ont varié régulièrement de 1,000 à
500 et de 500 à 1,300 mètres, le tir a été dirigé contre
l'arrière-garde de la ligne au vent aux plus petites distances.

Dans les deux lignes de bataille, chaque vaisseau aura employé deux minutes pour traverser le champ de tir d'un vaisseau de la ligne opposée à la distance de 1,300 mètres, et
une minute à la distance de 500 mètres.

Il résulte de ce qui précède que les phases par lesquelles
ont passé les deux lignes A et B en traversant leur champ de
tir réciproque sont les mêmes, quoiqu'elles se produisent
en sens inverse dans chaque ligne.

Ainsi, c'est sur l'*avant-garde de la ligne sous le vent* que
le tir de la ligne au vent a été dirigé aux plus petites distances, tandis que c'est l'*arrière-garde de la ligne au vent*
qui a supporté, aux plus petites distances, le tir de la ligne
sous le vent (*fig.* 12).

A première vue, il paraît résulter de ce mouvement une
égalité parfaite pour les deux lignes : la durée du feu qu'elles

ont eu à supporter est la même, les distances du tir sont les mêmes (quoique se produisant en sens inverse) pour chacune des deux lignes; cependant cette manœuvre donne à la ligne sous le vent des avantages considérables.

Elle possède d'abord, dans le tir, un premier avantage provenant de la bande du navire qui élève au-dessus du niveau de la mer les batteries du bord qui combat; le pointage en hauteur est augmenté d'un nombre de degrés égal à celui de la bande, la vue est plus dégagée, les sabords peuvent être tenus ouverts plus longtemps.

A ces avantages dans le tir viennent s'en ajouter d'autres provenant de la manœuvre : c'est l'avant-garde de la ligne sous le vent, c'est-à-dire la partie la plus forte et la plus serrée de cette ligne, qui bat, aux distances les plus petites, l'arrière-garde de la ligne au vent, c'est-à-dire la partie de cette ligne la plus faible et la moins serrée.

Cette arrière-garde tendra à s'allonger par suite du feu qu'elle aura essuyé, et la vitesse de la ligne au vent à laquelle elle appartient tendra à diminuer (car l'avant-garde est forcée de régler sa vitesse sur celle de l'arrière-garde pour éviter de s'en éloigner). La vitesse diminuant, la dérive augmentera et la ligne au vent se rapprochera de la ligne sous le vent.

Enfin les vaisseaux désemparés de la ligne au vent sont exposés à tomber dans la ligne sous le vent ou dans l'aire de ses attaques directes, tandis que les vaisseaux désemparés de la ligne sous le vent, dérivant du côté opposé à l'ennemi, sont couverts par leur ligne qui peut continuer à évoluer sans diminuer sa vitesse.

Si la ligne sous le vent parvient plusieurs fois à croiser à contre-bord la ligne au vent, elle obtiendra chaque fois des avantages de plus en plus considérables, parce que les vaisseaux de l'arrière-garde de l'armée au vent, sur lesquels les feux de l'armée sous le vent ont été concentrés aux plus petites distances, auront après chaque rencontre plus de peine à tenir leur poste et finiront par tomber sous le vent.

L'armée sous le vent parviendra donc à forcer l'armée au vent au combat en suivant cette tactique, c'est-à-dire par des attaques réitérées sur l'arrière-garde de l'armée au vent.

On peut obtenir un résultat plus prompt contre la ligne au vent en formant un détachement de vaisseaux bons marcheurs (escadre légère) destinés à s'élever au vent pour harceler l'arrière-garde de cette ligne.

Les combats livrés, les 9 et 10 prairial an II (28 mai 1794), entre l'armée française commandée par l'amiral Villaret-Joyeuse et l'armée anglaise aux ordres de l'amiral Howe, offrent un exemple remarquable de ce genre d'attaque (1).

Le 9 prairial, étant à 140 lieues dans l'Ouest de Ouessant, nous eûmes connaissance de l'ennemi sous le vent. Dès qu'il nous aperçut, l'amiral Howe forme sa ligne de bataille et force de voiles pour s'élever dans le vent et attaquer notre arrière-garde (le Bastard de Kerguiffanec).

Le rapport de l'amiral Villaret-Joyeuse contient les détails suivants sur la suite de l'action :

Mon premier soin (en apercevant l'ennemi) fut de former l'ordre de bataille bâbord amures ; l'ennemi, qui avait la supériorité du nombre, en fit autant et forma *une escadre légère de 5 vaisseaux.*

Ces chasseurs, laissant leur corps d'armée à 5 lieues sous le vent, vinrent tirailler la nuit sur notre arrière-garde.

J'étais loin de croire que cette escarmouche eût produit le

_____

(1) Les figures 16 et 17 sont tirées des plans annexés au rapport de l'amiral Villaret-Joyeuse.

plus léger événement. Cependant, à mon grand étonnement, je comptais au jour un vaisseau de moins. La position du vent que je voulais conserver m'ayant déterminé à virer de bord (vent devant) par la contre-marche, je vis avec une grande douleur que le *Révolutionnaire* m'avait abandonné.

Extrait du Journal du *Révolutionnaire:*

Le 9 prairial après midi, l'armée anglaise est sous le vent courant bâbord amures; son escadre légère, composée de 7 à 8 vaisseaux, est presque dans nos eaux. Vers quatre heures et demie, elle commence à nous tirer dessus; vers cinq heures et demie, le combat est très-vif entre nous et les vaisseaux anglais, nous ne pouvons les découvrir (pour riposter avec l'artillerie des batteries) ayant le plus grand soin de nous maintenir à notre poste (sans dévier de la route).

Le combat s'engage de plus en plus; toute l'escadre légère anglaise ne tarde pas à nous joindre et à nous dégréer. Le feu ayant été communiqué à la hune d'artimon par des grenades lancées par l'ennemi, le mât d'artimon est coupé. Le grand-mât tombe sur tribord et ensuite le mât de misaine. Les canons sont engagés, notre roue de gouvernail fut emportée et nous fûmes obligés de gouverner d'en bas. La batterie basse ne put tirer à cause du mauvais état de la mer. On fit plusieurs feux de section, n'ouvrant que peu de sabords à la fois, mais on ne put tirer que quatre coups; nous avions 20 canons démontés. Les crocs et les bouches arrachés. Grâce à la nuit et à la brume, le vaisseau fut sauvé.

Le 10 prairial, l'armée anglaise tente, sur un plan différent, une nouvelle attaque contre l'arrière-garde de l'armée française. Après diverses évolutions ayant toutes pour objectif l'attaque de l'arrière-garde française, l'armée anglaise, s'étant élevée au vent, vire de bord vent devant par la contre-marche pour défiler à contre-bord le long de la ligne française; dans ce mouvement, son avant-garde essaie de couper la queue de notre armée. Un seul vaisseau ennemi parvint à pénétrer dans la ligne en *a*, près du troisième vaisseau à partir du serre-file (*fig.* 16).

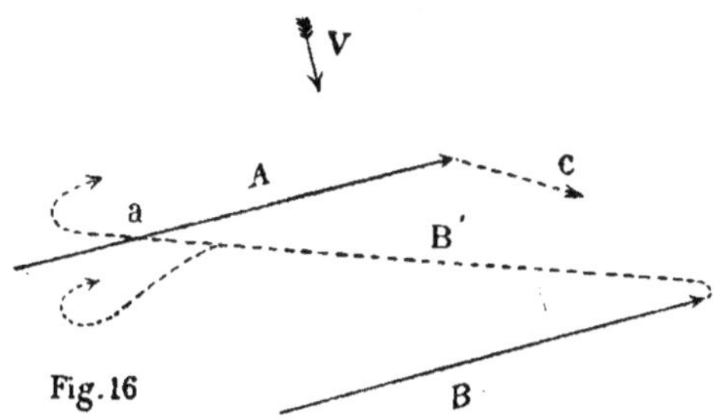

La ligne A représente l'armée française,
La ligne B l'armée anglaise,
B'*a* la route de l'armée anglaise à contre-bord.
Voici, du reste, le récit de l'amiral Villaret-Joyeuse, extrait de son rapport à la commission de marine :

L'amiral Howe comptant sans doute sur la supériorité que semblaient lui promettre 5 vaisseaux de plus, manœuvra d'après une nouvelle disposition. Je ne balançai pas à faire signal de ser-rer l'ennemi au feu — bâbord amures — et de commencer le combat. (*fig.* 16). Le combat devint alors si vif entre les deux avant-gardes, que l'ennemi — qui était aussi bâbord amures — plia et laissa arriver (1). L'amiral anglais, s'apercevant alors que son avant-garde était maltraitée et qu'un trois-ponts de mon arrière-garde venait de démâter de son petit mât d'hune dans un tangage, fit virer — vent devant — par la contre-marche pour reprendre à contre bord sa revanche sur mon arrière-garde qu'il croyait affaiblie par ce fâcheux accident.

---

(1) Extrait du Journal du vaisseau *le Terrible :*

« Les deux armées se battent depuis la tête jusqu'au centre. Il nous est parvenu un signal que l'ennemi pliait ; mais peu après nous nous sommes aperçus qu'il virait de bord par la contre-marche et qu'il voulait couper la queue de la ligne. »

Ce mouvement de l'ennemi me fit arriver — en C — sur les vaisseaux anglais virés — en B'. — La *Montagne* soutint son nom, et jamais volcan ne vomit un torrent de feu comme ce vaisseau. Le centre et l'arrière-garde combattaient — à contre-bord — avec la même valeur que les vaisseaux de tête (1).

L'*Indomptable* et le *Tyrannicide* (arrière-garde) furent désemparés. *L'avant-garde à qui, depuis plus d'une heure, je faisais le signal de virer de bord, n'obéissait pas à cet ordre*, et cette inexécution m'engageant — m'entraînant — fort loin, l'ennemi crut que j'avais abandonné ces deux vaisseaux et n'observa plus d'ordre. Toute cette armée B (*fig.* 17) entoura mes deux malheureux bâtiments (*a a*) qui faisaient feu des deux bords.

N'attribuant l'inexécution de l'ordre que j'avais donné à l'avant-garde d'arriver lof pour lof qu'à l'inaperçu des signaux, je virai moi-même en ordonnant de former la ligne de vitesse A' — de prompte formation — sans observer de rang (*fig.* 17).

La célérité et la précision avec lesquelles cet ordre fut exécuté me font oublier les fautes de quelques-uns des bâtiments de l'armée.

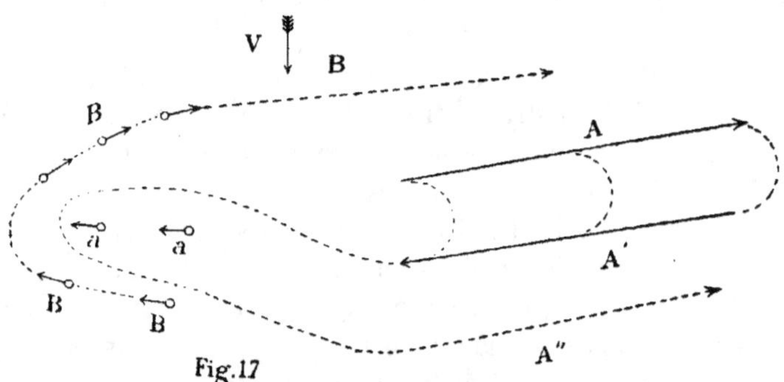

Après le mouvement, l'armée française, formée en ligne de file A' tribord amures à 10 quarts du vent, gouverne pour

---

(1) Journal du vaisseau *Le Pelletier* :

« Le feu était alors très-vif de part et d'autre, quoique la force du vent nous empêchât de nous servir de notre première batterie, avantage que l'ennemi avait, étant sous le vent. »

passer entre les vaisseaux anglais B et les deux vaisseaux désemparés (*a a*), l'*Indomptable* et le *Tyrannicide,* et les dégager
de l'attaque de l'ennemi. L'amiral, placé en tête de la ligne,
guide lui-même le mouvement de contre-marche A′ A″.

L'armée anglaise B, se trouvant sans ordre et dans une
position désavantageuse, abandonne l'attaque et forme sa
ligne de bataille B, bâbord amures, pour s'éloigner en serrant le vent, que l'armée française avait perdu dans le
mouvement.

Après le combat, les deux armées occupent les positions
B et A″ (*fig.* 17). .

Le rapport de l'amiral continue ainsi :

Ce mouvement inattendu — le virement de bord lof pour lof à
la fois — fut décisif pour cette journée ; je dégageai mes deux
vaisseaux, l'ennemi en désordre fut écrasé et obligé de tenir le
vent, que j'avais perdu pour couvrir l'*Indomptable* et le *Tyrannicide.* Le combat, commencé à dix heures du matin, a fini à
sept heures du soir.

Le récit suivant de la même bataille du 10 prairial, par un
officier de l'armée, complète le rapport de l'amiral Villaret-
Joyeuse sur les préliminaires de la bataille.

Le lendemain 10, à la pointe du jour, l'armée ennemie B
(*fig.* 18), étant sous le vent à nous A, à la distance d'environ une
lieue, courant comme nous tribord amures, l'amiral Howe vire
de bord pour s'élever au vent comme la veille — en B′ — et veut
renouveler sur notre arrière-garde S le mouvement qui lui avait
si bien réussi le 9. Cette fois, l'amiral Villaret-Joyeuse a compris
l'intention de l'ennemi et le prévient en virant lof pour lof par la
contre-marche (*fig.* 18) et se trouve — en A′ — en mesure d'attaquer l'arrière-garde de la ligne B′, en forçant de voiles et en faisant
porter à la fois largue sur elle. Pour prévenir cette tentative
sur son arrière-garde, l'amiral anglais nous laisse à peine le

temps de nous établir sur l'autre bord qu'il a déjà viré par la contre-marche — vent devant — sur nous (en B'') (*fig.* 16 et 18). Les deux armées se croisent bientôt à contre-bord (en *c* et en B''). L'amiral Howe fait arriver les vaisseaux de tête par un mouvement successif et prolonge notre ligne pour tâcher de couper quelques-uns de nos vaisseaux et de les prendre entre deux feux en virant de bord vent devant dès que son chef

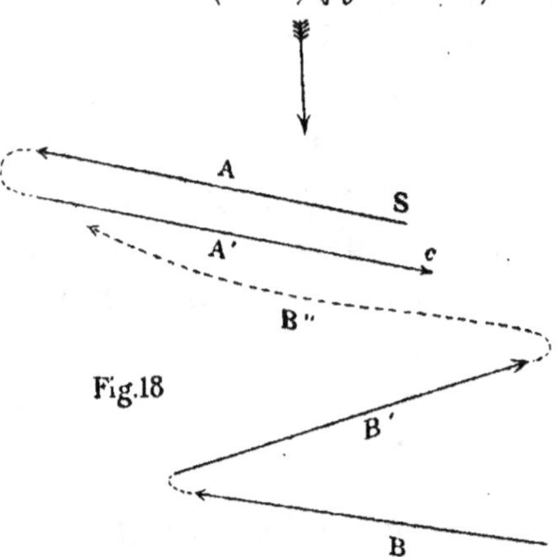

de file aura dépassé le serre-file de notre ligne.

Pour sortir de cette position extrême, Villaret, en habile marin, en homme de tête et de cœur, fait signal, en l'appuyant d'un coup de canon, de virer tous ensemble et de former la ligne en suivant l'ordre des vitesses, et afin qu'on ne se méprît pas sur son intention, il fait sur-le-champ exécuter l'ordre au vaisseau qu'il monte; tous les vaisseaux suivent le mouvement (*fig.* 17).

L'examen de cette bataille montre que l'inexécution par l'armée du signal de virer de bord lof pour lof par la contre-marche pour couvrir l'arrière-garde attaquée, avait laissé plusieurs bâtiments de cette arrière-garde engagés sans soutien contre des forces supérieures; ils auraient succombé dans la lutte si l'amiral Villaret-Joyeuse n'avait pris l'initiative d'un mouvement destiné à les dégager.

Dans ce but, il vire de bord lui-même pour se diriger du côté des combattants, en signalant à l'armée d'exécuter la même manœuvre par un mouvement à la fois, et de former la ligne de bataille suivant l'ordre des vitesses.

Placé à la tête de cette ligne, il la guide lui-même pour

aller, par un mouvement de contre-marche A′ A″, passer entre l'armée anglaise et ses vaisseaux désemparés *a a;* cette manœuvre eut un plein succès.

On remarquera que si, dès le début de l'action, l'amiral avait occupé la tête de la ligne, le virement de bord lof pour lof par la contre-marche, resté sans exécution parce que le chef de file de l'armée n'avait pas aperçu les signaux, aurait pu être fait sans retard et même sans signal, l'armée devant toujours suivre les mouvements de l'amiral par la contre-marche ; suivant l'usage de cette époque, l'amiral était placé au centre de la ligne de bataille devant l'ennemi ; il ne prenait la tête de l'armée que dans les ordres de marche.

On voit cependant avec quelle précision l'amiral, en prenant la tête de la ligne de prompte formation, a pu guider le mouvement de contre-marche de l'armée pour aller dégager les deux vaisseaux de son arrière-garde, en lutte contre des forces supérieures. C'est l'enseignement à tirer de cette affaire.

Reprenons l'analyse des attaques faites à contre - bord par la ligne sous le vent contre la ligne au vent, au point où elle a été laissée avant les citations relatives aux combats des 9 et 10 prairial.

On a vu que la ligne sous le vent, en croisant plusieurs fois à contre-bord la ligne au vent, obtenait à chaque rencontre des avantages de plus en plus considérables.

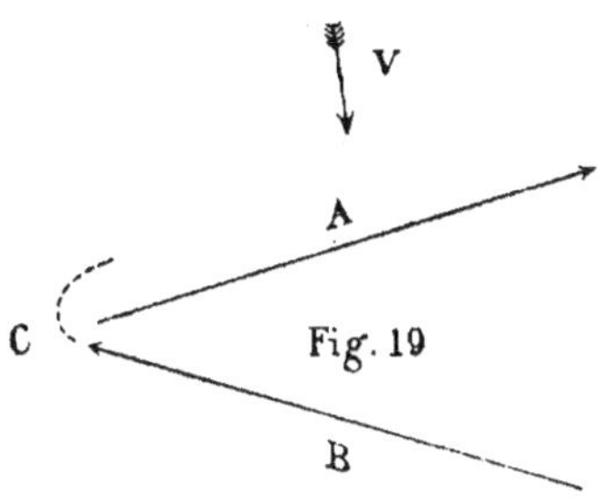

Si la bordée conduit la tête de la ligne sous le vent B à passer très-près de l'arrière-garde de la ligne au vent A (*fig.* 19), elle pourrait, après avoir croisé le vaisseau serre-file C, virer de bord vent devant par la contre-marche pour s'établir au vent et au même bord que l'ennemi, en prenant cette arrière-garde entre deux feux dans l'angle C, pendant le mouvement (*fig.* 19).

Enfin, si la bordée conduit la tête de l'armée sous le vent B assez au vent pour atteindre une portion quelconque de la ligne au vent A, elle pourra soit répéter contre elle la manœuvre de la figure 19, soit couper cette ligne et manœuvrer pour opérer une concentration double sur la portion arrière de la ligne coupée C (*fig.* 20).

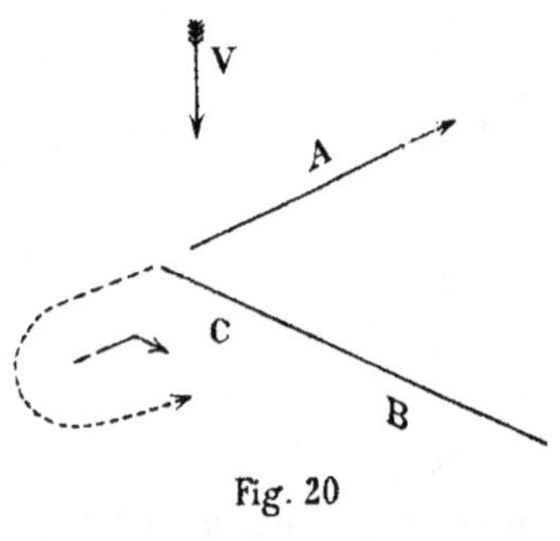

Fig. 20

C'est une manœuvre délicate à tenter et qui demande de la part du chef de file beaucoup de promptitude et de résolution.

L'expérience a montré que, dans plusieurs actions navales, le bénéfice des manœuvres signalées a souvent été perdu parce que le chef de file, n'ayant pas bien saisi la pensée de l'amiral ou n'apercevant pas les signaux, a tardé à manœuvrer ; on vient d'en donner un exemple. Le combat d'Ouessant, livré le 27 juillet 1778 par l'armée commandée par l'amiral comte d'Orvilliers, contre l'armée anglaise sous les ordres de l'amiral Keppel, fournit un autre exemple du même fait.

Des circonstances imprévues pourraient amener le chef de file d'une ligne de bataille à prendre l'initiative de mouvements décisifs lorsqu'ils sont exécutés au moment opportun, par exemple au moment où les deux lignes A et B sont près de se croiser à contre-bord : un changement dans la direction du vent pourra permettre à l'armée sous le vent de couper la ligne au vent ; on pourra encore s'apercevoir d'un désordre, d'un vide dans l'armée ennemie.

Lorsque l'on rencontre des circonstances de cette nature, il faut pouvoir en profiter sans perte de temps, parce que les lignes continuant à marcher à contre-bord, le moment favorable pour agir ne tardera pas à disparaître, et il ne sera pas toujours possible de demander des ordres ou d'en signaler en temps convenable. Il est donc nécessaire d'avoir sur le premier vaisseau de la ligne un guide apte à mener l'armée et à l'engager de manière à ce que les autres vaisseaux n'aient plus qu'à suivre le mouvement. C'est évidemment le poste du commandant en chef de l'armée.

Dans les différents cas de rencontres à contre-bord que l'on vient d'examiner, l'avantage de la ligne sous le vent sera d'autant plus considérable qu'elle passera plus près de la ligne au vent et qu'elle aura sur elle une supériorité de vitesse.

Défense à contre-bord.

Il est évident que si la ligne au vent vire de bord à temps, elle pourra éviter d'être croisée, à contre-bord, par la ligne sous le vent; mais dans le cas où, par un motif quelconque, cette manœuvre n'aurait pas été faite, au moment où la ligne sous le vent B viendra défiler à contre-bord sur l'arrière-garde de la ligne au vent A, cette dernière ligne virera lof pour lof à la fois pour renverser sa ligne de bataille, de telle sorte que son vaisseau serre-file S devienne le chef de file S′ d'une nouvelle ligne A′ (*fig.* 21 et 22).

Dans cette position, la ligne au vent A′, courant en ligne de file avec quatre quarts de largue sur la ligne sous le vent B′, peut exécuter les trois mouvements suivants :

1° Venir au vent par la contre-marche en S″ pour

s'établir parallèlement à l'arrière-garde de la ligne sous le vent et la combattre en concentration par pointage oblique ;

2° Laisser porter par la contre-marche pour défiler sur cette arrière-garde (*fig.* 9) en s'établissant sous le vent à elle ;

3° Couper la ligne sous le vent B' (*fig.* 21), si les circonstances sont favorables, et engager une concentration double contre la partie arrière de la ligne coupée.

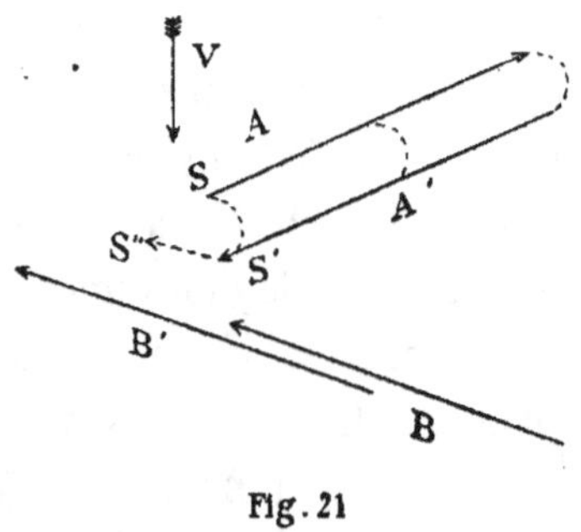

Fig. 21

Chacun de ces trois mouvements peut être avantageusement employé suivant la position des deux lignes ; mais, pour les appliquer à propos, il faut une grande rapidité dans les décisions, ce qui ne laisse pas toujours la possibilité de demander ou de recevoir des ordres. Il est donc important d'avoir, sur le vaisseau de queue S', devenu vaisseau de tête de la ligne renversée, un guide qui ait autorité pour mener la ligne et l'engager. C'est le poste du second chef de la ligne.

Le virement de bord lof pour lof à la fois, exécuté par la ligne du vent sous le feu de la ligne sous le vent, peut paraître dangereux et pourrait, en effet, le devenir s'il n'était exécuté avec quelques précautions.

On peut citer la suivante (*fig.* 22) : Dans le virement lof pour lof à la fois, les vaisseaux de C en A ne virent pas et vont prendre, par une contre-marche, la queue de la ligne renversée A'.

Après le mouvement, les deux lignes se trouveront dans les positions A' et B'.

Si l'avant-garde de l'armée sous le vent B' (*fig.* 20) est

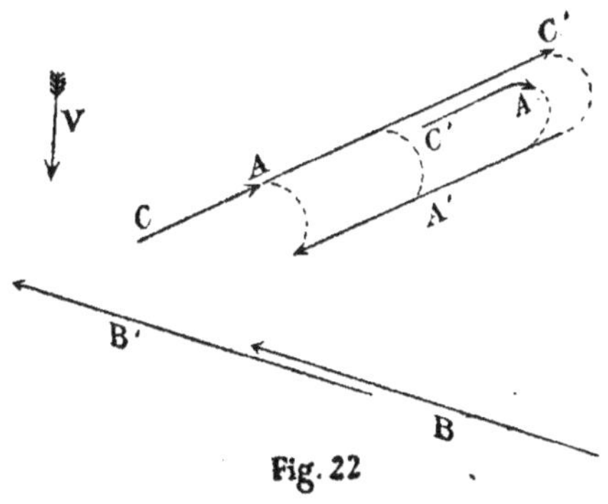

Fig. 22

assez au vent pour atteindre et couper à contre-bord l'arrière-garde ou tout autre point de la ligne au vent A, cette dernière pourra éviter cette attaque en manœuvrant de la manière suivante, empruntée, du reste, à la *Tactique* du P. Hoste :

Traverser l'armée ennemie.

On trouve dans les relations des combats donnés dans la Manche entre les Anglais et les Hollandais, que leurs armées se traversaient souvent; c'est-à-dire que l'armée B, qui était sous le vent, ayant un peu couru de l'avant, revirait vent devant par la contre-marche et coupait la ligne A au point C (*fig.* 20), gagnait le vent à l'ennemi, mais que celui-ci, revirant à son tour, coupait l'armée qui lui avait gagné le vent. De cette manière les deux armées se traversaient plusieurs fois, ce qui leur donnait lieu de se couper et de se faire périr mutuellement plusieurs vaisseaux.

REMARQUE.

Cette manœuvre est également hardie et délicate, et il faut être consommé dans le métier pour y réussir aussi heureusement que fit le comte d'Estrées dans le combat du Texel en 1553, car il traversa l'escadre de Zélande, lui gagna le vent, la dissipa et mit les ennemis en si grand désordre qu'il fit déclarer la victoire qui était encore en balance.

Il semble qu'il est aisé à l'armée du vent d'empêcher la ligne sous le vent de la couper :

1° Quand l'armée sous le vent B (*fig.* 23) vire par la contre-marche, l'armée au vent A peut revirer toute en même temps, ce qui empêche la tête B d'atteindre jamais la ligne de l'ennemi pour la couper ;

2° Si l'armée du vent ne veut pas virer de bord de suite, elle peut laisser passer la tête de B au point E et,

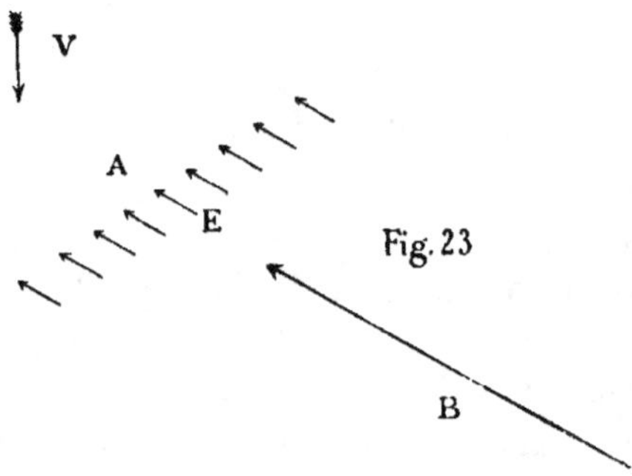

revirant ensuite en même temps, elle la mettra en E entre deux feux.

On voit, par les exemples qui précèdent, que les lignes renversées jouent un grand rôle dans les manœuvres de défense des armées de vaisseaux à voiles.

Le vaisseau serre-file dans l'ordre naturel devient le chef de file de l'ordre renversé et doit alors guider les mouvements de contre-marche de la ligne renversée de la même manière que le chef de file les guide dans l'ordre naturel. C'est donc un poste d'une très-grande importance et qui doit être confié à un capitaine réunissant l'expérience à l'autorité du commandement et possédant la confiance de l'amiral; c'est le poste du second chef de la ligne.

On peut tirer de ce qui précède le principe suivant, qui est applicable à toute ligne de file, quel que soit son mode de locomotion :

Dans toute ligne de file le commandant en chef doit être placé en tête de la ligne dans l'ordre naturel; dans cette position il peut entreprendre les mouvements suivants :

1° Il peut diriger sans perte de temps et sans signaux tous les mouvements qui s'exécutent par la contre-marche;

2° Il est maître, en outre, d'engager la mêlée quand il le juge convenable, en faisant donner lui-même la tête de la ligne, de manière à profiter, *sans perte de temps,* des circonstances qui permettent d'entreprendre avec avantage ce genre d'attaque.

Le second chef de l'armée, placé en serre-file dans l'ordre naturel, devient chef de file dans l'ordre renversé et doit guider la ligne de la même manière lorsqu'elle marche en ordre renversé; mais en la menant, il a pour devoir de se conformer aux instructions de l'amiral et de faire veiller les signaux avec la plus extrême attention.

On vient de voir comment doit manœuvrer la ligne au vent pour éviter d'être coupée par la ligne sous le vent. Il reste à voir comment la ligne sous le vent devra manœuvrer pour parer la même attaque dirigée contre elle par la ligne au vent.

Lorsque l'armée A vire lof pour lof à la fois (*fig.* 24) pour empêcher l'armée sous le vent B de défiler sur son arrière-garde, la ligne renversée A', qui résulte du mouvement, peut entreprendre sur la ligne B les deux manœuvres suivantes :

1° Passer de la position du vent à la position sous le vent en défilant sur l'arrière-garde de la ligne B (*fig.* 9 et 28);

2° Couper la ligne sous le vent et engager une mêlée, en concentration double, contre la partie arrière de la ligne coupée.

L'armée sous le vent pourra empêcher l'armée au vent d'exécuter l'une ou l'autre de ces deux manœuvres en laissant porter de quatre quarts, par un mouvement à la fois, pour courir en ligne de relèvement B à la même route que l'armée A' (*fig.* 24).

Cette position comporte plusieurs cas :

1° Les deux lignes se trouvant dans la position de la figure 24, si la ligne de relèvement B prend une vitesse égale à celle de la ligne de file A', elle se trouve en mesure de

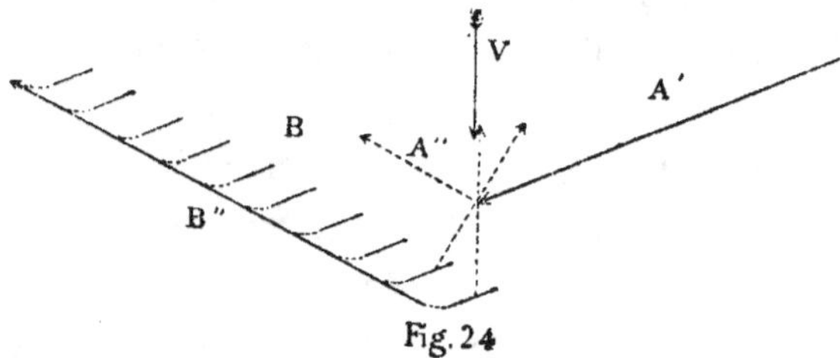

Fig. 24

battre les vaisseaux les plus avancés de cette ligne avec les pièces de retraite de hanche et une partie des pièces de côté des vaisseaux de ligne.

La ligne A' se trouvera donc, à son tour, dans une position désavantageuse, et si, voulant en sortir, elle abandonne l'attaque, soit en reprenant sa direction première A (*fig* 21), au plus près bâbord amures, par un virement lof pour lof à la fois, soit en venant au vent par la contre-marche sur la ligne du plus près tribord A" (*fig.* 24) pour se mettre en bataille aux mêmes amures que la ligne de relèvement B, cette dernière venant en ligne de file B" du même bord que A", par un mouvement à la fois, se trouvera dans une position favorable pour concentrer, par pointage oblique, les feux de la ligne sur les vaisseaux les plus avancés de l'avant-garde de A'. C'est le quatrième mouvement.

On doit remarquer que la durée du mouvement exécuté par la ligne de relèvement B, pour venir à la fois en bataille en B'', est toujours plus petite que la durée de chacun des deux mouvements qui peuvent être exécutés par la ligne de file A'.

2° Si la vitesse de la ligne A' est supérieure à celle de la ligne de relèvement B — comme les vitesses des bâtiments à voiles établis aux mêmes allures sont généralement peu différentes, — les vaisseaux de l'avant-garde de la ligne A' resteront longtemps exposés aux feux de la ligne B avant de pouvoir pénétrer dans cette ligne ; et ils ne pourront le faire qu'en passant dans les intervalles de cette ligne, où ils seront pris entre deux feux.

Toutefois, si, profitant de son avantage de vitesse, la ligne A' essayait de se porter en masse sur l'aile de la ligne de relèvement B la plus rapprochée — dans le but de former une concentration double contre cette partie de la ligne — dès que les vaisseaux avancés de la ligne A' auront pénétré dans les intervalles de la ligne de relèvement B, où ils seront pris entre deux feux, cette dernière, venant, par un mouvement à la fois, en ligne de file du côté de l'aile attaquée, se trouvera en mesure de se porter tout entière, et le plus promptement possible, sur le point attaqué, où déjà la concentration double est formée contre les premiers vaisseaux de A' qui auront pénétré dans la ligne.

Donc, dans tous les cas, la ligne de file A' se trouvera dans une position désavantageuse par rapport à la ligne de relèvement B, ou, ce qui revient au même, la ligne de relèvement B se trouve dans de bonnes conditions de défense.

Si l'on considère, pour un instant, les deux lignes A′ et B dans la position de la figure 24, on peut concevoir que la ligne au vent A′ fasse attaquer au moyen de ses vaisseaux les plus rapides, formés en escadre légère, les mauvais marcheurs de la ligne de relèvement B, dans le but, soit de les enlever, soit de forcer toute la ligne au combat. La ligne sous le vent B devra manœuvrer sans retard pour recevoir toute attaque de cette nature, comme on l'expliquera dans l'attaque donnée du côté du vent ; car ceux de ses vaisseaux qui, par suite du combat, resteraient en arrière, tomberaient au milieu de la ligne A′.

Lors donc que la ligne B laisse porter pour s'établir en ligne de relèvement (*fig.* 24), les vaisseaux de cette ligne les plus rapprochés de la tête de la ligne A′ devront immédiatement augmenter de vitesse, sans rompre l'ordre de bataille, et de manière à être assurés de ne pas rester en arrière de la ligne.

Il faut remarquer qu'il est fort difficile de faire marcher longtemps une armée en ligne de relèvement, en conservant l'ordre de la ligne bien formé, parce que les points de repère manquent pour rectifier cet ordre en marche. Les capitaines devront, par suite, apporter la plus extrême attention à la manœuvre.

Si l'on résume les quatre mouvements qui viennent d'être décrits pour l'attaque à contre-bord on voit :

1° Que la ligne sous le vent B, en venant croiser à contre-bord la ligne au vent A, concentrera à chaque rencontre des feux supérieurs sur l'arrière-garde de cette ligne (*fig.* 11, 12, 13, 14 et 15) ;

2° Que la ligne au vent A, par un virement lof pour lof à la fois A′, évitera l'attaque par défilement de B et se trouvera en mesure d'attaquer avec avantage l'arrière-garde de cette ligne (*fig.* 22 et 23) ;

3° Que pour éviter cette attaque, la ligne sous le vent B laissera porter en ligne de relèvement B à la même route que la ligne au vent A′ (*fig.* 24);

· 4° Enfin que, dans cette dernière position des deux lignes, soit que la ligne de file A′ poursuive son attaque, soit qu'elle y renonce, la ligne de relèvement B revenant en ligne de file B″ sur un bord ou sur l'autre par un mouvement à la fois, se trouvera en mesure de concentrer des feux supérieurs sur les vaisseaux de la ligne A′ les plus rapprochés.

Dans ces mouvements successifs, l'ordre entre les vaisseaux est difficile à maintenir exactement; les capitaines devront apporter à la manœuvre la plus grande attention; ils doivent surtout s'attacher à exécuter les mouvements à la fois avec une grande précision, parce qu'ils troublent plus l'ordre de l'armée que les mouvements de contre-marche.

La ligne sous le vent attaque la ligne au vent sur le même bord.

On vient de décrire les diverses phases de l'attaque à contre-bord exécutée par l'armée sous le vent contre la ligne au vent; nous allons maintenant examiner les effets de la rencontre des deux armées aux mêmes amures et pour cela reprendre les lignes de 10 vaisseaux qui ont servi aux exemples précédents, avec les suppositions relatives à la longueur de ces lignes, à la distance où elles passent l'une de l'autre lorsqu'elles se croisent dans le lit du vent et à l'amplitude des pointages obliques.

On doit admettre une supériorité de vitesse en faveur de la ligne sous le vent, qui ne pourrait, sans cette condition, atteindre la ligne au vent courant aux mêmes amures; on supposera donc que la ligne sous le vent B filant cinq nœuds, la ligne au vent A en file quatre.

Par suite de ces dispositions, la route de la ligne sous le vent B la mènera à passer au même bord, à 450 mètres de la ligne au vent A, lès deux lignes suivant des routes parallèles (*fig.* 25).

Les pointages obliques étant supposés égaux dans les deux lignes, le premier vaisseau T de la ligne B et le dernier vaisseau C de la ligne au vent A entreront en même temps dans leur champ de tir réciproque. Toutes les cinq minutes, à partir de ce moment, un nouveau vaisseau entrera, de part et d'autre, dans le champ de tir des lignes.

Enfin, après dix-neuf minutes, le vaisseau de tête T de la

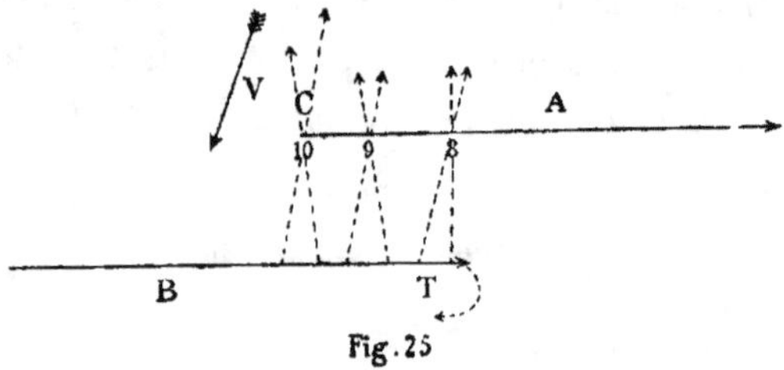

Fig. 25

ligne B sera parvenu à la hauteur du sixième vaisseau de la ligne A.

Dans cette position, il pourra être battu, suivant la distance, par deux vaisseaux à la fois, après avoir essuyé successivement le feu de quatre vaisseaux de C en A. Ce vaisseau T peut donc avoir été maltraité, et, dans ce cas, avant qu'il ait pu recevoir des avaries capables de le désemparer, il devra se retirer du feu par une petite arrivée et manœuvrer pour prendre la queue de la ligne B.

Le deuxième vaisseau de la ligne B exécutera la même manœuvre dans les mêmes circonstances, et ainsi de suite. En sorte que si la différence entre les vitesses des deux lignes continue à subsister telle qu'on l'a supposée, la ligne B pourra faire défiler successivement tous ses vaisseaux sur les quatre derniers vaisseaux de la ligne A. C'est une concentration par défilement, faite au même bord, sur l'arrière-garde de la ligne au vent par l'armée sous le vent.

L'avant-garde de la ligne sous le vent B, qui peut facilement se présenter au feu avec des intervalles serrés, a pu trouver l'arrière-garde de la ligne du vent A allongée ; c'est le défaut presque inévitable des arrière-gardes. Elle engage donc le feu dans de bonnes conditions, et si une avarie grave venait à se produire sur un de ses vaisseaux, ce bâtiment aurait toujours, comme on vient de le voir, la ressource de quitter la ligne pour s'établir sous le vent, à couvert du feu de l'ennemi.

L'arrière-garde de l'armée du vent A ne possède pas le même avantage. Son vaisseau de queue 10 se trouvera battu successivement par tous les vaisseaux de la ligne B, à mesure qu'ils défileront devant lui, et par le feu en chasse des bâtiments en arrière.

Le neuvième et le huitième vaisseau de la ligne A se trouveront à peu près dans la même situation que le dixième vaisseau, puisqu'ils peuvent avoir affaire constamment à des vaisseaux nouveaux ; ils finiront donc par être d'autant plus maltraités qu'ils n'ont aucun moyen de sortir du feu.

Dans cette position, l'arrière-garde de la ligne au vent s'allongera, dérivera sur la ligne sous le vent et s'engagera de plus en plus dans le champ de tir de cette ligne.

Défense contre l'attaque au même bord.

Pour dégager les vaisseaux C de son arrière-garde, l'armée au vent A virera de bord *à la fois* pour renverser sa ligne de bataille en A' (*fig.* 26) ; la ligne A' ira ensuite passer, par une contre-marche, entre les vaisseaux C et la ligne B. Lorsque, par suite de ce mouvement, les vaisseaux C seront couverts par la ligne A′, ils en profiteront pour s'établir aux mêmes amures que leur armée A′, manœuvrant pour prendre poste, suivant les circonstances, soit au vent de la ligne A′, soit du bord opposé à l'ennemi ; ils suivront la ligne dans tous ses mouvements.

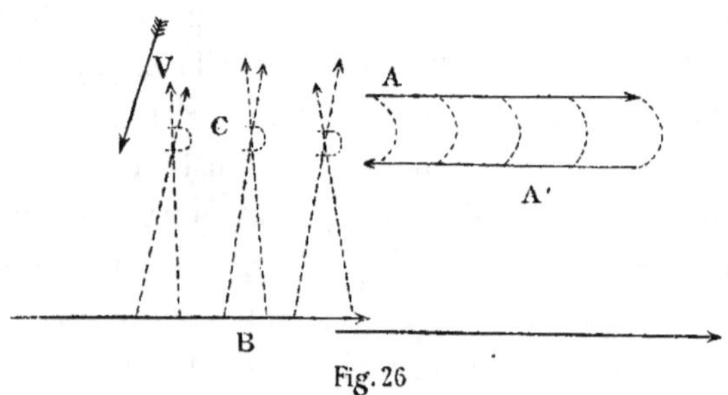

Fig. 26

Si, au moment de l'attaque, l'intervalle qui sépare les deux lignes est suffisamment grand, l'armée au vent A pourra renverser sa ligne en A′, en virant vent arrière *à la fois ;* mais si cet intervalle ne présente pas, sous le vent de A, un espace suffisant pour permettre aux vaisseaux de cette ligne de virer vent arrière, la ligne A devra virer vent devant à la fois, pour former la ligne renversée A′.

Pendant que l'armée A vire de bord pour prendre la direction A′, l'armée sous le vent B continuera son mouvement, défilera devant la ligne A, prenant les vaisseaux de cette ligne en enfilade avec leur artillerie au moment où ils virent de bord. La ligne sous le vent B, poursuivant son attaque contre la ligne au vent A, virera ensuite vent devant par la contre-marche, pour s'établir aux mêmes amures que l'armée A′, et renouveler « l'attaque au même bord » contre son arrière-garde.

Si, pour sortir de cette position désavantageuse, l'armée au vent A′ prend la résolution d'attaquer l'armée sous le vent B, elle pourra entreprendre contre cette armée les attaques suivantes :

1° Laisser porter à la fois en ligne de relèvement pour attaquer l'arrière-garde de l'armée B et engager une mêlée en concentration double contre les vaisseaux de cette arrière-garde (*fig.* 32).

2° Laisser porter, par la contre-marche, pour défiler sur l'arrière-garde de B, en passant de la position au vent à la position sous le vent (*fig.* 28).

Ces deux mouvements d'attaque ont déjà été examinés dans l'article « Défense à contre-bord » (*fig.* 24).

Les avantages que l'armée sous le vent B obtiendra en attaquant l'arrière-garde de l'armée A au même bord seront d'autant plus importants, que l'intervalle entre les deux lignes, au moment de l'attaque, sera plus petit, parce que, dans ce dernier cas, l'armée A ne pourra manœuvrer que difficilement pour se porter au secours de son arrière-garde.

En résumé, lorsque les lignes se rencontrent aux mêmes amures, la position de la ligne au vent est mauvaise si elle laisse l'avant-garde de la ligne sous le vent engager son arrière-garde comme dans la figure 26. Elle devra donc manœuvrer pour empêcher la ligne sous le vent de prendre cette position.

La relation du combat livré le 27 juillet 1778 entre l'armée navale française commandée par l'amiral comte d'Orvilliers et l'armée anglaise aux ordres de l'amiral Keppel, fournit un exemple remarquable de cette manœuvre de défense :

A quatre heures du matin, le vent à l'ouest avec apparence favorable ; les ennemis étant à l'E.-N.-E., environ à 10 milles de distance, j'ai fait signal à l'armée de se rallier dans l'ordre de bataille naturel. L'armée anglaise tenait toujours les mêmes amures à bâbord, *mais observant qu'elle élevait son arrière-garde au vent*, voulant m'assurer de ses intentions et en même temps m'approcher plus près d'elle, à neuf heures, je fis revirer l'armée lof pour lof par la contre-marche. Ce mouvement a été fort long et m'a fait perdre au vent plus que je ne l'avais pensé.

A peine l'armée a-t-elle été formée tribord amures (en A), que j'ai été confirmé et vu clairement que l'intention de l'amiral Keppel était de frapper sur mon arrière-garde (S) et de prolonger (en B) ma ligne (A) au même bord (*fig.* 27).

Alors j'ai fait virer toute l'armée ensemble avec l'ordre de se former dans l'ordre de bataille renversé (A'). L'armée s'est mise en bon ordre sur cette ligne largue à 10 quarts du vent, et lorsque la tête de l'ennemi s'est présentée pour combattre derrière l'escadre bleue E, elle l'a trouvée à l'autre bord en bataille comme réserve pour le moment, et les escadres blanches et blanches

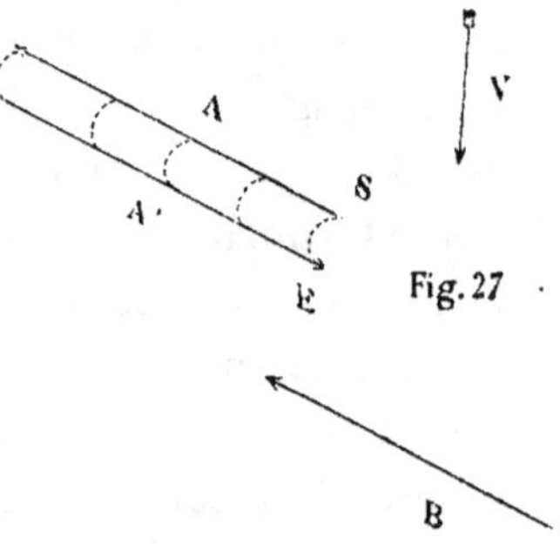

à queues bleues courant à 10 quarts du vent, trop serrées à bord opposé pour pouvoir entreprendre de les traverser, l'amiral Keppel a donc pris alors le parti de prolonger l'armée française et de combattre à bord opposé. Conséquemment le feu a commencé à l'escadre bleue (E) qui formait notre avant-garde et a successivement continué dans toute la ligne, de sorte que chaque vaisseau français a donné sa bordée et a reçu celle de chaque vaisseau ennemi. Le feu a été vif de part et d'autre, celui de notre armée m'a paru mieux servi que celui de l'armée anglaise, mais la position de cette dernière sous le vent était plus avantageuse pour pointer les canons et servir la première batterie.

Voulant toujours la priver de cet avantage, j'ai fait signal à l'escadre bleue d'arriver par un mouvement successif (A A' A',

fig. 28) et ensuite à toute l'armée de se ranger à l'ordre de bataille (en A'), l'amure à tribord (*fig.* 28).

Ce mouvement qui, dans la suite, a été très-bien exécuté, a cepen-

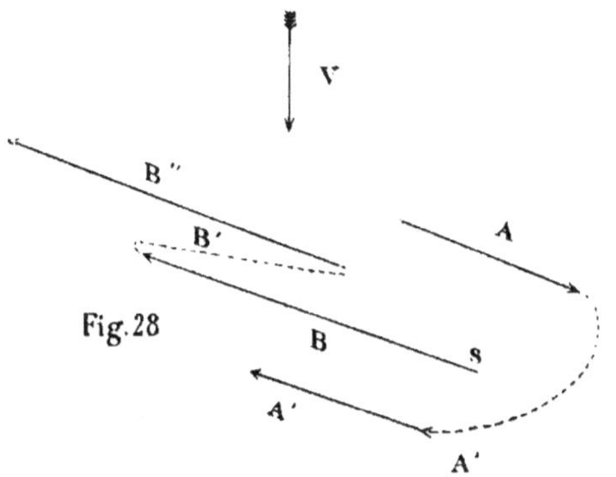

dant été trop retardé pour pouvoir suivre le serre-file (S) et prolonger sous le vent (en A'), de queue à tête, l'armée anglaise, comme
je me l'étais proposé. Il n'est pas extraordinaire que ce mouvement, qui était du moment et que l'occasion a fait naître, n'ait
pas été parfaitement saisi dans le premier moment ; mais monseigneur le duc de Chartres ayant pris la tête de la ligne, ce
prince est venu me passer à poupe pour me demander mon intention. Je lui ai répondu qu'il était nécessaire de conserver l'ordre
de bataille en passant sous le vent de l'ennemi pour lui enlever
l'avantage de sa position, ce qui a été promptement exécuté.

Cette évolution a arrêté l'amiral Keppel, dont l'armée avait
déjà reviré (en B') par la contre-marche et se portait en ligne de
10 quarts largue sur la queue (A) de notre armée.

Cet amiral ayant rencontré notre armée en bataille et opposée
à sa route, a été forcé à un mouvement rétrograde (B''). Il a pro-
fité de sa position au vent de l'armée française pour rallier la
sienne à l'ordre de bataille tribord, qu'il est parvenu à former
avec le temps.

L'armée lui a toujours présenté le combat dans le meilleur
ordre sous le vent, depuis deux heures jusqu'au lendemain ;
mais cet amiral n'a pas jugé à propos de l'accepter et il a pro-

fité de l'obscurité de la nuit pour faire sa retraite en cachant ses feux, quoique notre armée ait conservé les siens pour marquer sa position.

Dans une lettre adressée le 31 juillet au ministre de la marine, le comte d'Orvilliers exprime de nouveau le regret de ce que le chef de file de son armée en ordre renversé n'ait pas compris à temps le signal de laisser porter par la contre-marche pour passer sous le vent de l'armée anglaise en défi-lant sur son arrière-garde.

J'ai lieu de croire, dit-il, que si la tête de l'escadre bleue, dans l'ordre renversé où nous avons combattu, avait mieux répondu à mes signaux, la Providence aurait couronné nos travaux d'une journée bien glorieuse à votre ministère.

Cet exemple confirme le principe déjà énoncé, à savoir : que dans toute ligne de file, le commandant en chef doit être placé en tête de la ligne pour guider ses mouvements par la contre-marche, et que le second chef, serre-file dans l'ordre naturel, chef de file de l'ordre renversé, doit guider de la même manière les mouvements de contre-marche de la ligne renversée ; mais en le faisant, il doit veiller avec la plus grande attention les signaux de l'amiral et manœuvrer con-formément aux instructions qu'il a reçues.

Il ressort des deux exemples que l'on a déjà cités que les manœuvres improvisées sur le champ de bataille peuvent rarement être exécutées au moment opportun, parce que la pensée du chef, transmise au moyen de signaux, c'est-à-dire avec lenteur et imparfaitement, n'arrive pas à la connaissance des capitaines avec un développement complet.

Les capitaines doivent donc, dans certaines éventualités, suppléer à l'insuffisance de ce moyen de communication par leur initiative; mais pour le faire à propos, il est indispensable qu'ils aient des principes de tactique communs et une connaissance sommaire du plan que l'amiral se propose de suivre pour engager l'action.

C'est le seul moyen d'obtenir que tous les efforts convergent vers le même but, sans perte de force ni de temps.

Une armée navale nombreuse ne pourra guère exécuter plus de deux ou trois mouvements consécutifs sans que l'ordre des bâtiments de la ligne ne soit plus ou moins troublé : cela dépendra en partie de l'habileté des capitaines et de l'attention qu'ils apporteront à la manœuvre.

A ce sujet, on remarquera que les mouvements à la fois affectent plus l'ordre de la ligne que les mouvements de contre-marche, mais ils sont d'une exécution plus rapide. Chacun de ces deux mouvements répond, du reste, à des situations particulières, et il n'est pas toujours possible de les substituer l'un à l'autre; cependant, lorsqu'il n'y aura aucun avantage de tactique à exécuter une manœuvre par un mouvement à la fois, il sera préférable de l'exécuter par la contre-marche, parce que cette évolution trouble moins l'ordre de l'armée.

Les manœuvres décrites pour l'attaque à contre-bord et aux mêmes amures expliquent suffisamment le mécanisme de l'attaque et de la défense d'une armée sous le vent contre une armée au vent; au moyen de suppositions diverses, il aurait été facile d'établir des manœuvres de combat plus compliquées, mais il a paru préférable de simplifier l'exposition au moyen de manœuvres de combat bien définies.

En faisant varier la distance des lignes entre elles lorsqu'elles se croisent à contre-bord dans le lit du vent, leur longueur, leur vitesse et l'amplitude des pointages obliques, on pourra construire des dessins graphiques qui rendront compte de tous les cas que peut présenter la rencontre de deux lignes à contre-bord et aux mêmes amures.

CHAPITRE IX

ÉTANT AU VENT, DONNER L'ATTAQUE A UNE LIGNE SOUS LE VENT.

L'attaque faite par une armée au vent contre une armée sous le vent est toujours directe, c'est-à-dire qu'on l'exécute avec le vent dans les voiles.

La ligne au vent peut attaquer la ligne sous le vent de deux manières :

1° En restant d'un seul bord de la ligne, c'est l'attaque simple ;

2° En attaquant la ligne sur les deux bords, c'est l'attaque double.

Attaque simple au même bord.

Pour exécuter l'attaque simple, on s'est longtemps borné à ranger l'armée au vent sur la ligne du plus près parallèle à la ligne de l'armée sous le vent, chaque vaisseau gouvernant ensuite pour aller prendre poste par le travers du vaisseau qu'il était destiné à combattre (*fig.* 29).

Le vice-amiral Émeriau, commandant en chef l'armée navale de la Méditerranée, prescrivait encore, le 28 avril 1812, ce mode d'attaque dans ses instructions à l'armée :

Si l'ennemi est sous le vent maître de nos manœuvres, nous formerons facilement notre ordre de bataille, nous arriverons sur lui tous à la fois, nous l'attaquerons de très-près ; chacun de nos vaisseaux combattra celui qui lui correspondra dans la ligne ennemie, etc.

Ce système d'attaque tournera généralement à l'avantage de la ligne sous le vent lorsqu'elle sera bien formée et bien manœuvrée.

En effet, la ligne sous le vent possède déjà dans le tir un avantage de portée provenant de la bande du navire qui augmente le pointage en hauteur de l'artillerie du côté qui combat.

Pendant le mouvement d'attaque, les vaisseaux de la ligne au vent A (*fig.* 29) marchent en ligne de relèvement sur la ligne sous le vent B en suivant une route oblique qui se rapproche de la perpendiculaire à cette ligne B. Dans cette position, ils présenteront la joue au feu de l'ennemi et seront battus en écharpe dès le début de l'action.

Les vaisseaux de la ligne au vent A se trouvent donc dans une position désavantageuse jusqu'au moment où, parvenus à la distance où ils veulent combattre, ils reviennent au vent sur la ligne de bataille par un mouvement à la fois, afin de présenter le côté et d'ouvrir le feu sur la ligne sous le vent.

La ligne de bataille qui résulte de ce mouvement est généralement mal formée, parce qu'il est très-difficile de marcher en ligne de relèvement en maintenant exactement chaque vaisseau à son poste.

Le premier vaisseau de l'avant-garde, placé à droite lorsque la ligne de bataille vient en ligne de relèvement sur bâbord, et à gauche lorsqu'elle vient sur tribord, sert de guide pour maintenir la direction de la ligne et pour régler la distance des vaisseaux entre eux.

Ce vaisseau-guide doit donc suivre avec le plus grand soin la direction de la route, sans dévier ni à droite ni à gauche ; mais il fait, par cela même, plus de chemin dans la direction de l'ennemi que les autres vaisseaux, qui sont obligés de manœuvrer à chaque instant pour se maintenir dans le relèvement de la ligne et conserver leurs distances. Ces rectifications vont en augmentant d'un vaisseau à l'autre depuis le vaisseau-guide jusqu'au dernier vaisseau de l'arrière-garde qui, faisant moins de chemin que tous les autres vaisseaux de l'armée, restera en arrière.

Il en résultera que la ligne d'attaque, au lieu de rester parallèle à la ligne attaquée, formera généralement sur elle une ligne oblique comme dans la figure 29, et que la droite ou avant-garde de la ligne A sera rendue à son poste et engagée au feu avant que le reste de la ligne puisse la soutenir.

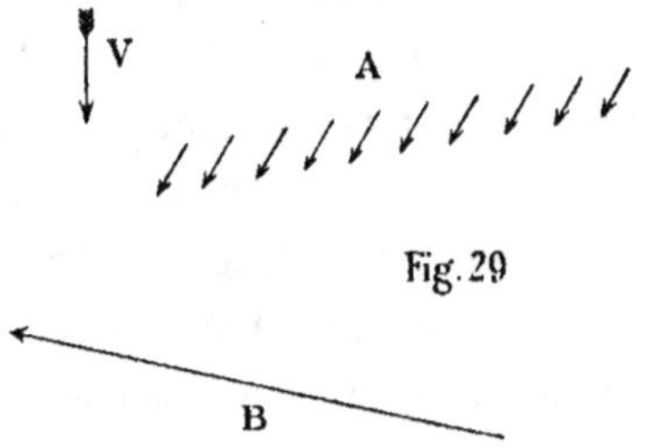

Fig. 29

L'obliquité de la ligne A se produit surtout lorsque la ligne sous le vent B diminue sa vitesse pour serrer les distances et pour forcer la ligne au vent à rapprocher sa route de la perpendiculaire à la ligne, afin de pouvoir prendre ses vaisseaux en enfilade.

La ligne sous le vent B, pouvant facilement se maintenir serrée, sera en mesure de concentrer, par pointage oblique, des feux supérieurs sur l'avant-garde de la ligne au vent A qui se présente la première au feu.

Si le tir de la ligne B produit, sur un certain nombre de vaisseaux de cette avant-garde, des avaries de nature à influencer leur vitesse, ils seront forcés de manœuvrer pour éviter de s'aborder, et le désordre pourra se mettre dans une ligne qui évolue encore pour prendre position.

Lorsque l'avant-garde de la ligne A se trouvera à la distance voulue pour engager l'action, elle viendra en bataille sur la ligne du plus près et diminuera sa vitesse pour commencer le feu. L'armée sous le vent devra alors augmenter sa vitesse pour défiler sur l'avant-garde de A, privée de l'appui immédiat du corps de bataille, et pour aller ensuite, par un mouvement de contre-marche ou par un mouvement à la fois, en un mot, par une sorte de mouvement de retraite en échelons, se remettre en bataille sous le vent à la distance d'environ deux milles, prête à recevoir une deuxième attaque qui lui donnerait les mêmes avantages que la première.

Si, à la suite d'un premier engagement, la ligne sous le vent a conservé tous ses moyens de manœuvre, au lieu de laisser porter pour prendre position sous le vent, elle pourrait manœuvrer de suite pour prendre l'offensive, en virant vent devant par la contre-marche pour attaquer l'armée au vent (*fig.* 11).

Pour confirmer les principes que l'on vient d'exposer, on peut citer le combat livré le 20 mai 1756 devant Minorque par l'armée navale française, placée sous les ordres de l'amiral de La Galissonnière, contre l'armée anglaise aux ordres de l'amiral Bing. (*Rapport officiel.*)

L'armée anglaise (qui était au vent) arrivait en bon ordre pour nous combattre (*fig.* 29) et M. de La Galissonnière l'attendait avec peu de voiles. Dès qu'il vit l'amiral Bing mettre en panne avec toute sa division, *il connut aussitôt que le dessein de cet amiral était de tomber sur notre arrière-garde avec ses plus gros vaisseaux.* Pour le prévenir, M. de La Galissonnière mit aussi en panne avec tous nos vaisseaux de l'arrière-garde, qui d'ailleurs étaient bein serrés et en très-bon ordre; cette manœuvre, à laquelle M. Bing ne s'attendait pas, le déconcerta et *l'empêcha d'arriver davantage;* ayant probablement perdu l'espoir d'entamer la queue, il fit servir et nous aussi. A deux heures, les deux *avant-gardes* se trouvèrent à portée et la nôtre commença le combat; le feu suivit successivement tout le long de notre ligne et de celle des Anglais.

Le vaisseau (anglais) qui se trouvait par le travers du *Foudroyant* et de ses voisins fut démâté de son mât de hune d'avant dès le commencement et fort maltraité dans ses manœuvres. L'on ne tarda pas à voir un espace considérable dans le centre de l'armée anglaise, de sorte que le *Foudroyant,* qui naturellement aurait dû être attaqué par l'amiral anglais, n'eut point d'ennemis à combattre pendant quelque temps.

M. de La Galissonnière *mit alors de la voile* et tint le vent, toujours suivi de près par son arrière-garde, pour s'approcher de M. West qui combattait bravement contre notre avant-garde et en était reçu de même.

Ce contre-amiral et ses matelots avaient obligé le vaisseau *le Fier,* de 50 canons de faible artillerie, d'arriver un moment pour boucher quatre coups qu'il reçut sous l'eau, l'un desquels le mettait en danger d'avoir ses poudres mouillées, etc., etc.

Le vaisseau démâté (de l'avant-garde anglaise) se trouvait alors exposé à tout le feu des nôtres, qui, en s'approchant de M. West, donnaient leur bordée en passant ; mais il répondit autant qu'il était en état de le faire et ne cessa de tirer que lorsqu'il fut tout à fait en arrière et qu'une frégate du vent s'approcha pour lui donner des secours.

M. West vit approcher le *Foudroyant* et les autres vaisseaux sans les éviter, il continua le combat avec la même ardeur qu'auparavant, perdit sa vergue de grand hunier et fut fort maltraité dans ses agrès ainsi que ses deux matelots.

Trois vaisseaux de cette division voulurent essayer si les nôtres plieraient : ils firent porter dessus avec la misaine. Cette manœuvre ne réussit pas ; elle les rapprocha au contraire de nos vaisseaux qui les attendaient et les chauffèrent vivement lorsqu'ils reprirent le vent.

L'amiral Bing était toujours de l'arrière et fort au vent, laissant un grand intervalle entre sa division et celle du contre-amiral, et n'ayant d'autre succès apparent que celui d'avoir coupé la vergue de grand hunier du dernier de nos vaisseaux.

Le désordre cependant était assez grand dans l'avant-garde anglaise et M. de La Galissonnière, voulant en profiter, fit signal à l'escadre blanche et bleue de virer en même temps, dans le dessein de lui faire couper les ennemis.

Nos vaisseaux de tête se trouvant désemparés dans leurs manœuvres ne purent exécuter ce signal dans l'instant ; ils revirèrent pourtant les uns vent devant, les autres vent arrière à cause de leurs agrès coupés, autant qu'ils l'avaient pu, et ce mouvement ne put avoir son effet.

Extrait du rapport du *Redoutable,* commandant Glandevez :

A midi et demi les vaisseaux anglais arrivèrent sur nous ; l'avant-garde, composée du contre-amiral West et de trois autres vaisseaux formant sa division, arriva tout court et se présenta de fort bonne grâce. *Ils étaient à demi-portée du canon et n'étaient pas encore revenus au vent nous présentant l'avant (fig.* 29), lorsque M. le commandant de Glandevez ordonna de faire feu sur eux, ce qui fut exécuté à l'instant ; les vaisseaux de notre division en firent de même. Il était alors deux heures de l'après-midi ; les ennemis étant revenus au vent nous tirèrent leur bordée. Le feu devint très-vif de part et d'autre. Toute notre ligne en fit de même, mais (tirant) de plus loin (sur l'arrière-garde ennemie), l'amiral Bing n'ayant pas jugé à propos de s'approcher aussi près de notre feu.

Extrait du rapport de M. de Saint-Aignan, commandant le *Lion* :

Les ennemis ont continué d'arriver sur nous jusqu'à bonne portée du canon de l'escadre, et sont restés quelque temps en présence, comme pour attendre qui engagerait le combat, et alors M. de Glandevez, voyant un des vaisseaux ennemis plus près que les autres, lâcha sa bordée à l'Anglais, qui lui répondit.

Le *Lion,* commandé par le marquis de Saint-Aignan, formant la tête de l'avant-garde, lâcha aussi sa bordée aux vaisseaux qui arrivaient sur lui et le combat devint général. Ce dernier vaisseau combattit une heure environ contre deux vaisseaux et obligea le premier de ces deux à mettre à culer. On se trouva bientôt (à l'avant-garde) à demi-portée de canon, et on mit en usage la mitraille et les boulets à deux têtes ; et on employa pendant quelque temps la mousqueterie, mais elle portait à peine.

Cet exemple démontre suffisamment que la ligne au vent doit éviter d'approcher la ligne sous le vent, en courant sur son travers en ligne de relèvement, dans le but de donner l'attaque en opposant vaisseau à vaisseau.

On a vu que, pour donner l'attaque à un vaisseau isolé, on prend généralement la direction d'une de ses hanches pour l'approcher et engager le combat ; la même tactique est applicable à l'attaque d'une ligne de file de vaisseaux à voiles, c'est-à-dire que la ligne au vent doit se laisser tomber parallèlement à la ligne sous le vent, dans la direction de son flanc arrière, de manière à attaquer la moitié seulement de cette ligne ou son arrière-garde (*fig.* 3).

C'est la manœuvre que l'amiral Bing paraît avoir voulu entreprendre dans le combat du 20. L'amiral de La Galissonnière, en diminuant sa vitesse à propos, empêcha l'exécution du plan de l'amiral anglais, produisant du trouble dans la marche de l'armée anglaise et une sorte d'hésitation sur le plan à suivre pour continuer l'attaque dans les conditions nouvelles résultant de la position des deux armées.

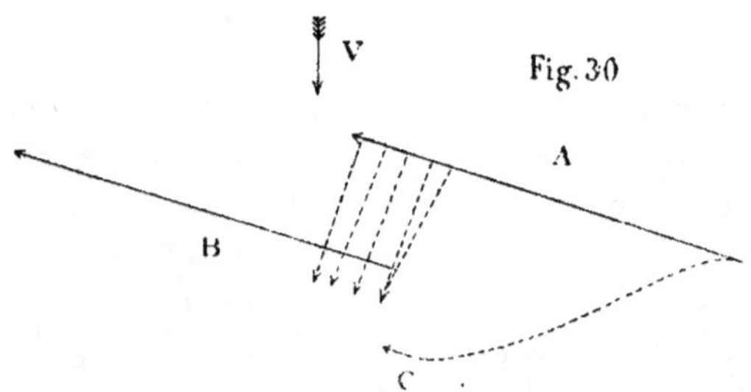

Comme exemple d'une attaque donnée dans les conditions que l'on vient d'exposer, on peut citer le combat livré le 17 février 1782 par l'escadre française A placée sous les ordres du bailli de Suffren, contre l'escadre anglaise B commandée par l'amiral Hugues (*fig.* 30).

Monseigneur,

Je vous dois un compte particulier de l'affaire du 17 février, dont a dépendu le sort de l'Inde. Je devais détruire l'escadre anglaise moins par la supériorité que par les dispositions avantageuses que j'avais prises pour l'attaquer.

J'ai attaqué le dernier vaisseau et prolongé la ligne anglaise jusqu'au sixième vaisseau. J'en rendais par là trois d'inutiles, de sorte que nous étions douze contre six.

Je commençai le combat à trois heures et demie de l'après-midi, *prenant la tête et faisant signal de former une ligne quelconque;* sans cela, vraisemblablement, je n'aurais pas engagé (atteint) l'ennemi.

A quatre heures et demie, je fis signal à trois vaisseaux de doubler par la queue et à l'escadre d'approcher à portée de pistolet. Ce signal, quoique répété, n'a point été exécuté; je n'en ai pas donné l'exemple pour tenir en échec les trois vaisseaux de tête qui en revirant m'auraient doublé. Cependant, excepté le *Brillant* (C), qui a doublé par la queue, aucun vaisseau n'a été aussi près que le mien, ni essuyé autant de coups. L'approche de la nuit survenant, le temps variable et pluvieux me déterminèrent à faire le signal de mettre fin au combat.

SUFFREN.

Dans le système qui consiste à diriger l'attaque de l'armée A contre la ligne sous le vent B par le flanc arrière de cette ligne, la partie de la ligne au vent A qui n'est pas engagée au feu n'est pas immédiatement disponible pour renforcer l'attaque, parce qu'elle ne pourrait doubler les vaisseaux combattants qu'avec une faible différence de vitesse; l'arrière-garde se trouve à distance en arrière et la brise peut mollir ou refuser au point de retarder ou même d'empêcher son entrée en action. Cette partie de la ligne serait dans une position plus avantageuse si elle était rangée au vent par le travers des vaisseaux combattants, de manière à pouvoir être dirigée par la voie la plus prompte sur l'arrière-garde ennemie, dans le cas où l'on jugerait opportun d'engager contre elle une attaque en concentration double.

Donc, pour donner l'attaque à une ligne de file sous le vent, en restant d'un seul côté de cette ligne, il est avantageux de ranger l'armée au vent sur deux lignes parallèles à la ligne sous le vent, ou, en termes généraux, de tenir les vaisseaux non combattants groupés au vent, de manière à ce qu'ils puissent être lancés par la voie la plus prompte sur les points de la ligne sous le vent qu'on a intérêt à attaquer.

En résumé, lorsque l'on donne l'attaque à une ligne en restant d'un seul côté de cette ligne au même bord, on ne peut concentrer des feux sur une partie de la ligne ennemie que par la méthode des pointages obliques.

On ne peut engager sur ce principe que des combats à distance, parce que l'amplitude du pointage latéral des canons des batteries ne permet pas de concentrer de près le feu de deux vaisseaux sur un seul.

C'est pourquoi les combats livrés sur le principe des pointages obliques ne mènent que rarement à des résultats décisifs.

Les cinq combats consécutifs livrés dans l'Inde par le bailli de Suffren n'ont pu anéantir l'armée anglaise, malgré l'audace, la vigueur des attaques et la supériorité des combinaisons.

Toutefois c'est une gloire pour le bailli de Suffren que d'être parvenu à paralyser et à tenir en échec une escadre ennemie supérieure par le nombre et par la qualité des vaisseaux.

Pendant toute la durée de cette campagne, l'absence d'une doctrine de tactique navale bien définie n'a pas permis aux capitaines d'exécuter rapidement les manœuvres prescrites par l'amiral, au grand désespoir de cet illustre marin.

Les attaques basées sur le principe des pointages obliques peuvent être utiles si l'on a intérêt à ne pas s'engager à fond afin de pouvoir tenir plus longtemps la mer; ce qui peut arriver, par exemple, lorsqu'après avoir effectué un débarquement de troupes, on veut rester en état de protéger ses communications par mer. Dans ce cas, en effet, la force navale a un intérêt puissant à ne pas s'engager complétement, mais elle doit tendre à harceler l'ennemi par des engagements à distance capables à la longue de le maltraiter et de l'empêcher de tenir la mer.

Dans ce système, on doit éviter les attaques trop vives et profiter de toute faute de l'adversaire pour l'engager à distance; mais il est évident qu'il faut une supériorité de marche et de manœuvre pour y parvenir.

Pour harceler l'ennemi, c'est presque toujours contre son arrière-garde qu'il faudra agir, parce qu'on le forcera à manœuvrer souvent et que l'on peut alors profiter des chances heureuses que des accidents imprévus pourront amener.

Toutes ces manœuvres sont des variétés des concentrations par pointage oblique ou par défilement; elles peuvent être employées avec avantage contre les lignes endentées qui évoluent plus lentement que les lignes simples et dont tous les feux ne sont pas dégagés, la première ligne masquant le tir de la deuxième.

En forçant une telle ligne à manœuvrer, on amènera nécessairement du désordre parmi les vaisseaux qui la composent, désordre qu'on pourra mettre à profit si l'on est prompt à saisir l'occasion favorable pour l'attaquer de près.

CHAPITRE X

ATTAQUE EN PLAÇANT DES VAISSEAUX DES DEUX COTÉS DE LA LIGNE SOUS LE VENT.

Cette attaque consiste à combattre une portion de la ligne sous le vent en plaçant des vaisseaux des deux côtés de cette ligne pour la prendre entre deux feux.

L'attaque en concentration double demande à être exécutée, par la ligne au vent, avec résolution et habileté; si la ligne sous le vent est bien manœuvrée, elle pourra éviter l'attaque formée contre elle et même la faire tourner à son avantage.

On suppose que les deux armées marchent dans la même direction, ou plutôt, qu'elles portent les amures au même bord, et que la ligne sous le vent, animée d'une vitesse modérée, attend l'attaque dirigée contre elle par l'armée au vent.

Plusieurs batailles navales ont été engagées de cette manière, et cette supposition, qui n'a rien d'arbitraire, sera le point de départ de la discussion qui va suivre.

Comme on l'a déjà fait remarquer, il serait difficile à l'armée au vent de faire passer des vaisseaux sous le vent de la ligne opposée, en les dirigeant en dehors des extrémités de cette dernière ligne, c'est-à-dire en faisant passer les vaisseaux détachés devant l'avant-garde ou derrière le serre-file de l'arrière-garde de la ligne sous le vent.

Les vaisseaux destinés à exécuter le mouvement de cette manière, emploieront toujours un temps considérable pour parvenir à leur poste de combat sous le vent, parce qu'ils ne pourront faire route qu'avec une vitesse relativement faible, égale seulement à la différence entre la vitesse des bâtiments appartenant aux deux armées et que l'on a supposé marcher à peu près dans le même sens.

Cette manœuvre sera donc d'une exécution très-longue, souvent même impraticable, si les vaisseaux ennemis qui cherchent à l'éviter, augmentent suffisamment leur vitesse.

Ce système d'attaque a été tenté plusieurs fois sans succès, notamment dans les combats livrés dans l'Inde par le Bailli de Suffren (*fig.* 30) ; mais si, au lieu de chercher à doubler la ligne ennemie en passant en dehors de ses extrémités, on manœuvre pour la couper sur un ou plusieurs points, on pourra réussir très-promptement à prendre un certain nombre de vaisseaux entre deux feux.

Si l'armée sous le vent est bien formée, l'attaque en concentration double devra être dirigée contre la partie arrière de cette ligne et comprendre le corps de bataille et l'arrière-garde, c'est-à-dire environ les deux tiers de cette armée. Si l'armée ennemie est séparée en plusieurs groupes, c'est contre le groupe le plus au vent qu'il y a avantage à diriger l'attaque.

Pour éviter les tâtonnements qui peuvent résulter d'un pareil engagement, si les détails n'en sont pas prévus et réglés à l'avance, on a admis que, dans toute ligne de bataille, les vaisseaux doivent être groupés par deux, les 2 vaisseaux d'un même groupe ou section sont matelots de combat, et lorsqu'une mêlée de bâtiments est ordonnée, ils doivent combiner leurs mouvements pour prendre entre deux feux le vaisseau ennemi qui forme leur objectif de combat. Cette disposition doit faire partie de l'organisation permanente d'une ligne de bataille.

On a déjà décrit (*fig.* 10) les dispositions d'une attaque en concentration double, nous y renvoyons le lecteur en l'engageant à l'étudier avec la plus grande attention.

L'attaque en concentration double peut être entreprise sur

deux ou trois colonnes, soit perpendiculaires, soit parallèles à la ligne sous le vent, avec la condition que les groupes de deux vaisseaux pourront arriver à peu près en même temps dans la ligne ennemie.

Il est donc nécessaire de tenir les vaisseaux d'attaque groupés au vent par deux dans une position qui permette de les engager dans la ligne ennemie par un mouvement rapide.

La bataille du 13 prairial an II, les batailles d'Aboukir et de Trafalgar ont été livrées sur le principe des concentrations doubles.

On prendra pour exemple la bataille du 13 prairial, très-remarquable par la résistance que l'armée française opposa à l'ennemi, avec des vaisseaux assez mal armés et commandés par des officiers très-braves assurément, mais peu exercés à la manœuvre des vaisseaux de ligne, c'étaient pour la plupart des officiers appartenant à une nouvelle formation des cadres de l'état-major de la flotte, et ne possédant pas, à un degré suffisant, la science de tactique navale acquise pendant les guerres d'Amérique. Vers la même époque, le licenciement des compagnies de matelots canonniers et de fusiliers marins avait affaibli le service de ces deux armes dans nos armées navales.

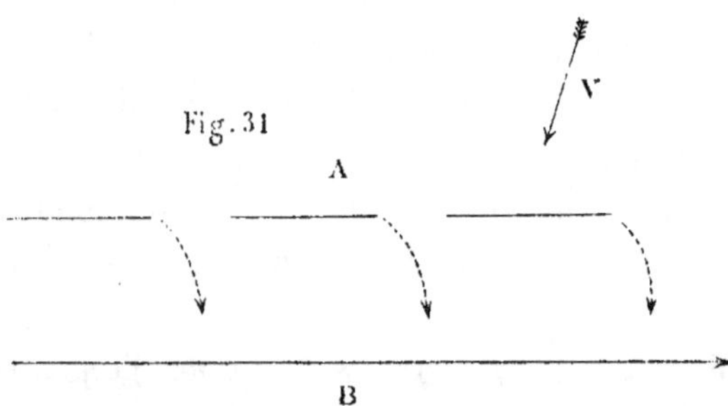

La figure 31 est tirée des plans annexés aux pièces du

dossier de l'enquête de la commission de marine sur la bataille du 13 prairial an II.

La légende du plan porte les explications suivantes :

« Positions des deux armées au moment où le feu a commencé ;

« B, l'armée française en bataille bâbord amures sous les huniers ;

« A, l'armée anglaise arrivant pour engager l'action.

« Nota. — L'armée anglaise ayant coupé l'armée française dans plusieurs endroits, les deux armées se sont battues à portée de fusil depuis dix heures du matin jusqu'à midi qu'on s'est séparé, excepté les 3 vaisseaux de tête qui sont restés en ligne jusqu'à une heure de l'après-midi ; l'un d'eux a été démâté de tous ses mâts. »

Dès le début de l'action l'amiral Villaret-Joyeuse s'étant trouvé engagé au milieu d'un groupe de vaisseaux ennemis, son rapport ne donne que des renseignements incomplets sur les commencements de la bataille. Pour suppléer à cette lacune, nous citerons d'abord un passage du rapport du commandant du vaisseau *le Juste*, capitaine Blavet, matelot d'avant du vaisseau-amiral *la Montagne,* qui, mieux placé pour voir, contient une explication très-claire du commencement de l'action.

Vers six heures du matin, nous aperçûmes l'armée anglaise au vent en ligne et courant le même bord que nous. Notre général fit signal à la tête de son armée de forcer de voiles ; à six heures l'ennemi portait sur nous en dépendant (*fig.* 29), formé en échiquier. Notre général fit le signal de se préparer au combat et de serrer la ligne.

Lorsque l'armée anglaise fut à une lieue et demie de nous environ, *elle vint du lof* (à la fois), *se forma en ligne de bataille et mit en panne.*

Le général Villaret *fit aussi signal à toute l'armée de mettre en panne* (1); alors l'ennemi arriva sur nous se partageant, par un mouvement *de contre-marche, en trois escadres* (*fig.* 30); la première tomba en dépendant sur notre avant-garde; la deuxième (conduite par l'amiral Howe lui-même) attaqua le corps de notre armée; et la troisième notre arrière-garde. Aussitôt notre amiral fit signal de faire servir et de rectifier l'ordre actuel et régler la voilure des 2 vaisseaux de tête sur la misaine et les huniers.

Extrait du rapport du commandant du *Téméraire* (de l'avant-garde), capitaine Morel :

Au commencement du combat, 2 vaisseaux anglais ont coupé la ligne à notre troisième et quatrième vaisseau de l'avant ; l'*Impétueux* (capitaine Douville) s'est abordé avec un vaisseau anglais, sur l'arrière du *Terrible* (contre-amiral Bouvet), ils se sont démâtés et abîmés et ont obligé le reste de l'avant-garde d'arriver sous le vent à eux. Nous avions par notre travers 2 vaisseaux de 74 à 80 canons et 1 vaisseau à trois ponts qui paraissait aussi avoir l'intention de couper la ligne, nos matelots de l'avant laissant un peu arriver, je fus obligé de les suivre, sans cela on aurait coupé la ligne devant moi.

Ces citations expliquent clairement de quelle manière l'action a été engagée et pourquoi la partie de l'avant-garde placée derrière le *Terrible* a fait un mouvement d'arrivée sous le vent; on sait que les équipages de quelques-uns des vaisseaux n'étaient pas complets, et on remarquera que l'avant-

---

(1) On remarquera que la mise en panne de l'armée, manœuvre qui avait réussi à l'amiral de La Galissonnière contre l'amiral Bing, eut pour effet de favoriser l'attaque de l'amiral Howe. C'est qu'il n'existe pas de manœuvre qui ait par elle-même la propriété de battre l'ennemi. C'est à l'amiral à deviner, d'un coup d'œil rapide, les intentions de son adversaire et à contrarier son plan d'attaque par ses manœuvres.

garde comptait dans sa ligne le *Tyrannicide,* capitaine Dordelin, remorqué par le *Trajan,* capitaine Dumoutier, et ne se trouvait pas dans de bonnes conditions pour manœuvrer.

Rapport du vice-amiral Villaret-Joyeuse à la Commission de marine, sur le combat du 9 prairial an II (28 mai 1794) :

La fortune de l'armée navale française a bien changé depuis ma lettre du 11. L'ennemi à qui j'avais été obligé de céder le vent dans la journée du 9 pour dégager l'*Indomptable* (capitaine La mesle) et le *Tyrannicide,* m'a constamment observé jusqu'à la fatale journée d'hier. Je ne doutai pas, d'après les dispositions qu'il avait faites la veille, d'être attaqué dans la matinée, je formai, en conséquence, l'ordre de bataille bâbord amures. Jamais ligne ne fut mieux formée que celle de la République et jamais je n'eus plus d'espoir de triompher de l'ennemi.

Le combat commença à neuf heures du matin et dura jusqu'à trois heures.

Le *Jacobin* (capitaine Gassin) qui était mon matelot d'arrière, perdit son poste ; le vaisseau amiral anglais qui me combattait profita de cette faute, il coupa la ligne quoiqu'il ne fût pas suivi, *et si le matelot d'arrière* le Jacobin *avait fait voile, Howe ne s'en serait jamais tiré.* Cet amiral, malgré la position avantageuse qu'il avait prise, me battant sous la hanche au vent, ne put résister au feu de la *Montagne.* Je l'obligeai par quelques volées à rallier le vent et j'eus la consolation, enfin, de voir tomber son mât de misaine. Cet événement *m'attira sur le corps* 6 *vaisseaux* que je combattis seul pendant une heure (1) ; ces bâtiments m'ayant abandonné, j'eus la douleur, quand le tourbillon de fumée fut dissipé, de ne voir aucun vaisseau français devant moi. Toute l'avant-garde avait plié. Le *Terrible* seul avait gardé son poste jusqu'au moment où son grand mât et son mât d'artimon tombèrent. Forcé de laisser arriver pour rallier mon avant-garde qui était à près de deux

______

(1) On ne peut mettre en batterie plus de 2 vaisseaux contre 1 seul, un de chaque bord, c'est ce qui explique pourquoi la *Montagne* a pu supporter si longtemps l'attaque de 6 vaisseaux.

lieues sous le vent, je fis virer 7 à 8 vaisseaux, qui étaient devant moi, pour revenir à la charge et rejoindre l'arrière-garde dont je n'avais nulle connaissance. Mais quelle fut ma surprise de voir tous les bâtiments qui formaient cette partie de l'armée, démâtés, pêle-mêle avec les Anglais. Ne pouvant pas assez gagner au vent pour les couvrir, *je mis en panne par leur travers pour donner la facilité à ceux qui avaient déjà gréé quelques voiles d'arriver sur moi.* J'eus le bonheur d'en sauver 5, parmi lesquels le *Républicain* où, par ordre du représentant, Nielly avait arboré son pavillon le jour de son arrivée.

Les frégates et corvettes à qui j'avais donné l'ordre de louvoyer afin de s'élever jusqu'à ceux qui étaient le plus au vent pour leur donner les remorques, m'assurèrent que ceux que je voyais démâtés étaient ennemis.

Je ne me dissimule pas cependant qu'il est resté dans cette malheureuse affaire quelques-uns des bâtiments français, parce que j'en avais remarqué un totalement démâté par le travers d'un anglais dans le même état et coulant bas, car la première batterie était déjà noyée et le capitaine de la *Proserpine* m'assura l'avoir vu disparaître avec son pavillon de Saint-Georges.

Si l'avant-garde n'avait pas plié et que je n'eusse pas été obligé d'arriver de plus d'une lieue pour la rallier, je me serais trouvé, après mon virement de bord, au vent de l'arrière-garde, et non-seulement je n'aurais pas perdu de vaisseaux, mais j'aurais eu au contraire l'honneur de la journée.

Ne pouvant louvoyer jusqu'aux vaisseaux désemparés, et pas un des bâtiments qui me suivaient ne pouvant exécuter l'ordre que j'avais donné d'aller donner les remorques, je restai deux heures en panne sous le vent de l'ennemi, pendant lequel temps mes frégates et corvettes cherchaient des Français parmi les 17 vaisseaux rasés comme des pontons; mais 5 seulement, comme je vous l'ai fait observer, se dégagèrent avec leur civadière sans aucun obstacle.

Pas un anglais ne laissa arriver d'une encablure.

Je fis servir enfin à huit heures du soir avec 17 vaisseaux des 26 que j'avais au commencement de l'action. Les capitaines de frégate m'assurèrent avoir vu 3 de l'avant-garde, démâtés d'un

ou deux de leurs mâts majeurs, laisser arriver vent arrière et s'é-
loigner beaucoup pendant l'action, ainsi je ne connais pas au vrai
ma perte. J'en traîne 5 totalement démâtés et j'en ai laissé 12
ou 13 anglais et français dans le même état sur le champ de
bataille. *L'ennemi n'a certainement pas, dans ce moment-ci,
6 vaisseaux en état de combattre ;* le vent seul lui a donné
l'avantage.

Extrait du rapport de Jean-Bon-Saint-André :

On se battait de part et d'autre avec chaleur lorsqu'une manœuvre maladroite du capitaine Gassin, commandant le *Jacobin*,
causa le plus grand désordre ; ce vaisseau était de l'arrière du général. Le capitaine en avançant sur nous laissa un vide dans la
ligne. Il s'aperçut trop tard de sa faute et mit son grand hunier
sur le mât : mais il se trouvait engagé sous le vent à nous et à la
vérité il ne savait ce qu'il faisait. L'amiral anglais s'aperçut de son
embarras et voulut en profiter, il laissa arriver sur la *Montagne*
dans l'intention de couper la ligne derrière ce vaisseau, ce qu'il fit.
La faute pouvait être réparée et l'on pouvait aisément faire tourner
contre l'amiral anglais sa propre imprudence. *Si le* Jacobin *avait
arrivé vent arrière (largue), il laissait au vaisseau ennemi toute
facilité de prolonger la* Montagne *à tribord et revenant au vent il
le plaçait entre deux feux.* L'ordre d'arriver lui fut donné au porte-
voix par plusieurs personnes. J'allai moi-même sur la galerie pour
le lui transmettre ; cependant le *Jacobin* n'arrivait pas et l'amiral
anglais, après avoir lâché sa bordée de tribord sur l'échelle, enfila
par la hanche la *Montagne* et lui fit un mal affreux. Nous avions
le feu de l'ennemi et nous ne pouvions le lui rendre ; cependant
nous pûmes arriver et nous présentâmes le côté à l'anglais qui ne
put le soutenir et se retira démâté de son mât de misaine.

Dans ce moment nous étions entourés de 5 à 6 vaisseaux, etc.

Cependant, dans une éclaircie, le général s'aperçut que l'avant-
garde avait plié. Le contre-amiral Bouvet qui la commandait
avait seul gardé son poste et se trouvait au vent de l'armée anglaise, se battant avec vigueur, quoique démâté de son grand
mât. Pour rallier la division, il laissa arriver vent arrière et

passa au milieu de la ligne anglaise avec beaucoup de courage et d'audace.

Voici un détail intéressant de la manœuvre d'attaque de l'amiral Howe :

L'armée anglaise arrivée à un quart de portée de canon, fait serrer ses bonnettes et rentre ses bouts-dehors et continue à nous serrer de près en prenant le même bord que nous. L'attaque est des plus vigoureuses et la défense des plus vives. La ligne est coupée sur plusieurs points à la fois ; les deux armées sont confondues ; le combat est soutenu avec opiniâtreté ; mais telles étaient les belles dispositions de l'amiral Howe qu'il faisait battre chacun de nos vaisseaux engagés par plusieurs des siens et que, dès que les premiers étaient désemparés, les Anglais se portaient immédiatement en nombre sur ceux de nos vaisseaux qui n'avaient pas encore combattu, etc.

Le combat commencé à neuf heures du matin se termina vers trois heures du soir.

(Le Bastard de Kerguiffinec.)

Nous n'avons pris, dans les rapports sur la bataille du 13 prairial, que les passages qui établissent nettement le caractère de l'attaque. Cet exemple permettra de fixer des règles pour guider les capitaines en de pareilles circonstances. Le capitaine de Kerguiffinec, ayant pris part à cette bataille, c'est à ce titre qu'il a paru utile de donner un passage de son journal.

Le plan de l'amiral Howe semble avoir consisté à diriger une attaque à fond contre l'arrière-garde de l'armée française, et en même temps à faire attaquer d'une manière moins vive le centre et l'avant-garde de cette ligne, dans le but d'empêcher ces deux corps de se porter au secours de leur arrière-garde. C'est du moins le résultat que les événements ont produit.

On ne peut pas avancer que l'amiral Villaret-Joyeuse ait

mal manœuvré pendant la bataille ; on le voit au contraire se multiplier pour réparer, autant que possible, les fautes commises ; dès qu'il peut se dégager de l'attaque des vaisseaux anglais, il va mettre en panne sous le vent des combattants avec les vaisseaux qu'il a pu rallier, et là, il parvient à recueillir 5 vaisseaux démâtés ; dans cette attitude, il offrait encore le combat à l'ennemi.

Aucun mouvement d'ensemble n'ayant été convenu avant la bataille, il était difficile d'éviter l'attaque au moyen d'une manœuvre improvisée. Si, comme l'ordre en avait été donné au vaisseau *le Jacobin,* les vaisseaux du corps de bataille et ceux de l'arrière-garde avaient pu se grouper autour des vaisseaux anglais qui avaient réussi à. passer sous le vent de la ligne, le résultat aurait pu sans doute être différent. C'est pourquoi il paraît indispensable de former à l'avance les groupes de deux vaisseaux destinés à se donner un appui mutuel dans une mêlée de bâtiments, afin de permettre aux capitaines de manœuvrer *sans hésitation pour prendre entre deux feux les vaisseaux ennemis les plus rapprochés ;* lorsque l'affaire est engagée, il n'y a pas d'autre tactique à suivre.

Dès que le signal de l'attaque en concentration double sera arboré, chaque groupe de deux vaisseaux devra manœuvrer pour engager le vaisseau ennemi qu'il doit combattre ; les groupes régleront leur marche sur celle du chef de la colonne dont ils font partie et qui sert de régulateur pour le mouvement et choisit le point de la ligne ennemie qu'il se propose de couper ; les groupes prendront leur point de direction en conséquence et devront s'attacher à le prendre de manière à n'amener aucune confusion dans la manœuvre par suite du trop grand rapprochement des vaisseaux pendant le mouvement.

On pourra objecter qu'il serait imprudent pour une armée

de courir de pointe sur une ligne de vaisseaux, de manière à être battue, dès le début de l'action, par un tir d'écharpe ou d'enfilade; la valeur de cette objection ne peut être contestée, elle indique que ce genre d'attaque ne doit pas être entrepris légèrement; cependant on doit l'employer toutes les fois que les circonstances permettront de l'appliquer dans de bonnes conditions. Par exemple, si au début d'une action navale, ou après avoir forcé l'ennemi à manœuvrer, on trouve sa ligne mal formée, animée d'une faible vitesse, gênée dans ses évolutions par la configuration de la côte, cette attaque peut être entreprise avec avantage, et pourvu que les groupes de deux vaisseaux, en se dirigeant sur l'ennemi, ne se gênent pas dans leurs mouvements et arrivent à peu près ensemble dans sa ligne et avec la plus grande vitesse possible, peu importe l'ordre suivant lequel ils sont rangés.

Les avantages considérables que les vaisseaux remporteront en très-peu de temps dès qu'ils seront établis dans la ligne ennemie, ne tarderont pas à compenser les dommages éprouvés en courant sur la ligne.

Le rôle des deux vaisseaux d'un groupe ne consistera pas seulement à prendre entre deux feux un vaisseau ennemi; mais encore, après avoir désemparé leur adversaire, à se porter sur les vaisseaux ennemis les plus rapprochés pour continuer le combat.

Afin de pouvoir manœuvrer sans hésitation en de pareilles circonstances, il est nécessaire qu'une entente complète s'établisse entre les deux matelots de combat; c'est pourquoi il est indispensable de former les groupes d'avance, afin que les capitaines puissent se connaître et se concerter avant de prendre la mer.

Lorsque l'attaque en concentration double sera formée contre un certain nombre de vaisseaux, la partie de la ligne ennemie qui n'est pas engagée, parviendra très-difficilement à rétablir l'égalité des feux au milieu de la fumée et de la confusion du combat, elle y emploiera un temps considérable pendant lequel les vaisseaux engagés seront combattus par des forces supérieures.

Dans ces sortes d'engagements, la mâture ne tardera pas à éprouver des avaries graves et les vaisseaux combattants se trouveront bientôt hors d'état de pouvoir changer de place. On peut donc avancer que toute la tactique consiste à les engager dans les meilleures conditions.

Pour favoriser ce genre d'attaque, il est de la dernière importance d'établir solidement le tir en pointe sur les bâtiments de ligne ; ce tir est, en effet, la seule force battante d'une ligne de relèvement, lorsqu'elle marche sur l'ennemi ou lorsqu'elle marche en retraite.

L'attaque en concentration double pourra être employée avec avantage contre une ligne endentée ou double, soit de prime abord en dirigeant l'attaque sur la partie arrière de la ligne double, soit après des attaques à distance faites par des défilements aux mêmes amures ou à contre-bord.

Ces attaques obligeront la ligne ennemie à se dédoubler pour éviter qu'une des lignes ne paralyse le tir de l'autre ; l'ordre résultant de ces mouvements sera mal formé et pourra probablement être attaqué dans de bonnes conditions.

Défense de la ligne sous le vent contre l'attaque en concentration double de la ligne au vent.

La ligne sous le vent pourra éviter l'attaque en concentration double formée contre elle, en manœuvrant de deux manières :

La première, la plus simple et la plus efficace à employer,

lorsque l'arrière-garde est l'objet de l'attaque et qu'on est décidé à accepter la bataille, consiste à renverser la ligne de bataille par un virement lof pour lof à la fois.

La deuxième manière d'éviter l'attaque en concentration double consiste à laisser porter à la fois en ligne de relèvement à la même route que l'ennemi ; c'est une manœuvre analogue à celle déjà décrite (*fig.* 23 et 24).

Ces deux mouvements avaient été prévus par Nelson dans ses instructions à l'armée anglaise devant Cadix le 10 octobre 1805.

Si la flotte ennemie *vire vent arrière à la fois* (pour se former en ordre renversé) *ou laisse porter à la fois pour courir largue*, les 12 vaisseaux formant *dans la première position* l'arrière-garde ennemie, doivent toujours être l'objet de l'attaque de la colonne sous le vent, à moins qu'il n'en soit ordonné autrement par le commandant en chef, ce à quoi il ne faut pas s'attendre, etc.

Ces deux mouvements, les seuls en effet qui puissent être exécutés avec avantage par la ligne sous le vent pour recevoir une attaque en concentration double, ou pour l'éviter, seront l'objet d'une analyse aussi complète que possible.

PREMIER MOUVEMENT.

On supposera d'abord que l'armée sous le vent accepte la bataille, il y a alors deux cas à considérer :

    I. L'attaque est dirigée contre l'arrière-garde de l'armée.

    II. L'attaque est dirigée contre l'avant-garde.

I.

*L'armée sous le vent vire lof pour lof à la fois, pour recevoir,
en ordre renversé, l'attaque de l'armée au vent.*

On suppose que l'attaque est faite par deux colonnes AA
(*fig.* 32) à peu près perpendiculaires à la direction de la
ligne de bataille BS, et qu'elle est dirigée contre le centre et
l'arrière-garde de cette ligne.

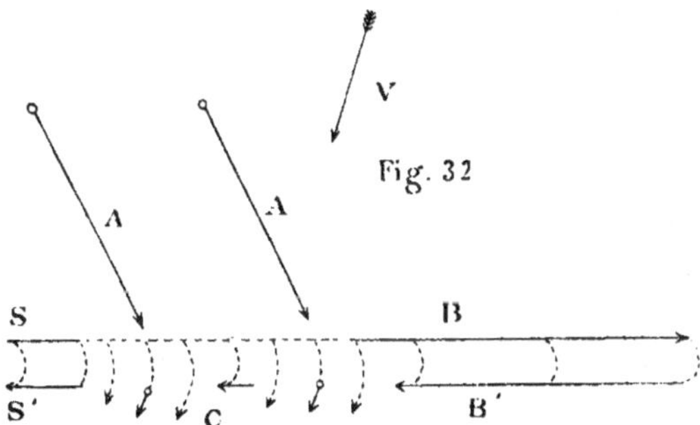

La disposition de l'armée A sur deux colonnes (*fig.* 32) est
destinée à rendre plus facile l'attaque en concentration double ; en effet, quels que soient les mouvements exécutés par
l'armée sous le vent B pour éviter l'attaque, les deux colonnes AA, ayant leurs amiraux en tête, seront en mesure de
suivre ses mouvements par la contre-marche et sans confusion, jusqu'à ce que les têtes des colonnes AA aient atteint
la ligne B.

Lorsque les têtes des colonnes AA seront à portée, la
ligne B, formée en ligne de bataille ordinaire, se trouvera
en mesure de concentrer ses feux sur les chefs de file de
ces colonnes, depuis la portée extrême du canon jusqu'à la

distance d'environ trois ou quatre encablures, distance à laquelle la ligne B doit se tenir prête à commencer l'évolution destinée à empêcher l'exécution du plan d'attaque de l'ennemi.

Au moment où les chefs de file des colonnes AA seront près d'entrer dans les distances de la ligne de bataille B, celle-ci virera lof à la fois *pour renverser l'ordre de bataille* (*fig.* 32).

L'initiative de ce mouvement appartient aux vaisseaux entre lesquels l'ennemi tente de pénétrer dans la ligne ; ces vaisseaux laisseront porter à la fois, de manière à éviter le tir d'enfilade des vaisseaux ennemis qui manœuvrent pour couper la ligne, et à les tenir ensuite, par leur travers, entre deux feux, au moment où ils seront vent arrière ; ils termineront alors le virement de bord lof pour lof, en maintenant toujours, par leur travers, le vaisseau ennemi qu'ils ont saisi entre deux feux. Cette manœuvre est facile à comprendre.

Lorsque le mouvement d'arrivée des vaisseaux entre lesquels l'ennemi coupe la ligne sera bien prononcé, toute la ligne B virera lof pour lof à la fois pour renverser l'ordre de bataille.

Examinons les conséquences de cette position nouvelle des deux armées :

Après le virement de bord lof pour lof à la fois, l'avant-garde et la partie du centre de la ligne de bataille B laissées en dehors de l'attaque, seront devenues le centre et l'arrière-garde de la ligne renversée S'B' ; cette partie B' de l'armée se trouve au vent, formée en ligne de file et marchant vers le point attaqué S' *avec quatre quarts de largue ;* elle est donc en mesure :

1° De se porter directement et tout entière sur le point attaqué, avec toute la vitesse que comporte le temps, et d'y engager l'ennemi en concentration double avec toutes ses forces ;

2° De couper les colonnes d'attaque AA, et, en suivant une route B'S', de se placer entre les vaisseaux de ces colonnes, déjà engagés sous le vent en C, et ceux qui restent encore au vent.

Enfin, les vaisseaux de la ligne renversée B', pouvant venir de quatre quarts au vent de la ligne, auront de grandes facilités pour manœuvrer et se grouper autour des vaisseaux ennemis les plus rapprochés.

Si les bâtiments ont été à l'avance formés par deux, la rapidité du mouvement de défense doit tourner contre l'attaque.

II.

Si l'on suppose que l'attaque, au lieu d'être dirigée sur l'arrière de la ligne de bataille B, soit dirigée sur la partie avant de cette ligne depuis le centre jusqu'au chef de file de l'avant-garde, l'armée sous le vent B pourrait éviter cette attaque en faisant elle-même une *attaque indirecte* contre l'armée au vent, c'est-à-dire en virant de bord vent devant par la contre-marche, pour attaquer l'armée au vent en suivant les règles de ce système d'attaque (*fig.* 11).

Si l'armée sous le vent se décide à accepter la bataille, comme elle est présentée par l'ennemi, elle pourra manœuvrer de la manière suivante pour recevoir l'attaque de l'armée au vent, c'est une *défense directe*.

Au moment où les chefs de file des colonnes AA seront près d'entrer dans les distances de l'avant-garde de la ligne B (*fig.* 33), les vaisseaux entre lesquels l'ennemi tente de couper la ligne, laisseront porter à la fois, de manière à éviter le tir d'enfilade des vaisseaux qui coupent la ligne, et à tenir ces vaisseaux entre deux feux lorsqu'ils seront vent arrière; à partir de ce moment, ils reviendront au vent, au même bord qu'aupa-ravant, en conservant, autant que possible, leur adversaire entre deux feux.

Après ce mouvement, les vaisseaux combat-tants, par suite de l'em-bardée qu'ils auront

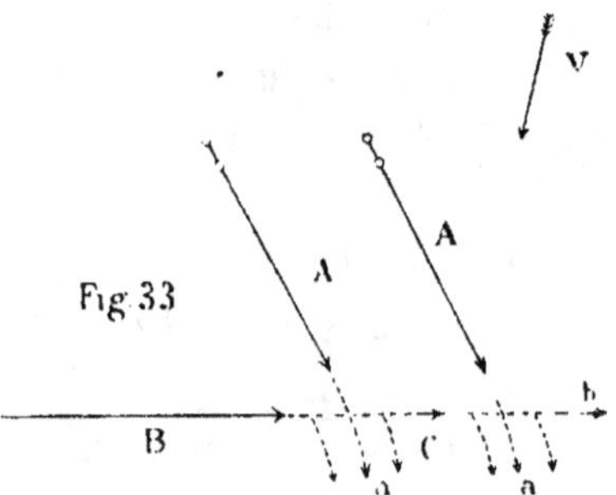

faite pour recevoir l'attaque, se trouveront en C sous le vent de la direction de leur ligne de bataille B, tandis que la partie non attaquée de cette ligne qui reste au vent, formée en ligne de bataille ordinaire, est en position, soit de tra-verser les colonnes d'attaque AA, soit de courir vent largue sur les vaisseaux combattants C pour les soutenir.

La tête *b* de la ligne laissée en dehors de l'attaque devra manœuvrer de suite pour rallier le gros de la ligne B ou pour combattre les vaisseaux ennemis les plus rapprochés.

Ainsi, même dans le cas où le vent aurait refusé de quel-ques quarts pendant l'attaque, l'arrière-garde, par suite de la manœuvre de l'avant-garde, se trouverait encore assez au vent pour se porter directement au feu.

En résumé, si l'attaque en concentration double est dirigée contre l'arrière-garde de la ligne sous le vent, l'armée sous le vent devra recevoir cette attaque en ordre renversé.

Si l'attaque est dirigée contre l'avant-garde de l'armée sous le vent, les vaisseaux attaqués laisseront porter pour recevoir l'attaque sous le vent de la ligne de bataille à laquelle ils ap-partiennent.

Dans ces deux cas, la manœuvre a pour but de maintenir la

partie de ligne qui n'est pas attaquée, au vent des combattants, de manière à lui permettre de se porter au feu tout entière.

DEUXIÈME MOUVEMENT

L'armée sous le vent laisse porter en ligne de relèvement
pour recevoir l'attaque de la ligne au vent.

On suppose que l'attaque est faite par deux colonnes AA (*fig.* 34) à peu près perpendiculaires à la ligne sous le vent B.

La ligne B formée en ligne de bataille ordinaire, se trouvera en mesure de concentrer ses feux sur les chefs de file des colonnes AA, depuis la portée extrême du canon jusqu'à la distance d'environ trois ou quatre encablures, distance à laquelle la ligne B devra commencer l'évolution destinée à empêcher l'exécution du plan d'attaque de l'armée A.

Cette distance varie selon que l'on se propose d'éviter ou d'accepter l'attaque ; ce point devra donc être fixé à l'avance par le commandant en chef, afin de préparer les vaisseaux à la manœuvre.

A la distance fixée, la ligne sous le vent laissera porter par un mouvement à la fois, pour s'établir en ligne de relèvement B (*fig.* 34), à la même route que les colonnes d'attaque AA.

Après le mouvement, les deux lignes se trouveront à une ou deux encablures l'une de l'autre, intervalle que l'on sera toujours maître de rendre plus grand en commençant le mouvement à une plus grande distance de l'ennemi.

Nous allons examiner toutes les conséquences qui résultent de la position des colonnes AA et de la ligne B, comme elle est indiquée par la figure 34. Plusieurs cas se présentent.

I.

Si l'on suppose que la ligne de relèvement B marche avec la même vitesse et dans le même sens que les colonnes AA, elle pourra concentrer indéfiniment, sur les chefs de file de ces colonnes, le feu des pièces de retraite ou de hanche de tous les vaisseaux de la ligne, ainsi que le feu d'une partie des pièces de côté des vaisseaux dont le tir sera dégagé.

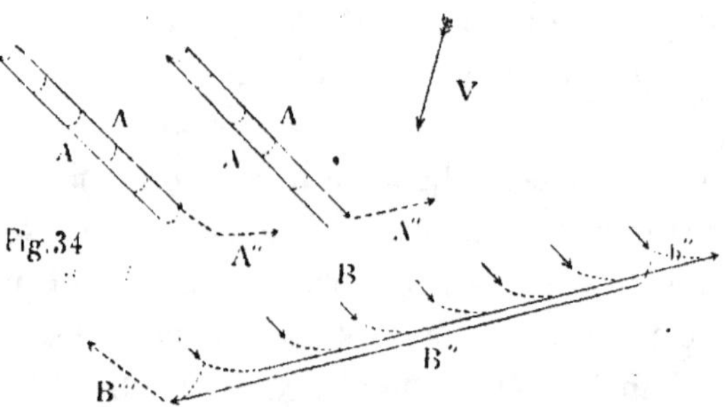

Il est évident que, dans l'hypothèse des vitesses égales, la position de l'armée A sera désavantageuse, et que, ne pouvant atteindre l'armée B, elle devra renoncer à son attaque.

Pour cela, deux mouvements sont seuls possibles :

1° Les colonnes AA pourront prendre la direction A'A' par un virement lof pour lof à la fois ;

2° Elles pourront s'établir sur une des deux lignes du plus près A"A" par la contre-marche. Dans l'un et l'autre cas, la ligne de relèvement B, revenant par un mouvement à la fois en ligne de file B" ou b'' du même bord que A", se trouvera en mesure de concentrer des feux supérieurs sur les vaisseaux A"A" qui, pendant la durée du mouvement de contre-marche, ne pourront pas être soutenus par les autres vaisseaux A'A' de leur colonne.

Le mouvement à la fois de la ligne B, qui aura une durée de deux ou trois minutes environ, sera plus prompt, dans tous les cas, qu'aucun des mouvements que l'armée A pourrait exécuter.

Donc, l'armée B aura évité l'attaque avec avantage, si, toutefois, ses vaisseaux ont manœuvré avec assez d'attention pour qu'aucun d'eux ne soit resté en arrière de la ligne de relèvement B.

Si, à la suite de ces mouvements, il s'est produit des avaries ou un désordre dans l'armée au vent A, l'armée B pourra, sans perte de temps, manœuvrer pour lui donner l'attaque, en suivant les règles de l'attaque donnée par une ligne sous le vent à une ligne au vent, c'est-à-dire en louvoyant en ligne de file (*fig.* 11), etc.

II.

Les deux lignes se trouvant dans la position de la figure 35, les vitesses étant supposées égales, s'il arrive que l'armée A persiste dans son attaque et détache ses meilleurs marcheurs pour attaquer les mauvais marcheurs de la ligne de relèvement B′, dans l'espoir d'arrêter le mouvement de retraite de cette ligne et de la forcer au combat, on remarquera que les vaisseaux chasseurs ne pourront pénétrer dans la ligne de relèvement B′ qu'en se plaçant, dans les distances de la ligne, entre deux vaisseaux qui se présentent le travers, position où ils seront immédiatement combattus en concentration double.

Lorsqu'une attaque de cette nature se produit, les vaisseaux de la ligne de relèvement B′ qui flanquent les distances menacées, doivent, au moment où les chasseurs *a* des colonnes AA commencent à pénétrer dans la ligne (*fig.* 35), augmenter leur vitesse pour se porter un peu en avant de la ligne de relèvement.

Dans, le cas où les vaisseaux attaqués ne pourraient pas augmenter leur vitesse, c'est la partie non attaquée de la ligne de relèvement B′ qui devra manœuvrer pour rester en arrière des vaisseaux engagés, *afin de se maintenir au vent*, de manière à pouvoir se porter sur le point attaqué sans perte de temps, c'est-à-dire sans être obligée de décrire un tour et, par conséquent, de virer et de louvoyer.

Par suite de cette manœuvre, la ligne de relèvement B′ affectera, à l'endroit où l'ennemi tente de pénétrer, une forme curviligne qui facilitera la concentration des feux des vaisseaux les plus rapprochés sur les chasseurs de l'ennemi; en un mot, la ligne de relèvement tendra à prendre la forme de l'ordre de retraite.

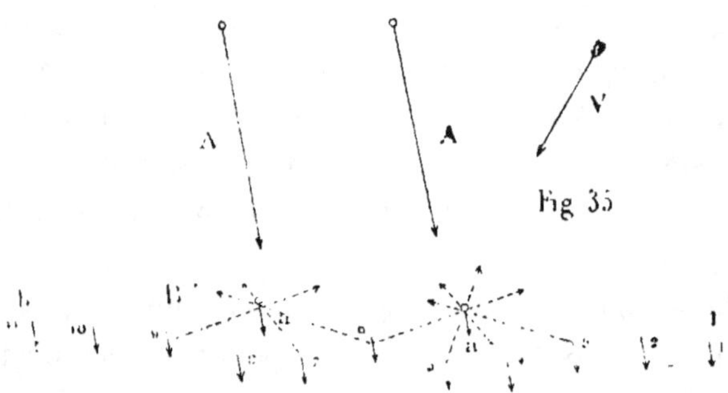

Fig 35

Les vaisseaux des autres parties de la ligne de relèvement B′ se trouvant en arrière des vaisseaux engagés, seront placés de manière à pouvoir se porter le plus directement possible sur le point attaqué; en outre, dans cette position, ils seront en mesure de couper la retraite des chasseurs qui auraient pénétré dans la ligne.

III.

L'armée A pourrait avoir une vitesse supérieure à celle de la ligne de relèvement B′ et cette ligne B′ serait alors forcée d'accepter le combat (*fig.* 35).

Dans ce cas, si l'on suppose que les colonnes AA manœuvrent pour attaquer, en concentration double, la ligne de relèvement B′, depuis le centre de cette ligne jusqu'à l'une de ses deux extrémités, voici comment la ligne de relèvement pourrait manœuvrer pour recevoir cette attaque :

Dès que les chefs de file des colonnes AA seront près d'entrer dans les distances de la ligne de relèvement B′, les vaisseaux qui flanquent ces distances augmenteront un peu leur vitesse de manière à la rendre presque égale à celle des vaisseaux qui veulent s'établir dans la ligne B′. Par suite de ce mouvement, les vaisseaux de B′ menacés, se trouvant portés un peu en avant de la ligne de relèvement, démasqueront le tir des batteries de leurs matelots de côté 3 et 6, en sorte que la ligne de relèvement B′ présentera, au point où les têtes des colonnes ennemies tentent de pénétrer, un rentrant propre à favoriser la concentration des feux de plusieurs de ses vaisseaux sur les vaisseaux *aa* les plus avancés (*fig.* 35).

Enfin, lorsque ces vaisseaux auront pénétré dans les distances de la ligne de relèvement, ils se trouveront immédiatement combattus, en concentration double, par les vaisseaux entre lesquels ils auront pénétré et qui devront s'attacher à les tenir constamment entre deux feux.

Les portions libres de la ligne de relèvement, c'est-à-dire les deux ailes *bb′* qui ne sont pas engagées au feu, se tiendront en arrière et au vent de la partie attaquée, de manière à pouvoir se porter directement sur le point attaqué ; elles conserveront cet avantage tant qu'elles resteront au vent des combattants, c'est-à-dire tant que les vaisseaux qui combattent conserveront leur vitesse ; mais une perte de vitesse étant la conséquence à peu près immédiate de tout engagement entre des bâtiments à voiles, les positions relatives des vaisseaux de la ligne de relèvement B′ ne pourront rester longtemps telles qu'on vient de l'exposer (*fig.* 35), parce que les vaisseaux non combattants dépasseraient bien vite les vaisseaux combattants et se trouveraient sous le vent, hors d'état de venir à leur aide.

Donc, le combat étant engagé comme on vient de le dire, et avant qu'il en résulte une diminution dans la vitesse des vaisseaux engagés, la ligne de relèvement B′ viendra tout entière, par un mouvement à la fois, en travers au vent, c'est-à-dire en ligne de file, du côté de l'aile attaquée (*fig.* 36). Par suite de cette évolution, la portion libre de la ligne de relèvement *b* se trouvera placée en ligne de file au vent de la

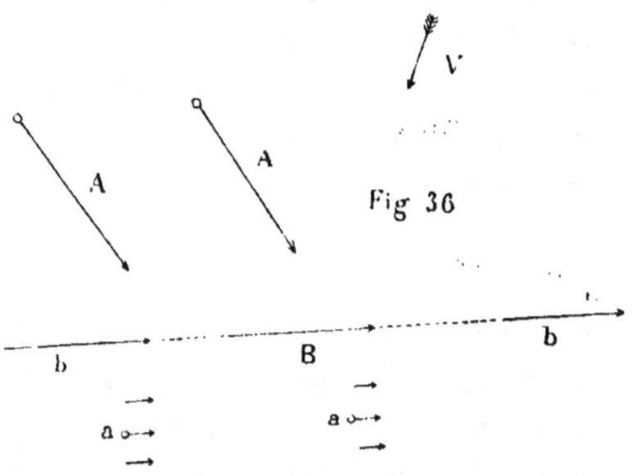

portion de cette ligne engagée contre les vaisseaux *aa ;* et elle sera en mesure de couper les colonnes AA et de séparer les vaisseaux *aa,* déjà combattus en concentration double sous le vent, des vaisseaux AA qui resteront encore au vent. Enfin, sa position au vent lui donnera la possibilité de détacher des vaisseaux pour combattre les vaisseaux-colonnes AA qui parviendraient à traverser la ligne B pour se porter, sous le vent, au secours des vaisseaux engagés.

IV.

Enfin, si l'armée **A,** au lieu de diriger l'attaque sur une des ailes de la ligne de relèvement, manœuvre pour attaquer le centre de cette ligne, au moment où les chefs de file des colonnes AA seront près d'entrer dans les distances de la ligne de relèvement, les vaisseaux de cette ligne qui flanquent les distances menacées, augmenteront leur vitesse, de manière, à prendre une marche à peu près égale à celle des vaisseaux qui cherchent à pénétrer dans la ligne.

La ligne de relèvement B′ (*fig.* 35) prendra alors une forme curviligne, dans l'intérieur de laquelle les vaisseaux de tête des colonnes de l'armée A se trouveront battus par des feux supérieurs; lorsque ces vaisseaux auront pénétré dans les distances de la ligne B′, ils se trouveront immédiatement engagés en concentration double, par les deux vaisseaux qui flanquent les distances qu'ils occupent et qui devront les suivre, dans tous leurs mouvements, de manière à les tenir constamment entre deux feux.

Les deux ailes de la ligne de relèvement placées, par ce moyen, en arrière et au vent des combattants, se trouveront alors en bonne position pour se porter sur le lieu du combat par la route la plus directe.

Les vaisseaux de la ligne de relèvement B′ se maintiendront dans cette position tant que les vitesses relatives des bâtiments ne se seront pas altérées; mais, avant que le combat ait pu amener une diminution dans la vitesse des vaisseaux engagés, toute l'armée *b*B (*fig.* 36) viendra en travers au vent du côté de l'aile la plus engagée. C'est le mouvement précédemment décrit.

De tout ce qui précède on peut conclure le principe suivant:

Si une ligne de relèvement est attaquée en un point quelconque par des vaisseaux au vent qui tentent de pénétrer dans la ligne, les vaisseaux qui garnissent le point attaqué devront augmenter un peu leur vitesse de manière à laisser, au vent et en arrière, la portion non attaquée de la ligne de relèvement ; par suite de ce mouvement, la ligne de relèvement se courbera aux points attaqués de manière à favoriser la concentration des feux de la ligne sur les vaisseaux les plus avancés de l'attaque. Les vaisseaux non attaqués de la ligne de relèvement, se trouvant au vent et en arrière du point attaqué, seront en position :

1° De se porter sur le point attaqué par la voie la plus directe ;

2° De couper les colonnes d'attaque et de séparer les vaisseaux de ces colonnes déjà combattus sous le vent de ceux qui restent encore au vent.

Enfin, si l'on craint que l'altération qui tend à se produire dans la vitesse des vaisseaux qui combattent ne dérange cette position des deux armées, la ligne de relèvement en venant en travers au vent du côté du point attaqué, parviendra à maintenir la position relative des vaisseaux, telle qu'on vient de la décrire.

On reconnaît aussi que les lignes de file étendues sont désavantageuses pour l'attaque des lignes de relèvement, ce qui confirme le principe déjà énoncé de grouper les vaisseaux destinés à l'attaque au vent de manière à les tenir le plus près possible des points attaqués.

Ces principes généraux sont complétement indépendants du mode de locomotion des bâtiments; ils sont vrais et d'une application plus facile avec les bâtiments à vapeur qu'avec les vaisseaux à voiles, avec cette différence essentielle que les vaisseaux à vapeur conserveront plus longtemps leur vitesse pendant le combat.

CHAPITRE XI

ATTAQUE ET DÉFENSE DES LIGNES AU MOUILLAGE.

L'attaque en concentration double peut être exécutée avec plus d'avantage sur une ligne au mouillage que sur une ligne mobile. En effet, si l'attaque est dirigée contre la partie au vent d'une ligne embossée, il est probable qu'elle sera détruite avant que la partie sous le vent ait pu appareiller pour se porter, en louvoyant, au secours de la partie attaquée.

La bataille d'Aboukir, livrée le 1ᵉʳ août 1798 entre l'escadre française, sous le commandement de l'amiral Brueys, et l'escadre anglaise, conduite par Nelson, offre un exemple remarquable de ce genre d'attaque.

L'escadre française était mouillée dans la baie d'Aboukir, par 12 mètres de fond, sur une ligne courant du N.N.O. au S.S.E. et ayant sa tête au nord; la ligne avait la forme d'un angle obtus très-ouvert; entre l'escadre française et la terre il restait une étendue de mer d'environ un mille et demi à parcourir avant d'atteindre les fonds de 7 mètres; il y avait donc, entre la côte et l'escadre, assez d'eau pour faire manœuvrer des vaisseaux.

L'amiral Brueys avait cru pouvoir défendre sa position au mouillage d'une manière efficace au moyen d'une batterie de quatre canons et de deux mortiers établie sur le petit îlot d'Aboukir ; cet îlot, entouré de récifs et protégé par des brisants, était à l'abri d'un coup de main ; mais il restait à une distance d'environ une demi-lieue, dans le **N. E.** du *Guerrier,* vaisseau de tête de l'escadre.

Le jour de la bataille, le vent soufflait de la partie du N.N.O., petit frais, temps clair, et la mer peu houleuse ; l'amiral avait d'abord voulu appareiller pour combattre sous voiles, mais il y avait encore sur les bâtiments du matériel appartenant à l'armée d'Égypte ; les équipages n'étaient pas complets, l'escadre anglaise approchait rapidement, l'amiral hésita et finit par prendre la résolution de recevoir l'attaque au mouillage.

Les extraits suivants des rapports officiels donneront une idée suffisante des dispositions de la défense et du caractère de l'attaque, sans qu'il soit nécessaire de faire un récit historique de ce combat.

Extrait du rapport de M. Lachanède, officier attaché à l'état-major de l'amiral Brueys, à bord du vaisseau *l'Orient :*

Le 1ᵉʳ août 1798, les Anglais parurent dans le N.O., vers deux heures après midi ; l'amiral fit immédiatement signal de rallier les équipages, occupés à faire de l'eau à terre, et de se préparer au combat, etc.

Vers trois heures, l'ordre est donné à l'armée de croiser les perroquets ; à trois heures et demie, on signale que l'intention de l'amiral est de combattre à l'ancre ; alors, suivant ce qui avait été précédemment ordonné, chaque vaisseau porta un grelin sur son matelot d'arrière, et le signal fut fait de mouiller une seconde ancre.

Les ennemis cependant, qui paraissaient dirigés par de bons pilotes, avaient arrondi les dangers de l'îlot d'Aboukir, et formant un groupe dans le N.E. du vaisseau *l'Orient,* ils se développèrent en ligne de bataille; le *Goliath*, de 50 canons, prenait la tête et pilotait leur escadre qui s'avançait pour doubler notre avant-garde au vent ; le vaisseau anglais *le Culloden*, serrant trop le vent, s'échoua sur l'accore sud du banc d'Aboukir et servit de jalon aux vaisseaux suivants, pour éviter ce danger.

A cinq heures et demie, la tête de l'escadre anglaise se trouvait à portée de canon ; aussitôt le signal de commencer le combat est arboré à la tête du mât de misaine, cet ordre ne fut pas exécuté de suite ; mais lorsque les ennemis furent à portée de fusil, le *Conquérant*, second vaisseau de la ligne, commença le feu ; le *Guerrier*, premier vaisseau, tira ensuite, et bientôt toute l'avant-garde en fit autant, jusqu'au vaisseau *le Franklin* inclusivement.

Le *Goliath* avait passé entre le *Guerrier* et la terre, il fut suivi par trois autres vaisseaux qui prolongèrent notre ligne à bâbord, tandis que le reste de leur armée la prolongeait par tribord : *ces vaisseaux mouillèrent très-près des nôtres, en prenant entre deux feux la première moitié de notre ligne, etc.*

Dans un deuxième rapport, M. Lachanède ajoute :

Les vaisseaux affourchés, embossés sur chacune de leurs ancres et fixés à leurs matelots d'avant et d'arrière par un grelin raidi, étaient trop liés par toutes ces amarres, pour qu'il leur fût possible de s'éviter en aucun sens.

Malgré ces désavantages, nous n'aurions pas essuyé un malheur si complet, si une partie de notre armée ne fût pas restée immobile ; six vaisseaux de l'arrière-garde qui auraient appareillé, auraient pu, *en trois heures*, remonter jusqu'à la tête et mettre entre deux feux les vaisseaux qui nous combattaient à tribord, etc.

Nous donnons cette dernière opinion sans la partager entièrement.

Telles furent les dispositions de la défense ; pour déterminer le caractère de l'attaque, il suffira de donner un extrait du rapport d'un officier du *Goliath*, vaisseau de tête de l'escadre anglaise :

Quand l'armée française fut découverte dans la baie d'Aboukir, le corps de l'armée anglaise était assez bien rallié, mais sans ordre de marche, parce que habituellement on n'en suivait pas. Le *Culloden* était presque hors de vue derrière et l'*Alexander* et le *Swifture* restaient presque en calme par le travers sous le vent, observant Alexandrie.

Le vent venant de bâbord par la hanche, on signala de former une prompte ligne de file ; alors le *Zélé* et le *Goliath* manœuvrèrent pour prendre la tête de la ligne ; mais le *Goliath*, ayant gagné une longueur de navire, prit la tête et la ligne fut aussitôt formée avec toutes voiles dehors.

En approchant d'Aboukir, la *Mutine* put avoir quelques hommes d'un bateau de la côte et les envoya au bâtiment amiral pour servir de pilotes. Le canot de la *Mutine* manqua le *Vanguard* qui mit immédiatement en panne avec toute la ligne, à l'exception du *Goliath* et du *Zélé*, jusqu'à ce que le canot eût gagné le bord.

Aussitôt que l'on trouva plus de fond sur le banc qui s'étend au large de l'île, il devint nécessaire de serrer le vent tribord amures pour doubler les bâtiments de tête de la ligne française. Il y avait alors au moins deux milles entre le *Zélé*, et son matelot d'arrière.

Cependant on continua de forcer de voiles jusqu'à une encablure de distance de l'avant du *Guerrier* — vaisseau de la tête de la ligne française — et nos deux navires de tête parvinrent dans cette position sans recevoir aucun dommage, quoiqu'ayant passé assez près du travers de l'avant-garde française. Le second et le troisième bâtiment de leur ligne envoyèrent, il est vrai, une bordée, mais il était trop tard et le *Goliath* avait déjà dépassé leur champ de tir, position dans laquelle se trouva aussi le *Zélé*, avant qu'une seconde bordée pût être envoyée au même bâtiment.

Les batteries placées à terre étaient trop loin pour inquiéter des bâtiments ayant un grand sillage (7 nœuds).

Toutes les voiles furent alors carguées, excepté le perroquet de fougue qui fut mis sur le mât ; de cette manière, le bâtiment défila très-lentement sur l'avant du *Guerrier*. A une longueur de navire, le feu commença de notre côté par un tir rasant très-meurtrier.

On laissa tomber à ce moment une des ancres de l'avant, dont le câble était passé à un des écubiers de l'arrière ; mais, n'ayant pas de bitte sur l'arrière, quand le bâtiment présenta l'arrière au vent, les voiles, dont les cargues avaient été coupées, se déferlèrent en partie et il devint difficile de stopper le câble, il choqua pendant quelques minutes et enfin fila en entier dehors jusqu'à l'étalingure de la cale qui l'arrêta, plaçant le *Goliath* par la hanche du .second bâtiment et le bossoir du troisième bâtiment de la ligne française comme pour les combattre tous les deux.

Le *Zélé* suivit exactement l'exemple du *Goliath* ; mais l'ennemi étant occupé, il serra ses voiles, mouilla un peu plus au vent et vint occuper la place qu'avait laissée le *Goliath*.

Dès ce moment, le *Guerrier* ne tira plus un coup de canon, excepté par l'arrière ; il avait été totalement désemparé en moins de cinq minutes par ses deux adversaires. Comme le *Thésée* passait par sa hanche, le mât de misaine du *Guerrier* tomba sur le pont et cinq minutes après son grand mât et son mât d'artimon, ainsi que le grand mât du *Conquérant*, etc.

Un résultat si rapide doit être attribué à la belle mer et particulièrement à ce que le côté bâbord des bâtiments français n'était pas préparé. Les canons de la batterie basse du *Guerrier* n'étaient pas en batterie de ce côté et les autres batteries étaient encombrées de bagages, etc.

Cet exemple fera comprendre suffisamment le système de l'attaque à employer contre une ligne au mouillage ; il met en outre en évidence une vérité qu'on ne saurait trop répéter, c'est que dans les expéditions de troupes par mer, les bâtiments de combat servant d'escorte doivent toujours être prêts au combat, avoir leurs batteries dégagées et ne porter ni passagers ni matériel.

La défense contre cette attaque consiste à appareiller pour livrer la bataille sous voiles d'après les règles qui ont été déjà exposées aux chapitres précédents. Mais si, pour diverses causes, l'armée ne pouvait pas appareiller, il faudrait, comme au combat d'Algésiras, tenir les vaisseaux mouillés très-près de terre, de manière à ce que l'ennemi ne puisse pas s'établir entre la ligne et la côte, et placés le plus au vent qu'il sera possible, afin de gêner les mouvements de l'assaillant.

Au lieu de former un ordre de bataille en ligne droite, l'armée pourrait être embossée de manière à battre toute l'étendue de l'espace que l'ennemi aura à traverser pour donner l'attaque. Les frégates et les bâtiments de la flottille seraient mouillés devant les distances d'un vaisseau à l'autre, de manière à battre de près les intervalles de la ligne; mais il demeure évident que si la ligne d'attaque cale moins d'eau que la ligne au mouillage, elle pourra toujours faire passer des vaisseaux des deux côtés de cette ligne pour la prendre entre deux feux, et cela est surtout facile dans les parages où le fond varie peu.

Le combat livré, le 6 juillet 1801, dans la baie d'Algésiras, entre une division anglaise et une division française, fournit un exemple remarquable de ce système de défense.

La division anglaise était composée de 6 vaisseaux de ligne, sous les ordres de l'amiral Saumarez.

La division française comptait 3 vaisseaux à l'ancre sur la rade d'Algésiras. La ligne d'embossage de cette division, parallèle à la côte, avait une direction à peu près N.E. et S.O; son extrémité nord était protégée par la batterie espagnole de Saint-Jacques, forte de 5 canons de 18; son extrémité sud s'appuyait sur la batterie de l'*Ile-Verte*, armée de 7 canons de 24. Il y avait au mouillage quelques canonnières espagnoles qui prirent part au combat.

Lorsque la division anglaise prononça son mouvement d'attaque contre la division française, l'amiral Linois, qui avait mis son pavillon sur le vaisseau *le Formidable,* jugea promptement que l'ennemi avait l'intention de renouveler contre lui, la manœuvre de concentration qui avait si bien réussi à la bataille d'Aboukir; il n'hésita pas à signaler à ses bâtiments de couper leurs câbles et de s'échouer sur la côte près des batteries à terre, afin d'empêcher l'ennemi de prendre ses vaisseaux entre deux feux.

Cette manœuvre eut un plein succès; le récit français du combat d'Algésiras est trop connu pour qu'il soit nécessaire de le redire; mais, afin de permettre d'apprécier la valeur des dispositions défensives prises par l'amiral Linois, nous donnons un extrait du rapport du commandant Ferris, du vaisseau anglais *l'Annibal,* capturé dans cette affaire.

Le matin 6 juillet, à six heures, les vaisseaux de Sa Majesté *le Vénérable, le Pompée, l'Audacieux, le César, le Spencer* et *l'Annibal,* sous les ordres de sir Saumarez, doublaient la pointe de Calabrita et faisaient route vers la baie d'Algésiras, bâbord amures, avec des vents d'ouest.

L'Annibal demanda par un signal au *Vénérable* s'il était possible de doubler, du côté de terre, les bâtiments ennemis en vue dans la baie. La réponse ayant été affirmative, l'amiral fit signal de se disposer à combattre de près.

A huit heures environ, le *Vénérable* commença l'action à une distance considérable sous le vent, parce que sa bordée ne lui permettait pas d'entrer davantage dans la baie, peu après le *Pompée* prit un poste plus près de terre et l'*Audacieux* derrière lui.

L'amiral, sur le *César,* mouilla près de l'*Audacieux* sur son avant et fit signal aux bâtiments de se placer dans la meilleure position pour se soutenir réciproquement. Nous mouillâmes alors devant le *César* à portée de voix et, au moyen d'une embossure, nous présentâmes notre travers pour combattre un des bâtiments ennemis. Il était alors neuf heures dix minutes. Nous fîmes un feu bien nourri pendant une heure.

Ensuite, vers dix heures, je reçus, par un officier, l'ordre de l'amiral d'appareiller et de me placer de manière à enfiler l'amiral français. Je pris immédiatement les dispositions d'appareillage, je coupai le câble, fis abattre le bâtiment au moyen d'une embossure et je fis voile au nord, me dirigeant dans la direction de la hanche de l'amiral français, et alors je serrai le vent pour exécuter l'ordre que j'avais reçu.

En approchant de l'amiral français, je commençai à gouverner de manière à pouvoir m'établir en travers sur son avant; mais, plus tard, je pris le parti d'aller me placer sous son arrière, — y ayant été forcé par les variations de la brise qui me jetèrent un peu sous le vent — pour accomplir l'ordre que j'avais reçu, sans perte de temps et de la manière la plus décisive. Mais au moment où je rangeais le monde pour carguer la misaine, avec l'intention de mettre la barre à bâbord et de masquer les voiles de l'avant, le bâtiment toucha tout près de l'amiral français, accident qui m'empêcha d'exécuter mes ordres.

Dans cette position, j'ouvris mon feu sur l'amiral français avec le plus de canons de l'avant que je pus mettre en batterie, le reste étant dirigé avec beaucoup d'effet sur la ville, les batteries et les canonnières dont j'étais entouré; mais le bâtiment paraissant abattre un peu, je laissai tomber une ancre de l'avant et je coupai le câble.

Un grelin était étalingué sur l'organeau de l'ancre et passait par un écubier de la Sainte-Barbe, je me proposais de virer à force sur cette amarre pour faire éviter le bâtiment, afin de présenter le travers à l'amiral français; mais l'embossure ayant été coupée avant qu'elle fût bien raide, le bâtiment resta immobile. J'avais à ce moment pu signaler, après beaucoup d'efforts, toutes mes drisses de pavillon étant coupées, que nous étions échoués sur un banc.

Je vis, quelque temps après, tous nos bâtiments sortir de la baie, l'amiral ayant auparavant fait le signal de ralliement, et il envoya un canot du *César* et un autre du *Vénérable* à mon secours, mais jugeant qu'ils ne pouvaient m'être d'aucune utilité, je renvoyai le canot du *Vénérable* et les hommes du *César* dans une de mes propres embarcations, leur canot ayant été coulé par un boulet le long du bord.

Vers midi, nos bâtiments étaient hors de portée de canon et nous recevions le feu de toute l'escadre française, des batteries et des canonnières contre lesquelles nous continuâmes un feu aussi nourri qu'on pouvait l'espérer, etc.

Cet exemple indique suffisamment les précautions à prendre lorsque l'on est décidé à attendre une attaque au mouillage.

Si des lignes de vaisseaux à voiles on passe aux armées à vapeur, on remarquera que les vaisseaux à vapeur pourront se trouver quelquefois obligés de combattre à l'ancre ; car, non-seulement ils peuvent être surpris au mouillage sans vapeur, mais encore l'approvisionnement de combustible est si restreint, et il est souvent si difficile de le renouveler pendant le cours d'une expédition, qu'il y a un intérêt très-puissant à le ménager. On sera donc conduit à combattre sur les mouillages que l'on veut garder, surtout lorsqu'il sera possible de le faire dans de bonnes conditions en établissant des batteries à terre ; mais ces ouvrages auxiliaires, d'une très-grande valeur quand l'ennemi est forcé, par des barrages ou d'autres obstacles, de se tenir d'un seul côté de la ligne, sont annulés lorsqu'il s'établit au milieu des vaisseaux embossés.

Influence du tirant.

Il suffira qu'il y ait dans une ligne quelques vaisseaux calant beaucoup d'eau pour obliger l'armée à renoncer à combattre embossée, parce que cette position offre alors de très-grands dangers.

Enfin, une ligne de vaisseaux au mouillage ne pourrait éviter les attaques par le choc de l'éperon que si elle calait moins d'eau que les bâtiments à éperon de l'ennemi. On voit que le tirant d'eau des vaisseaux joue un rôle considérable dans les opérations navales, et que toutes choses étant égales d'ailleurs, un faible tirant d'eau constitue un avantage important en faveur de l'armée qui le possède.

Voici quelles étaient les dispositions indiquées dans les anciennes tactiques pour la défense des armées au mouillage :

« Suivant la disposition du port, on mouillera l'armée sur deux ou trois lignes de part et d'autre de l'entrée du port ou sur une ligne de chaque côté, *mais toujours assez près de terre pour ne pas laisser à d'autres vaisseaux un passage entre elles et la terre, du moins sans risque pour eux.* Ceci, comme on le voit, suppose une rade ouverte. On couvrira les vaisseaux mouillés au moyen d'une forte estacade, et l'on fera mouiller quelques brûlots à l'entrée du port, à l'abri de la terre ; en sorte qu'étant au vent des vaisseaux qui viendraient insulter le port, ils pourront agir contre eux, en même temps que ceux-ci seront arrêtés par la rencontre des estacades que l'on pourra défendre encore, outre le feu des vaisseaux, par des batteries pratiquées à terre et, s'il se peut, par des prasmes, sortes de batteries flottantes établies sur des radeaux ou pontons que l'on mouillera derrière et aux extrémités des estacades.

« Si l'entrée de la rade peut se fermer par une chaîne ou estacade, parce qu'elle ne sera pas plus ouverte que l'entrée ordinaire d'un port, l'ordre du mouillage et l'arrangement des vaisseaux seront moins essentiels ; il est bon cependant que les vaisseaux puissent s'entre-traverser pour opposer tout leur feu à l'ennemi qui voudrait forcer l'estacade. »

Résumé des principes de la tactique à voiles.

On vient d'exposer rapidement les différentes manœuvres d'attaque et de défense propres aux armées à voiles. Toutes ont été sanctionnées par l'expérience.

Il aurait été facile, comme on l'a déjà fait remarquer, de donner aux détails une plus grande importance; mais il a paru préférable de réduire le nombre des manœuvres à celui strictement nécessaire pour exposer le système d'attaque et de défense des lignes de bâtiments à voiles; on en saisira plus facilement l'ensemble et l'esprit.

Dans les manœuvres décrites dans cette première partie, on a spéculé sur des lignes de 10 vaisseaux rangés à 200 mètres de distance et animés d'une vitesse de 5 nœuds, le champ de tir latéral étant supposé de 30 degrés. Ces suppositions avaient pour but de fournir des éléments parfaitement définis sur lesquels on pût raisonner avec certitude.

En faisant varier la longueur des lignes, la distance des vaisseaux dans la ligne, l'intervalle des deux lignes opposées, leur vitesse et l'amplitude des pointages obliques de l'artillerie, on pourra aisément reconnaître l'influence de ces différents éléments sur la force des lignes, et reproduire, par des dessins graphiques, toutes les manœuvres possibles.

Les avantages des manœuvres précédemment décrites seront d'autant plus considérables, que les lignes auront plus d'étendue et que la différence entre les vitesses des deux armées sera plus grande.

L'expérience a démontré qu'il est fort difficile de faire marcher régulièrement une ligne de file formée de plus de 20 vaisseaux à voiles; on a vu, d'autre part, qu'il y avait avantage à former une armée, lorsqu'elle est nombreuse, sur deux ou sur un plus grand nombre de colonnes pour l'attaque et, dans certains cas, pour la défense; les ordres de bataille doivent donc être modifiés suivant les circonstances, et ces modifications dépendront du génie du chef.

On doit remarquer que l'exécution des manœuvres de

défense repose sur des évolutions lof pour lof dont l'exécution est toujours certaine.

Ces évolutions lof pour lof sont les seules, en effet, qui puissent être entreprises avec sûreté sous le feu de l'ennemi; car un vaisseau, même délabré, peut toujours virer lof pour lof, tandis que l'avarie la plus insignifiante peut faire manquer un virement de bord vent devant.

Si, pour approcher l'ennemi, on doit employer le système d'évolution qui mène le plus rapidement au but, sous le canon, dans les manœuvres d'attaque et de défense, on ne doit se servir que de celles dont l'exécution est certaine.

La ligne de bataille, conduite par le commandant en chef de la ligne, placé sur le premier vaisseau dans l'ordre naturel, et par le second chef dans l'ordre renversé, acquiert par cette disposition une spontanéité et une sûreté de mouvements qu'il serait difficile de lui donner par un autre moyen.

L'organisation, dans la ligne, des groupes de deux vaisseaux appelés à manœuvrer de concert dans les attaques en concentration double, donne de grandes facilités pour entreprendre ce genre d'attaque, parce qu'elle a pour effet de grouper promptement, autour des vaisseaux attaqués, un nombre double de vaisseaux. Cette organisation donne évidemment une grande force aux lignes de bataille.

La ligne de bataille de prompte formation est souvent employée dans les manœuvres de combat, parce qu'elle permet d'engager l'action sans perte de temps; mais pour qu'une armée puisse pratiquer sans inconvénient cette formation, elle doit compter sur des capitaines exercés et très au courant des combinaisons de la tactique navale.

Les lignes de front ou de relèvement employées comme lignes d'attaque, lorsqu'on est au vent, et comme lignes de défense, lorsqu'on est sous le vent, demandent à être maniées avec attention, parce qu'il est difficile de les maintenir régulièrement formées, de manière, par exemple, à pouvoir les transformer rapidement, lorsque les circonstances l'exigent, en lignes de file ou de bataille, sur tribord ou sur bâbord, par un mouvement à la fois.

Le peu de sûreté et la lenteur qui résultent de l'emploi des signaux pour communiquer les ordres de l'amiral pendant le combat, la difficulté de faire mouvoir promptement les vaisseaux pour les déplacer, les faire tourner et les arrêter sur un point déterminé, sont cause que l'attaque a, généralement, une grande supériorité sur la défense, et que les manœuvres ne pourraient être compliquées et nombreuses sans qu'il en résultât, au bout de peu de temps, du désordre parmi les vaisseaux; c'est pourquoi l'exécution des manœuvres improvisées, au milieu d'un combat engagé de près, serait la plupart du temps incertaine.

Dans les batailles navales, on peut dire que toute la tactique consiste à engager les vaisseaux dans de bonnes conditions; l'initiative des capitaines doit faire le reste, et elle est toujours puissante lorsqu'ils sont guidés par des principes communs résultant d'un système de manœuvres bien déterminé.

Il est évident que, dans toute mêlée de bâtiments, l'avantage restera à celle des deux armées qui aura le plus rapidement organisé une concentration double contre les vaisseaux de l'autre armée les plus rapprochés ou les moins défendus. Au milieu de la confusion d'un combat ainsi engagé il s'écoulera, en effet, un intervalle de temps considérable avant que la partie de l'armée laissée en dehors de l'attaque puisse parvenir à rétablir l'égalité des feux, et, pendant ce temps, les vaisseaux engagés seront combattus par des forces doubles.

On peut affirmer que les batailles navales ne seront plus
livrées à la voile ; cependant, dans les parages lointains, on
peut encore avoir l'occasion de combattre de cette manière.
Au surplus, l'instruction d'un officier de marine serait in-
complète s'il ne connaissait pas la nature des mouvements des lignes de vaisseaux sous voiles et tout le parti
que l'on peut tirer d'un bâtiment ou d'une escadre au moyen
des voiles.

C'est par une longue étude des manœuvres de combat des
armées navales — qu'elles soient à rames, à voiles ou à
vapeur — que le coup d'œil des marins pourra se former de
manière à leur permettre de saisir promptement le côté
faible de l'ennemi qu'ils ont à combattre, et, en même temps,
de manœuvrer avec précision dans les situations les plus
difficiles ; le moindre signal suffira alors pour les guider, et
à défaut d'un signal, il leur sera possible de prendre une
initiative utile.

La conclusion à tirer des exemples que l'on vient de
donner, c'est qu'on ne peut abandonner au hasard les détails
d'une action navale, et qu'il faut manœuvrer, pour attaquer
ou pour se défendre, d'après un système de tactique bien
défini et dont les détails principaux, prévus à l'avance, seront
basés sur les principes suivants :

1° L'ordre de bataille doit être organisé au double point de
vue des mouvements de l'armée et des dispositions à prendre
pendant le combat, l'armée sera d'autant plus manœuvrante
que ces deux conditions auront été mieux observées.

2° L'amiral doit toujours prendre la direction du mouvement pour mener l'armée au combat, soit qu'elle marche en
ligne de file ou en ligne de relèvement, et pour cela il doit
être placé en tête de la ligne de file afin de pouvoir guider
promptement ses mouvements par la contre-marche ; par

suite de cette position, l'amiral se trouvera à droite de l'armée si elle marche en ligne de relèvement, ordre naturel, et à gauche dans l'ordre renversé. Le second chef de l'armée occupera le poste de serre-file si l'armée est en ligne de file, et si elle marche en ligne de relèvement, ordre naturel, il sera à gauche, et à droite dans l'ordre renversé.

3° L'armée est divisée en trois escadres ayant chacune leur amiral en tête.

4° Enfin les vaisseaux de l'armée doivent être formés par deux, qui sont matelots de combat, et doivent combiner leurs mouvements pour se donner un appui mutuel dans tout engagement qui mène à une mêlée de bâtiments, sans cependant admettre, entre ces deux bâtiments, une solidarité absolue dans la manœuvre.

En regard de ces dispositions qui découlent logiquement de l'étude à laquelle on vient de se livrer au sujet des manœuvres de combat des armées à voiles, nous croyons devoir placer les dispositions adoptées dès 1763 dans nos armées navales.

« On doit observer à l'égard des rangs des capitaines dans la ligne, que le premier vaisseau de la tête et le dernier de la queue sont ordinairement commandés par les plus anciens capitaines, après les pavillons ; ces deux postes, principalement celui de la tête, sont très-honorables et les capitaines qui les occupent doivent être considérés *comme réglant la marche et l'étendue de l'armée*.

« Les plus anciens capitaines, après le chef de file et le serre-file, sont *les matelots des généraux*, ils doivent veiller à la défense de son pavillon plus qu'à leur propre conservation, etc. »

Si maintenant on passe, de la marine à voiles, à la marine à vapeur, les questions de tactique de combat deviendront plus difficiles à résoudre, parce que l'expérience manque pour confirmer les raisonnements.

Cependant, l'examen que l'on vient de faire des manœuvres de combat permet déjà de fixer des principes bien définis, dont l'application pourra être faite à la marine à vapeur.

BATIMENTS A VAPEUR

CHAPITRE XII

DES VAISSEAUX A HÉLICE SANS ÉPERON.

Avant d'entreprendre l'étude des mouvements des armées composées de vaisseaux cuirassés à éperon pour combattre, il est essentiel d'élaguer de cette étude les questions accessoires qui pourraient en entraver la marche.

Le vaisseau de ligne à voiles a subi plusieurs transformations avant de devenir le vaisseau cuirassé à éperon de la flotte actuelle, et, pendant une période de transition d'une certaine durée, les armées navales ont été composées de vaisseaux à hélice sans éperon mixtes et rapides.

La seule arme de combat de ces vaisseaux est l'artillerie, et elle est placée à bord dans des conditions absolument semblables à celles de l'artillerie des bâtiments à voiles ; comme ces derniers bâtiments, ils ne peuvent livrer que des combats d'artillerie.

Les armées composées de vaisseaux à hélice sans éperon ne sont pas obligées de tenir compte de la direction du vent pour marcher, et la ligne de bataille de ces bâtiments n'est plus établie sur une des lignes du plus près du vent, comme celle des bâtiments à voiles, mais sur une ligne perpendiculaire à la direction dans laquelle on relève l'ennemi, pour les raisons suivantes :

Quand un vaisseau à vapeur veut en approcher un autre pour le combattre, il gouverne sur lui de manière à couper sa route, et lorsqu'il se trouve à une distance convenable pour engager le combat, il ouvre le feu avec ses canons de chasse.

De même, quand un groupe de vaisseaux à vapeur veut en approcher un autre pour le combattre, il gouverne sur lui, et dès qu'il se trouve à une distance convenable de combat, il commence le feu avec ses canons de chasse.

Le groupe qui manœuvre pour approcher l'ennemi doit tendre, évidemment, à mettre en action les canons de chasse de tous ses bâtiments, et pour cela les vaisseaux qui le composent doivent être rangés les uns à côté des autres, sur une ligne perpendiculaire à la direction où reste l'ennemi, de manière à tenir le tir de chacun des bâtiments du groupe parfaitement dégagé du côté de l'ennemi.

De là résulte la nécessité d'un ordre d'approche formé en ligne de front ou de relèvement dans une direction perpendiculaire à la direction dans laquelle on relève l'ennemi.

La force principale du bâtiment résidant dans l'artillerie placée sur les côtés, lorsque les bâtiments rangés en ordre de front seront parvenus à la portée utile des canons en batterie, — qui est de 1,200 mètres environ à la mer, — ou enfin, lorsqu'ils seront parvenus à la distance qu'ils jugeront la plus favorable pour engager l'action, en raison de l'état de la mer et du but que l'amiral se propose d'atteindre, ils devront présenter le côté à l'ennemi et, pour cela, passer de l'ordre de front à l'ordre de file.

On trouve donc deux dispositions nécessaires de l'ordre de combat :

1° Un ordre de front ou de relèvement en chasse ou en retraite perpendiculaire à la direction où reste l'ennemi;

2° Un ordre de file perpendiculaire à cette même direction.

Les vaisseaux à vapeur pouvant marcher en ligne de front ou de relèvement plus facilement que les vaisseaux à voiles, cet ordre, qui sera d'un usage fréquent dans les manœuvres sous vapeur, acquiert une importance qu'il n'a pas au même degré pour les bâtiments à voiles.

Le tir en chasse et en retraite, qui constitue la seule force d'une ligne de relèvement, aura donc, sur les bâtiments à vapeur, une importance encore plus grande que sur les bâtiments à voiles.

On passe de la ligne de front à la ligne de file par un mouvement de huit quarts à la fois, mais, pour exécuter facilement ce mouvement, il faut maintenir d'un vaisseau à l'autre une distance qui ne peut être inférieure à 200 mètres, « parce qu'une armée moins serrée manœuvre plus aisément qu'une armée plus serrée ». Si ce principe était admis dans les armées à voiles, à plus forte raison doit-il l'être pour les bâtiments à vapeur, toujours assurés de pouvoir garder leur poste ou de le reprendre promptement après l'avoir perdu.

La ligne de front à grands intervalles paraît donc satisfaire à toutes les conditions d'un ordre de bataille. Cet ordre présente de grandes ressources pour les feux d'artillerie, il permet de passer très-promptement à l'ordre de front oblique, à l'ordre de file et, enfin, à l'ordre de front en retraite.

La ligne de front doit toujours être maintenue sur une direction perpendiculaire à celle dans laquelle on relève l'ennemi, afin que les vaisseaux, venant en ligne de file, par un mouvement à la fois, sur tribord ou sur bâbord, puissent tenir l'ennemi dans le champ de tir des batteries de côté.

Si la direction où reste l'ennemi varie, la ligne de front devra manœuvrer par un mouvement de conversion, de manière à rester toujours formée sur une ligne perpendiculaire à cette direction ; on donnera plus loin le détail de cette manœuvre (*fig.* 24, 25, etc.).

On a vu que la seule arme de combat des vaisseaux à hélice *sans éperon* est l'artillerie, et qu'elle est installée à bord
dans les mêmes conditions que celle des bâtiments à voiles.
L'objectif de combat des armées composées de vaisseaux à
hélice sans éperon est, — par suite de cette disposition de
l'artillerie, — le même que celui des armées de vaisseaux à
voiles : il consiste à appliquer, suivant les circonstances,
l'une des trois concentrations d'artillerie déjà décrites.

Il existe, cependant, des différences profondes entre les
manœuvres d'une armée de bâtiments à hélice et les manœuvres d'une armée à voiles pour atteindre le même but. Les
lignes de vaisseaux à hélice *sans éperon* se meuvent toujours
dans les conditions d'une armée à voiles qui a l'avantage du
vent, c'est-à-dire pouvant toujours faire sur l'ennemi des
attaques directes ; d'où il suit que les manœuvres d'attaque
d'une armée à voiles *au vent* contre une armée *sous le vent*
leur sont applicables dans une certaine mesure, et que les
manœuvres de défense d'une ligne de vaisseaux à hélice *sans
éperon* sont aussi à peu près les mêmes que celles d'une
ligne de bâtiments à voiles manœuvrant sous le vent, dans
les conditions d'une défense directe (chapitre x, page 125).

Les lignes de vaisseaux à vapeur peuvent marcher comme
les lignes de vaisseaux à voiles, en ordre de relèvement
(*fig.* 29), pour approcher l'ennemi ou pour éviter son attaque,
et en ligne de file, soit au même bord, soit à contre-bord, pour
opérer les concentrations par défilement, etc.

La différence qui existe entre les mouvements des deux
espèces de bâtiments pour combattre, c'est que l'action des
bâtiments à vapeur est directe sur toute l'étendue de l'horizon, tandis que l'action des bâtiments à voiles ne peut être
directe que sur une étendue de l'horizon limitée au vent
par un secteur compris entre les deux lignes du plus près

(*fig.* 6) ; les bâtiments à voiles ne peuvent pénétrer dans ce secteur qu'en louvoyant.

La manière d'appliquer les concentrations d'artillerie avec les bâtiments à voiles a été exposée avec précision au chap. vi ; la mobilité des lignes de vaisseaux à vapeur rend l'application des trois concentrations d'artillerie plus facile et plus variée.

1° Les concentrations par pointage oblique sont simples et n'ont pas besoin d'explications (*fig.* 7).

2° Dans les concentrations par défilement, les lignes de file de bâtiments à vapeur, outre les défilements qui ont déjà été décrits pour les bâtiments à voiles, peuvent former, en défilant devant l'objectif, des courbures ou des angles propres à produire des concentrations de feux pendant le mouvement. Cette manœuvre peut s'exécuter soit en marchant sur le même bord que l'ennemi avec une vitesse supérieure, soit en marchant à contre-bord (*fig.* 8 et 9).

Dans les défilements à contre-bord, la vitesse des bâtiments à vapeur est assez grande pour permettre à chaque bâtiment de traverser rapidement le champ de tir des batteries de chacun des bâtiments de la ligne opposée.

Le feu dirigé sur un but animé d'une grande vitesse présente généralement peu de précision, parce que le pointage et le tir des pièces de gros calibre, influencés par les mouvements de roulis, de tangage et d'embardée du bâtiment, sont d'une exécution difficile, surtout lorsqu'il s'agit d'atteindre un but qui se déplace rapidement ; ainsi, lorsque le pointage sera terminé, il pourra arriver fréquemment qu'au moment d'exécuter le feu le roulis ait dérangé le pointage en hauteur, et alors le but pourra être dépassé et se trouver hors du champ de tir du canon avant que le roulis ait ramené la ligne de mire du canon sur le but à atteindre ; dans tous les cas, c'est un pointage à refaire.

Lorsqu'un bâtiment défilera à grande vitesse devant un autre bâtiment, ou devant une batterie placée à terre, il aura peu de chose à redouter de leur tir ; de même que le tir que ce bâtiment pourrait diriger sur l'ennemi aura, généralement, peu de justesse.

Dans les défilements à contre-bord, le pointage, préparé à l'avance au moyen de points de repère tracés sur le pont de la batterie, présentera des avantages incontestables pour le tir.

3° L'attaque en concentration double dont l'exécution n'est pas toujours assurée avec des bâtiments à voiles, parce qu'elle peut être contrariée par le vent ou le calme, devient d'une exécution plus certaine avec des bâtiments à vapeur (*fig.* 10).

Le détail de cette attaque a été donné au chapitre VI : *Concentration double.* Les dispositions en sont applicables aux bâtiments à vapeur ; toutefois, on remarquera que la ligne de vaisseaux à vapeur, objet de l'attaque, pouvant toujours augmenter sa vitesse, les vaisseaux *qui attaquent* ne parviendront pas à s'établir aussi promptement dans la ligne ennemie que lorsqu'il s'agit de la même attaque faite avec des bâtiments à voiles. En effet, on a supposé que la ligne sous le vent B (*fig.* 10) avait une faible vitesse et *qu'elle ne peut guère l'augmenter,* parce qu'elle est au plus près du vent ; par suite, les conditions de la manœuvre ne sont pas absolument les mêmes pour les deux espèces de bâtiments.

Les vaisseaux à vapeur, conservant toujours la faculté de manœuvrer pendant le combat, pourront éviter de rester longtemps pris entre deux feux, ils diffèrent en cela des bâtiments à voiles que la moindre avarie de mâture rend immobiles ; enfin, les vaisseaux à vapeur laissés en dehors de l'attaque en concentration double, pourront se porter assez promptement au secours des vaisseaux engagés au feu.

L'attaque en concentration double ne donnera donc pas,

dans les armées à vapeur, des résultats aussi prompts et aussi complets que ceux que l'on obtient contre des bâtiments à voiles, mais elle donnera néanmoins des avantages importants.

L'ensemble de l'appareil à vapeur, placé au fond du bâtiment, ne peut être que difficilement atteint par le tir horizontal, mais il reste exposé aux feux courbes, par les ponts percés d'ouvertures assez grandes au-dessus des machines.

Si une bombe éclatait dans la cheminée, dans la chambre de la machine, ou si elle déterminait la chute d'un corps dur dans le mécanisme en mouvement, elle pourrait déterminer des avaries importantes capables de produire l'arrêt de la machine. *Un vaisseau sans mouvement est un vaisseau perdu,* et ce résultat vaut la peine d'être cherché et obtenu par tous les moyens connus.

Il serait donc utile d'armer les vaisseaux de quelques mortiers, de petit calibre si l'on veut, mais capables de lancer des paniers ou demi-barils de projectiles creux, de telle sorte qu'il soit possible de projeter au-dessus des ponts, à une distance de 60 à 80 mètres, des gerbes de grenades ou d'obus de $12\%_m$, qui, par leur nombre, auraient quelques chances de tomber dans les fourneaux de la chaufferie par la cheminée, et dans la machine par les panneaux.

Le tir de combat des armées composées de vaisseaux à hélice peut se régler d'après les principes exposés pour les bâtiments à voiles, au chapitre VII : *Du tir.* Les conditions du pointage à bord sont les mêmes pour les deux espèces de bâtiments; les canons sont aussi à peu près de même calibre.

Cependant le vaisseau de ligne à hélice, sans éperon, ne tarda pas à être protégé par une cuirasse contre le tir de l'artillerie, et cette modification amena un changement important dans la composition de l'artillerie de mer. La puissance et le poids du canon ont été considérablement augmentés, et le nombre des canons que l'on peut établir à bord est plus petit; mais au point de vue de l'artillerie, le côté reste toujours la partie forte du bâtiment. La diminution du nombre des canons semblerait devoir être compensée par une augmentation de l'approvisionnement de chaque pièce, du moins dans une certaine mesure, afin que le nombre des coups de canon dont peut disposer un vaisseau de ligne pour combattre, ne soit pas trop réduit.

L'application des principes de la tactique des armées à voiles aux armées de vaisseaux à hélice, *sans éperon,* formerait, sans doute, un sujet intéressant à développer si les vaisseaux dont il s'agit figuraient encore dans les armées navales, mais l'installation d'un éperon sur l'avant des vaisseaux de ligne est venue modifier, dans une certaine mesure, la marche des combats à la mer; cependant, il reste bien établi, par ce qui précède, que l'ordre de bataille des vaisseaux à hélice sans éperon est une ligne de file perpendiculaire à la direction dans laquelle on relève l'ennemi.

De l'abordage.

On sait que les galères combattaient par le choc de l'éperon, et à l'arme blanche par l'abordage des bâtiments; cette dernière manière de combattre exigeait que les deux bâtiments abordés fussent liés l'un à l'autre par des grappins d'abordage, des ponts volants, etc., afin que les hommes lancés à l'abordage pussent combattre de pied ferme comme dans un assaut, sans courir le risque de disparaître entre les deux bâtiments.

L'installation de l'artillerie sur les galères eut pour effet de rendre les combats à distance plus fréquents et les combats à l'abordage plus rares. Dans la marine à voiles, les combats d'abordage ont subsisté encore quelque temps après son origine, — c'était une tradition léguée par la marine de bas bord à la marine de haut bord, — mais devant les effets de plus en plus puissants de l'artillerie, et quoiqu'il fût encore facile de lier ensemble les deux vaisseaux abordés, les combats d'abordage ne devinrent bientôt qu'une exception.

C'est qu'il était dangereux de manœuvrer pour aborder un vaisseau ayant conservé tous ses moyens de manœuvre, parce qu'il fallait courir de pointe sur lui et que, pendant ce mouvement, on était exposé a être battu d'écharpe ou d'enfilade par tous les feux sans avoir la certitude de pouvoir réussir à lui donner l'abordage.

Si par l'effet du combat, par la chute des mâts, par des avaries dans les organes du gouvernail, l'ennemi ne pouvait plus manœuvrer que difficilement pour éviter d'être abordé, il y avait avantage, même dans ce cas, à employer l'artillerie pour le réduire, parce qu'on pouvait le battre d'enfilade à l'abri de son feu.

La construction des premiers vaisseaux à voiles était disposée pour favoriser les combats d'abordage, mais la forme des vaisseaux ne tarda pas à se modifier et à rendre difficile le passage des combattants d'un bâtiment sur un autre.

L'ordre nécessaire de la ligne et la forme de nos vaisseaux ne permettent guère l'assaut de l'abordage que dans les combats de vaisseaux à vaisseaux.

(De Morogues, 1763.)

Le vaisseau à vapeur est plus maître de ses mouvements que le vaisseau à voiles; il peut toujours éviter aisément un combat d'abordage parce qu'il conserve toujours ses facultés de locomotion.

Les vaisseaux à vapeur disposent de machines si puissantes pour se mouvoir, qu'il sera toujours fort difficile de parvenir à lier solidement et pour ainsi dire instantanément, les deux vaisseaux abordés.

Cependant on ne peut admettre que celui des bâtiments abordés qui verra le combat tourner à son désavantage, pourra conserver la faculté de se retirer, en emportant une partie des compagnies d'abordage de son adversaire.

Si, des vaisseaux de ligne *sans éperon*, on passe à l'examen des combats d'abordage pour les vaisseaux de ligne *à éperon*, on peut admettre que ces derniers bâtiments ne chercheront pas à engager des combats d'abordage par les raisons déjà exposées ; l'emploi des torpilles rendrait, du reste, le rapprochement des bâtiments fort dangereux pour les deux adversaires ; ils manœuvreront pour attaquer avec l'éperon et avec l'artillerie.

Cependant un cas d'abordage peut encore se présenter et rend nécessaire une forte organisation des équipages pour soutenir ce genre de combat ; il est évident que si un vaisseau — au moment où il reçoit un choc d'éperon — pouvait lancer son équipage sur le pont de son adversaire pour l'enlever à l'abordage, il trouverait dans une pareille action un moyen glorieux de salut.

Dans ce qui va suivre on n'aura donc pas à s'occuper des combats d'artillerie des vaisseaux à vapeur *sans éperon,* ni des combats d'abordage ; ces deux sujets seront laissés désormais en dehors de la discussion.

Dans le courant de l'année 1846, l'amiral Labrousse proposa d'établir un éperon à bord des bâtiments de guerre à vapeur de cette époque ; mais cette arme ne fut installée pour la première fois, qu'en 1861, à bord des vaisseaux *le Magenta* et *le Solferino*. L'initiative de ce progrès appartient donc à la marine française.

Les armées navales actuelles sont composées de vaisseaux à éperon cuirassés portant de l'artillerie et des torpilles, ce sont ces armées nouvelles dont nous aurons à étudier les mouvements devant l'ennemi pour livrer des batailles à la mer.

BATIMENTS DE LIGNE A ÉPERON

CHAPITRE XIII

Une étude attentive de l'emploi, contre l'ennemi, des armes établies à bord des bâtiments de combat de la flotte, pourra seule conduire à déterminer la forme de l'ordre de bataille des armées navales actuelles.

L'ordre que l'armée doit prendre pour commencer le combat doit être déterminé avec précision, et comme il n'est pas toujours possible de le maintenir régulièrement formé à tous les moments de l'action, il doit être organisé de manière à pouvoir se modifier et s'appliquer, sans perte de temps, aux phases successives que le combat traverse pour arriver à son terme.

De l'ordre de bataille.

Une armée navale est en ordre de bataille lorsque tous les vaisseaux de l'armée peuvent mettre en action, contre l'ennemi, les moyens de combat établis à bord ; dans cet ordre, les bâtiments doivent pouvoir se soutenir entre eux sans gêner leur action contre l'ennemi.

Les armes dont peut disposer un bâtiment de ligne sont : l'artillerie, l'éperon, les torpilles portées ou divergentes.

Il est difficile de classer ces trois armes suivant l'ordre de leur efficacité pour le combat, parce que leur puissance variable tend toujours à augmenter et que les installations destinées à en favoriser l'emploi à bord vont en se perfectionnant sans cesse ; cependant, dans l'état actuel des choses, on peut les classer de la manière suivante :

L'artillerie,

L'éperon,

Les torpilles (1).

L'emploi de chacune de ces armes nécessite des dispositions de combat particulières ; mais, pour simplifier la discussion, on examinera d'abord l'ordre de bataille qui convient aux combats d'artillerie, et on étudiera ensuite les modifications que l'emploi des autres armes tend à y introduire.

Il existe, du reste dans la flotte, plusieurs bâtiments n'ayant d'autre arme que l'artillerie.

Ordre de bataille pour les COMBATS D'ARTILLERIE.

On a déjà établi que l'ordre de bataille pour les combats d'artillerie est un arrangement des vaisseaux qui permet de diriger, sur l'ennemi, les feux de côté de tous les bâtiments de l'armée.

L'ordre de bataille à la mer est constamment mobile, et les vaisseaux qui le composent sont obligés de suivre la même route ou des routes parallèles, sans quoi ils s'écarteraient les uns des autres.

Il résulte de ces deux considérations que l'ordre de bataille qui convient le mieux pour livrer, à la mer, des combats d'artillerie est une ligne de file droite à peu près perpendiculaire à la direction où reste l'ennemi (*fig.* 1).

Fig 1

---

(1) Au point de vue de la défense des côtes, les torpilles pourraient être classées avant l'éperon.

C'est une ligne droite parce qu'elle est mobile et que les vaisseaux sont obligés de suivre la même route ; elle est perpendiculaire à la direction où reste l'ennemi, sans quoi ce dernier ne se trouverait pas dans le champ de tir de l'artillerie de côté de la ligne.

Mouvements de la ligne de bataille.

La ligne de bataille peut marcher en ligne de front ou de relèvement, par des mouvements à la fois très-simples et dont les principaux sont les suivants :

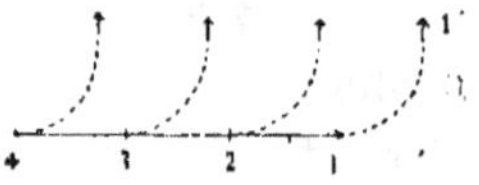

Fig. 2

1° Étant en ligne de file, elle peut marcher en ligne de front perpendiculaire à la direction où reste l'ennemi pour l'approcher (*fig.* 2) ; l'ordre de front est aussi l'ordre de bataille pour les combats d'éperon et de torpilles portées ou divergentes.

2° Lorsque l'intervalle qui sépare les deux armées est jugé suffisant en raison du but à atteindre, la ligne de bataille — marchant en ordre de front — peut revenir en ligne de file par un mouvement à la fois sur tribord ou sur bâbord (*fig.* 3). L'armée cesse alors d'approcher l'ennemi et peut diriger sur lui la totalité des feux de la ligne.

Fig. 3

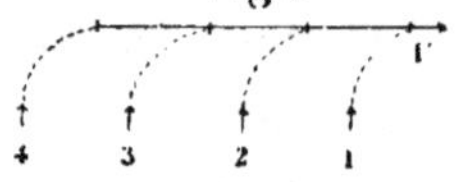

3° Pour éviter d'être combattue de près, lorsqu'il y a intérêt à ne pas se laisser engager de cette manière, la ligne de bataille marche du côté opposé à l'ennemi en ligne de front en retraite, ordre renversé (*fig.* 4). On passe de la ligne de file à la ligne de front en retraite par un quart de tour exécuté

Fig. 4

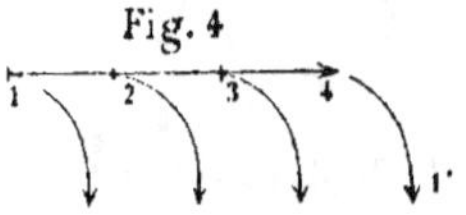

à la fois par tous les bâtiments de la ligne du côté opposé à l'ennemi.

Tel est l'ordre qui permet de manier une armée navale devant l'ennemi pour l'approcher et l'attaquer au moyen de l'éperon ou des torpilles, pour lui livrer un combat d'artillerie par le côté, enfin pour s'éloigner ou se maintenir à la distance qu'on a intérêt à garder.

Cet ordre, que l'on pourrait appeler *ordre de manœuvre devant l'ennemi,* doit être conservé tant qu'une mêlée de bâtiments n'est pas ordonnée, c'est-à-dire tant que l'ordre n'est pas donné de pénétrer dans la ligne ennemie pour en prendre une portion entre deux feux et la combattre par l'artillerie avec des forces supérieures.

Ordre de bataille pour les COMBATS D'ÉPERON.

Un bâtiment ne pourrait attendre l'attaque d'un bâtiment à éperon, en lui présentant le travers, sans s'exposer à une perte certaine; mais si le côté d'un bâtiment n'a pas une solidité suffisante pour résister à un coup d'éperon, l'avant et l'arrière présentent, dans le sens longitudinal, de meilleures conditions de résistance.

Tout bâtiment combattant avec l'éperon sera donc obligé de se présenter de pointe devant son adversaire, c'est-à-dire de lui présenter l'avant pour donner l'attaque, ou l'arrière pour l'éviter.

Si plusieurs bâtiments à éperon sont réunis pour combattre, ils devront tous présenter l'avant à l'ennemi pour l'attaquer, et se placer à côté les uns des autres, dans une direction perpendiculaire à celle où il reste, en conservant entre eux une distance suffisante pour éviter de gêner leurs mouvements.

Il résulte de ces considérations, que l'ordre de bataille des bâtiments à éperon est une ligne de front perpendiculaire à la direction où reste l'ennemi; c'est la ligne de bataille des combats d'artillerie dans laquelle les bâtiments marchent de front (*fig.* 2), au lieu de marcher en ordre de file, en présentant le côté à l'ennemi (*fig.* 1).

L'ordre de front ainsi défini est en même temps l'ordre de bataille des bâtiments armés de torpilles portées ou divergentes, etc.

Considérations sur les combats particuliers livrés à la mer au moyen de l'éperon.

Dans les combats particuliers, l'attaque avec l'éperon a pour but de couler l'ennemi au moyen d'un choc normal sur le côté; mais si ce résultat — le choc normal — ne peut être obtenu, on peut essayer, par des chocs obliques, de lui causer des avaries capables de l'affaiblir.

Si l'avant est armé d'un éperon, on peut:

1° En poursuivant l'ennemi avec un avantage de vitesse, chercher à atteindre l'hélice et le gouvernail. Il serait, toutefois, dangereux de rester trop longtemps dans les eaux de l'ennemi, parce qu'il pourrait laisser tomber dans son sillage des engins à explosion, tels que des torpilles remorquées, ou bien lancer, par l'arrière, des torpilles mobiles.

2° Si on croise l'ennemi à contre-bord et qu'il soit impossible de lui donner un choc normal sur le côté, on peut, en le choquant obliquement vers le tiers de sa longueur à partir de l'arrière, essayer d'atteindre l'hélice et le gouvernail. Le navire choqué donne toujours une forte bande et présente ces deux organes à l'éperon de son adversaire.

Si l'étrave est droite, il serait imprudent de s'exposer à

recevoir, sur l'avant, le choc d'un bâtiment à éperon; mais on pourrait essayer de démonter les canons de l'ennemi, s'il n'a pas eu le soin de les rentrer au moment où l'étrave laboure ses flancs.

On remarquera que, si l'avant des bâtiments sans éperon est armé d'un appareil porte-torpille établi comme celui de la *Flandre,* on pourra, même dans le cas des chocs obliques, causer à l'ennemi de terribles avaries.

Si, pour obtenir un effet utile avec les étraves droites, la direction du choc doit être à peu près normale aux flancs du bâtiment attaqué, il n'en est pas de même pour les bâtiments armés d'un éperon.

Cet appareil paraît donner de bons résultats dans les chocs obliques sur le bois des carènes jusqu'à l'angle de 40 degrés avec la normale au point choqué.

Il y a, du reste, des recherches à faire pour déterminer la meilleure forme à donner à la pointe de l'éperon dans le but d'obtenir un bon fonctionnement de cette arme dans les chocs obliques.

Les combats livrés par un bâtiment isolé contre un autre bâtiment peuvent souvent dégénérer en combats d'artillerie en cercle; en effet, s'il s'agit d'un combat d'artillerie, chacun des combattants A et B doit manœuvrer pour maintenir son adversaire dans le champ de tir de son artillerie la plus forte, qui est l'artillerie de côté; si les deux bâtiments A et B se rencontrent à contre-bord, comme cela a lieu lorsqu'ils s'avancent l'un contre l'autre, ils seront amenés, pour tenir leur adversaire par leur travers réciproque, à tourner sur le contour de leur aire circulaire (*fig.* 5). Les combats livrés entre des bâtiments n'ayant d'autre arme que l'artillerie, c'est-à-dire sans cuirasse ni éperon, ont souvent pris cette forme pendant la guerre de la sécession américaine.

Dans les combats particuliers d'éperon, les deux adversaires peuvent être amenés à manœuvrer en cercle comme dans les combats d'artillerie. Lorsque deux bâtiments A et B s'avancent l'un contre l'autre pour se choquer par l'avant au moyen de l'éperon, si le premier choc n'a produit

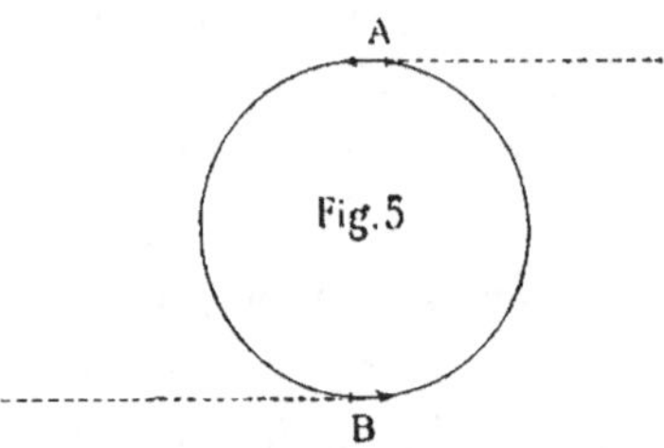

qu'un effet insuffisant, les deux adversaires, après s'être croisés en C, pourront venir, A sur tribord et B sur bâbord, pour se rencontrer de nouveau en C′ et ensuite en C, etc. (*fig.* 6), jusqu'à ce que l'un des deux combattants soit gravement atteint. Cependant si B, l'un des deux bâtiments, peut décrire un tour CBC″ plus petit que celui CAC′ de son adversaire A, il ne tardera pas à entrer dans l'aire du tour décrit par ce dernier, où il ne pourra plus être atteint par son éperon. Dans ce cas, le combat deviendra un combat d'artillerie en cercle.

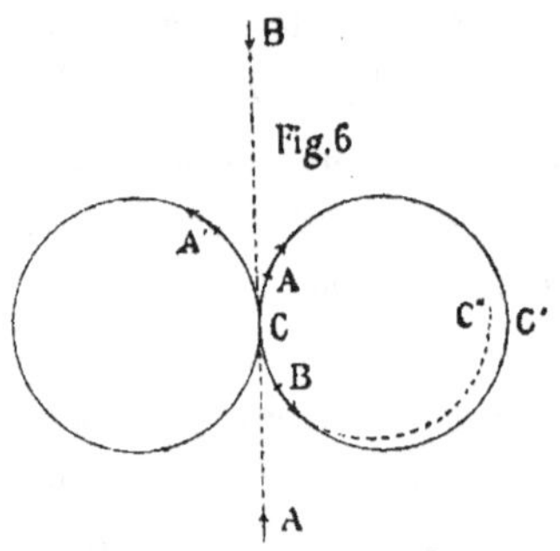

Si les deux bâtiments A et B, après s'être croisés une première fois en C, venaient tous les deux sur le même bord, sur bâbord, par exemple, comme A′ et B, pour se rencontrer de nouveau, ils décriraient deux tours tangents et ne pourraient se rencontrer qu'en C (*fig.* 6).

Enfin, si les deux bâtiments A et B (*fig.* 5) sont amenés à marcher, dans le même sens, sur le contour du cercle de combat et que A possède un avantage de vitesse sur B, il pourra essayer d'approcher l'arrière de ce dernier bâtiment pour engager son éperon dans son hélice. Le bâtiment B déjouerait cette attaque en laissant tomber une torpille remorquée dans son sillage.

Il resterait encore, aux deux adversaires, la ressource d'une attaque au moyen des torpilles mobiles qu'ils pourraient lancer l'un contre l'autre ; mais on doit remarquer que le bâtiment B, qui lance sa torpille par l'arrière, possède un avantage considérable de tir sur son adversaire A qui lance sa torpille par l'avant.

Enfin, si le bâtiment B décrit un tour plus petit que celui de A, il ne tardera pas à entrer dans l'aire du tour de ce dernier bâtiment, où il ne pourra plus être atteint par son éperon. Dans ce cas, le combat deviendra un combat d'artillerie circulaire tant que l'un des combattants ne se décidera pas à rompre le cercle de combat pour suivre une route rectiligne quelconque.

Si on suppose qu'un bâtiment A est attaqué par deux bâtiments *1* et *2*, le combat ne pourra, sans danger pour A, prendre la forme d'un combat en cercle ; si cela avait lieu, pendant que A et son premier adversaire combattent en cercle l'un contre l'autre, le deuxième adversaire aurait avantage à se tenir en dehors de la lutte, dans une position favorable pour attaquer A avec son éperon, lorsqu'il lui présenterait le travers en parcourant sa route circulaire.

On ne peut concevoir que le combat d'une escadre contre une autre escadre puisse s'engager, dès le début, par autant de combats particuliers qu'il y a de bâtiments dans l'escadre, ce serait livrer au hasard des circonstances l'issue du combat ; une pareille supposition n'est pas admissible.

Dispositions relatives aux combats d'éperon en escadre.
— Ligne simple.

En escadre, les conditions de l'attaque, au moyen de l'éperon, sont modifiées par la nécessité d'aborder l'ennemi en ordre.

Lorsqu'une attaque au moyen de l'éperon est ordonnée, si la ligne de front est simple, les vaisseaux qui s'avancent sur l'ennemi doivent évoluer, pour engager le combat, en se conformant aux instructions du commandant en chef, qui ne peut diriger une telle action que par des instructions préalables.

Au départ, la ligne d'attaque doit être rangée en ordre de front perpendiculaire à la direction dans laquelle on relève l'ennemi, et la distance entre les vaisseaux en ligne doit être réglée de manière à permettre à chaque bâtiment de se diriger sur son adversaire par un écart de quelques degrés à droite ou à gauche de la route normale de l'armée.

Pour atteindre ce but, chacun des bâtiments de la ligne **A** (*fig.* 8) devra prendre pour point d'attaque, dans la ligne opposée B, le navire correspondant au poste qu'il occupe lui-même dans la ligne d'attaque.

En agissant ainsi, les bâtiments de la ligne **A** auront à faire probablement un même écart de route, du même bord, pour engager l'action, et l'ordre sera conservé.

Il serait imprudent de présenter le côté à l'ennemi en dedans de la distance de six encablures; chacun des bâtiments de la ligne de front devra donc, en donnant l'attaque, éviter de décrire des portions de tour trop étendues dans le but de chercher à choquer son adversaire normalement sur le côté; en manœuvrant ainsi, il serait exposé à tomber sur l'un ou l'autre de ses deux matelots de côté, et à présenter le travers à des bâtiments de l'armée ennemie, qui ne manqueraient pas d'en profiter.

Il faut donc se diriger droit sur son adversaire et le choquer comme il se présente, sans avoir l'espoir de réussir à le couler par un premier choc, mais bien pour lui infliger des dommages capables de l'atteindre dans ses moyens de manœuvre et de combat, et le mettre hors d'état de pouvoir éviter, par la suite, un choc normal sur le côté.

C'est aussi la meilleure méthode à suivre, à la mer, pour mettre en action contre l'ennemi les torpilles portées ou divergentes; mais tandis qu'on peut se servir de l'éperon pour combattre à peu près par tous les temps, on ne peut guère faire usage des torpilles que sur des mers plates et, par conséquent, avec des temps maniables.

Quelle que soit l'attention apportée à la manœuvre, après plusieurs mouvements d'attaque, l'ordre de bataille sera nécessairement troublé; c'est pourquoi on est conduit à penser que, dans la généralité des cas, l'attaque par le choc de l'éperon ne doit être entreprise qu'à la suite d'un combat d'artillerie qui a pu occasionner à l'ennemi des avaries assez considérables pour le gêner dans ses mouvements pour éviter le choc.

Si, cependant, on entreprenait, de prime abord, de charger droit sur l'ennemi, celui-ci parviendrait probablement à éviter le choc en manœuvrant convenablement; mais chaque bâtiment passerait très-près de son adversaire, et, en le croisant, lui enverrait une volée d'artillerie que la petite distance ne manquerait pas de rendre très-meurtrière.

Les bâtiments de la ligne d'attaque, après avoir dépassé la ligne ennemie, reviendraient sur elle par un mouvement d'environ 16 quarts *à la fois,* en virant du côté du premier régulateur, ou du côté indiqué par les instructions de l'amiral, et en conservant la vitesse de l'armée.

Si, en effet, dès la première passe, les bâtiments tournaient sur des côtés différents et changeaient leur vitesse pour revenir sur l'ennemi, le désordre serait à son comble et tout mouvement d'ensemble deviendrait impossible.

Attaque en ordre de front double.

Si l'ordre d'attaque de l'armée est double, c'est-à-dire composé de deux lignes de front parallèles entre elles et perpendiculaires à la direction dans laquelle on relève l'ennemi (*fig.* 7), les deux lignes, après avoir traversé l'armée ennemie, reviendraient sur elle par *un mouvement à la fois* d'environ 16 quarts.

Après ce mouvement, l'ordre serait renversé et la deuxième ligne de l'ordre double marcherait la première sur l'ennemi ; chaque retour offensif de l'armée sur l'ennemi aurait lieu par un mouvement à la fois.

Pour mettre en évidence les avantages de l'ordre de bataille double, il est nécessaire de revenir, pour un moment, aux principes généraux.

CONCENTRATIONS DE FORCES.

Toute manœuvre d'attaque doit avoir pour but de concentrer des forces supérieures sur la partie faible de l'ordre de l'ennemi, afin de réduire promptement cette partie, et de pouvoir ensuite combattre l'autre partie avec des forces supérieures.

L'avantage qu'on obtiendra au moyen de ce genre d'attaque sera d'autant plus considérable, que les forces destructives mises en action agiront avec une rapidité plus grande, comme, par exemple, un choc d'éperon ou une explosion de torpille.

Le mode de concentration varie avec l'arme que l'on met en action.

Concentration dans les combats d'artillerie.

On appelle concentration de forces, dans les combats d'artillerie, l'action de mettre en batterie un certain nombre de vaisseaux contre un nombre plus petit. (Voir chap. VI.)

On sait qu'il existe trois manières d'obtenir ce résultat.

On peut concentrer les feux de plusieurs vaisseaux sur un objectif :

1° Par des pointages obliques ;

2° Par le défilement des vaisseaux devant l'objectif ;

3° En prenant entre deux feux les bâtiments attaqués.

C'est cette dernière espèce de concentration qui s'adapte le mieux aux manœuvres de combat des armées à vapeur ; elle consiste à pénétrer dans la ligne ennemie pour prendre, entre deux feux, chacun des bâtiments de la portion attaquée de cette ligne ; le combat doit être engagé de près, afin de rendre la destruction plus rapide.

Lorsque cette espèce de concentration réussit complétement, la partie attaquée de l'armée ennemie se trouve fractionnée en groupes de combattants composés de trois bâtiments chacun, à savoir : un bâtiment ennemi pris entre ses deux adversaires, ces trois bâtiments sont placés par le travers les uns des autres.

Ce système de concentration laissera, en dehors de l'attaque, un certain nombre de bâtiments de l'armée ennemie, lesquels chercheront à se mêler à l'action ; mais si le mouvement de concentration a été vivement exécuté, les bâtiments attaqués resteront longtemps exposés à l'action de forces doubles, avant que la partie de l'armée laissée en dehors de l'attaque ait pu, au milieu de la confusion d'une mêlée de bâtiments et de la fumée du combat, parvenir à rétablir l'égalité des feux.

Les concentrations d'artillerie formaient l'objectif, à peu près unique, des manœuvres de combat des armées de l'ancienne marine à voiles. Elles restent encore l'objectif principal des manœuvres de combat des armées composées de vaisseaux à vapeur mixtes ou rapides des types Napoléon, etc., ainsi que des frégates et des bâtiments de flottille hors d'état de pouvoir agir contre l'ennemi par le choc de l'avant.

Dans certaines circonstances on peut, cependant, former des concentrations d'artillerie avec des bâtiments à éperon. Toutefois, l'installation d'un éperon et de torpilles à bord des bâtiments de ligne de la flotte nouvelle entraîne des modifications dans la marche des combats des armées à la mer ; elles ne doivent plus manœuvrer seulement en vue de l'action de l'artillerie, mais encore pour favoriser l'action de l'éperon et des torpilles pendant le combat.

Concentration pour les combats d'éperon.

Le mode de concentration des combats d'éperon diffère de celui qui convient aux combats d'artillerie.

Deux bâtiments ne pourraient agir avec avantage contre un seul bâtiment en donnant l'attaque avec l'éperon *au même instant ;* si, cependant, on suppose que les deux matelots de combat manœuvrent suivant ce système, ils pourront essayer de choquer leur adversaire, soit tous les deux sur le même bord, soit un de chaque bord; dans les deux cas, le bâtiment attaqué n'offrirait pas, autour et près de lui, des espaces suffisants pour contenir, à la fois, deux bâtiments d'une masse considérable, animés d'une grande vitesse; en effet, les routes convergentes que les deux matelots de combat auraient à suivre pour donner le choc à leur adversaire au même instant, les rapprocheraient l'un de l'autre, et au moment du choc, ils ne seraient séparés que par la largeur du bâtiment, objet de leur attaque.

Quelle que soit la position des deux matelots de combat à ce moment, s'ils venaient à manquer leur adversaire, ils risqueraient de tomber l'un sur l'autre ou de voir leurs mouvements gênés par un rapprochement trop grand de la distance qui les sépare, et, dans ce cas, ils formeraient un groupe peu maniable.

Un manœuvrier adroit ne manquerait pas de tirer parti de cette situation, d'abord pour éviter l'attaque, et ensuite pour attaquer avec avantage ses deux adversaires gênés dans leurs mouvements.

Lorsque deux bâtiments se réunissent pour donner l'attaque, au moyen de l'éperon, à un seul bâtiment, ils doivent manœuvrer de manière à donner le choc l'un après l'autre, et, pour y parvenir plus aisément, ils doivent être placés l'un derrière l'autre, à peu près en ligne de file.

Dans les combats d'artillerie, à la mer, on ne peut pas mettre plus de deux bâtiments à la fois en batterie contre un seul bâtiment qui fait route, un de chaque côté. Dans les combats d'éperon, rien n'empêche de faire agir un nombre quelconque de bâtiments contre un seul, à condition qu'ils donneront le choc successivement.

On voit combien il serait dangereux de présenter, devant une armée compacte, une ligne de bataille formée par des groupes de bâtiments écartés qui pourraient être attaqués et détruits l'un après l'autre.

Attaque concentrée au moyen des torpilles.

Le mode de concentration pour les combats livrés au moyen de torpilles portées ou divergentes, se rapproche de celui des combats d'éperon.

Cela est évident pour les torpilles portées, placées, comme l'éperon, à l'avant du bâtiment ; il ne reste alors à examiner que le cas des torpilles divergentes.

Si deux bâtiments armés de torpilles divergentes se réunissent pour en attaquer un seul, il ne paraît pas qu'ils aient de l'avantage à donner l'attaque au même moment, en se plaçant de chaque bord du bâtiment ennemi pour l'enlacer.

Dans ce système d'attaque, les flotteurs des torpilles appartenant aux deux agresseurs se croiseraient et ne manqueraient pas de se heurter l'un contre l'autre.

Le choc des flotteurs déterminerait, probablement, des avaries dans l'appareil délicat dont ils dépendent ; ils pourraient être déviés de la direction nécessaire pour maintenir l'angle de divergence en marche, et, dans ce cas, revenir sur leur propre bâtiment. Enfin, les deux torpilles pourraient faire explosion en même temps ; or, une seule torpille étant suffisante pour détruire un bâtiment, l'action d'un deuxième bâtiment ne serait nécessaire que si l'attaque du premier restait sans succès.

Il semble donc plus rationnel de faire agir les deux matelots de combat l'un après l'autre. C'est une attaque en échelon. De là l'avantage, pour ce genre de combat comme pour les combats d'éperon, d'un ordre de bataille sur deux lignes, dans lequel les matelots de combat sont placés l'un derrière l'autre, de telle sorte que les bâtiments de la première ligne aient pour matelots de combat, dans la deuxième ligne, le serre-file de leur section, comme 1 et 2 (*fig.* 7).

Il résulte de cette disposition qu'un ordre de front sur deux lignes paraît plus efficace, pour aborder l'ennemi, qu'une ligne de front simple, parce que les vaisseaux ennemis qui ont reçu le choc de la première ligne de l'ordre double ou qui ont manœuvré pour l'éviter, peuvent présenter le côté à l'éperon de la deuxième ligne; dans tous les cas, si le choc n'a pas eu lieu, chacun des vaisseaux attaqués aura reçu, de près, le feu de l'artillerie de deux vaisseaux et l'attaque de leurs torpilles.

Si l'ennemi marche en retraite, il est probable qu'un combat d'artillerie sera seul possible entre les deux armées. Dans ce cas, l'ordre de front simple présenterait plus d'avantage pour combattre que l'ordre double, parce que dans ce dernier ordre la première ligne gêne le tir de la deuxième (*fig.* 10).

Pour former l'ordre de front simple, les bâtiments de la deuxième ligne de l'ordre double augmenteront leur vitesse et se dirigeront vers le milieu des distances de la première ligne, pour dégager leur tir et aller prendre poste par le travers de leur chef de file dans la première ligne, en le laissant sur tribord — ordre naturel.

Pendant ce mouvement, l'ordre double deviendra endenté, et les distances entre les bâtiments de la première ligne se présenteront devant les bâtiments de la deuxième, comme autant de créneaux à travers lesquels ils pourront diriger, sur l'ennemi, le tir des canons établis en barbette sur les ponts et dans les tourelles, ainsi qu'aux sabords d'angle des réduits cuirassés.

Lorsque les bâtiments de la deuxième ligne seront parvenus, par le travers de leur matelot de combat, dans la première ligne, c'est-à-dire à former un ordre de front simple, les deux matelots de combat se trouveront placés dans chaque groupe par le travers l'un de l'autre, et s'ils ont un avantage de vitesse, ils pourront pénétrer dans la ligne ennemie et prendre par leur travers, entre deux feux, le bâtiment qu'ils ont déjà combattu de loin. Dans tous les cas, ils seront en mesure de combattre avec avantage tout bâtiment de la ligne ennemie qui resterait en arrière de son poste (voir l'attaque des lignes de relèvement, chap. X, page 125).

En résumé, on voit que, dans les combats d'artillerie, pour assurer une concentration rapide de forces, il est avantageux de placer les deux matelots de combat par le travers l'un de l'autre ; et que pour les combats d'éperon, ils doivent être placés l'un derrière l'autre ; c'est un inconvénient, mais il est impossible de trouver un arrangement des vaisseaux en bataille qui s'applique à tous les cas.

C'est en maneuvrant promptement et sans hésitation qu'on pourra diminuer l'inconvénient qu'on vient de signaler, car il sera facile de passer d'une disposition à l'autre, suivant le cas, surtout si l'ordre de bataille est organisé pour favoriser ce mouvement.

Il est évident que, si les bâtiments d'une armée, formée en ordre de bataille, sont divisés en sections de deux bâtiments destinés, tous deux, à combiner leurs mouvements pour combattre un seul vaisseau ennemi, lorsque les circonstances et les ordres de l'amiral l'exigent, ces deux matelots de combat parviendront aisément à se placer comme il conviendra pour combattre, de concert, avec l'artillerie ou avec l'éperon.

Les résultats probables, obtenus par cette organisation, seront supérieurs à ceux que pourrait donner l'action isolée, sans règle, des bâtiments de l'armée pendant le combat.

C'est, enfin, le moyen le plus prompt de mettre en action, sur le point attaqué, une force double de celle de l'ennemi.

L'ordre de bataille sur deux lignes est moins facile à manier que l'ordre sur une seule ligne, néanmoins, il présente des avantages si évidents pour les combats d'éperon, qu'on ne peut hésiter à le considérer comme un ordre de bataille.

En résumé, si l'ordre de front double présente des avantages pour les attaques d'éperon, la ligne de front simple convient mieux pour les ordres de chasse et de retraite.

Exemple d'une concentration d'éperon.

Les avantages qui résultent de l'application des concentrations, pour les trois armes, sont variables et dépendent du nombre des bâtiments qui composent une armée navale ; ces avantages seront à peu près nuls dans les engagements entre deux divisions d'égale force et d'un faible effectif, mais ils auront une grande valeur dans les batailles livrées par des armées navales nombreuses.

Une concentration de forces peut être totale ou partielle ; si une armée dispose, pour un combat d'éperon, d'un nombre d'éperons double de celui de l'ennemi, l'attaque sur deux lignes d'égale longueur est naturellement indiquée, c'est une concentration totale.

Si les forces des deux armées sont égales, ce système de concentration offrirait l'inconvénient de laisser la moitié de l'armée ennemie en dehors de l'attaque. Dans ce cas, une concentration partielle de forces contre la partie faible de l'ordre de bataille de l'ennemi serait seule praticable.

Voici en quoi elle consisterait :

Les deux armées étant nombreuses, si les forces de l'une des deux armées A sont légèrement supérieures ou égales à celles de l'autre armée B, rangée sur une seule ligne de front, l'armée A pourrait former sur une des ailes, ou sur toute autre partie de l'armée B, une concentration partielle de forces comprenant le tiers environ des bâtiments de B.

Dans ce but, la première ligne ou échelon de l'ordre d'attaque de A se composerait des deux tiers des bâtiments de l'armée, et la deuxième ligne d'un tiers seulement; on suppose que l'attaque est faite sur l'aile droite de l'armée B par l'aile gauche de A et que la concentration est formée contre l'extrême droite de B (*fig.* 8).

Le développement donné au premier échelon de A a pour but, d'une part, de masquer, au milieu de la fumée, la manœuvre de concentration dirigée contre l'extrême droite de B, et, d'autre part, de contenir les bâtiments de B laissés en dehors de l'attaque sur la droite de A.

Ces derniers bâtiments $b'\,b''$ pourraient former, sur le flanc droit du premier échelon de A, des attaques d'éperon; mais les mouvements tournants qu'ils auraient à faire pour y parvenir ne pourraient être tentés que par un seul bâtiment de la ligne B et ne présenteraient pas, d'ailleurs, de bien grands dangers pour la ligne A.

Les armées navales, toujours mobiles, se rapprochent pour se traverser, et s'éloignent ensuite l'une de l'autre avec une grande rapidité ; si on suppose que les deux armées filent 10 nœuds chacune, la vitesse du mouvement de croisement sera de 20 nœuds; dans cette hypothèse, les bâtiments $b'\,b''$ de l'armée B, laissés en dehors de l'attaque sur la droite de A, ne pourraient disposer de plus de deux minutes pour exécuter une attaque de flanc sur le navire a', que l'on suppose occuper l'extrême droite du premier échelon de l'armée A.

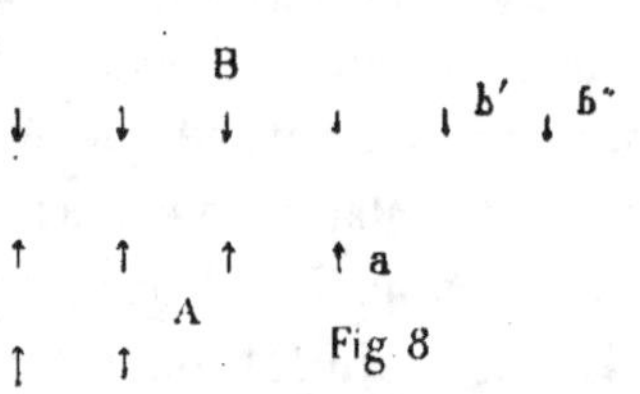

Dans l'armée B, c'est le bâtiment b' (*fig.* 8) le plus rapproché de a' — parmi les bâtiments laissés en dehors de l'attaque — qui doit manœuvrer pour attaquer le flanc droit de A. Pour cela, b' devra commencer sa manœuvre à 4 encablures de distance en avant de a'. La durée de cette évolution serait de 1'50'', et les deux armées se seraient croisées avant que les bâtiments b'' de l'armée B, placés à gauche de b', aient pu prendre part à l'action.

Le temps employé par les deux lignes de l'armée A pour traverser l'armée B — en supposant les deux armées animées d'une vitesse de 10 nœuds chacune — sera de deux minutes. Dans un intervalle de temps aussi court, les bâtiments ne pourront guère manœuvrer, et l'avantage restera à celle des deux armées qui aura engagé ses vaisseaux dans les meilleures conditions.

Il serait facile de construire un tracé pour démontrer l'exactitude de ces assertions ; on aurait, en le dressant, à tenir un compte minutieux du mouvement continu et, par suite, du déplacement continu des bâtiments des deux armées pendant l'attaque.

On remarquera que, dans les mouvements d'attaque d'une ligne de front double A pour traverser une ligne de front simple B, la concentration d'artillerie sera obtenue, en même temps que la concentration d'éperon, par le défilement des deux bâtiments d'une même section devant un seul.

Dans ce système d'attaque, les vaisseaux les plus forts en artillerie seront placés en première ligne et les bâtiments à éperon, comme, par exemple, les corvettes cuirassées, formeront la deuxième ligne.

Les attaques d'éperon faites sur le côté d'un bâtiment, en décrivant un quart de tour, sont basées sur une appréciation de la vitesse essentiellement variable de l'adversaire ; elles ne présentent que peu de chances de succès, si on réfléchit qu'avec une vitesse de 10 nœuds un bâtiment parcourt sa longueur en 15 secondes. Cependant, pour éviter tout mécompte, il serait prudent de faire soutenir le bâtiment a', placé à l'extrémité du premier échelon de l'armée A, par un bâtiment placé dans ses eaux, à une distance convenable pour protéger son travers contre une attaque d'éperon.

Tout semble indiquer que l'on doit placer sur les ailes d'une ligne de front des bâtiments à éperon rapides, doués de qualités giratoires développées, pouvant faire varier leur vitesse promptement et commandés par de bons manœuvriers chargés de contenir les bâtiments ennemis laissés en dehors de l'attaque, pendant que l'armée exécute une charge à fond sur l'autre partie.

Placement des croiseurs dans l'ordre de bataille.

Le rôle des croiseurs et des avisos, dans les armées navales, a consisté jusqu'à présent à éclairer l'armée et à remorquer les bâtiments de ligne désemparés de leur machine pendant le combat ; à ces emplois, toujours nécessaires dans une armée, on pourrait en ajouter un autre plus important, en donnant à ces petits bâtiments, lorsqu'ils sont armés de torpilles, un poste dans l'ordre de bataille.

Il est difficile d'admettre que les grands bâtiments de ligne puissent porter, à bord, des bateaux-torpilleurs rapides assez grands pour servir à la mer au moment du combat. La mise à l'eau de ces canots devant l'ennemi présenterait des inconvénients graves ; si on voulait les faire remorquer par les bâtiments de l'armée, ils deviendraient une gêne au point de vue de la marche, et dès qu'il y aurait un peu de mer, on risquerait de les perdre.

Ces sortes d'embarcations ne pourraient tenir la mer que

par des temps tout à fait particuliers, leur approvisionnement de combustible et d'eau est si vite épuisé, qu'elles ne
pourraient s'écarter de l'armée pendant l'action, il serait
difficile de les ravitailler devant l'ennemi ou même de leur
venir en aide dans le cas où elles auraient une avarie.

Des bateaux à torpilles de cette espèce constitueraient donc
un véritable *impedimentum* pour l'armée qui en serait pour-
vue, surtout dans le cas où, ces canots étant mis à la mer,
l'armée serait obligée de battre en retraite devant l'ennemi,
ou seulement d'évoluer avant de commencer le combat.

Mais, si l'emploi, à la mer, des canots-torpilleurs ordinaires
présente des inconvénients sérieux, leur utilité dans les escadres n'en sera pas moins grande pour garder les bâtiments
au mouillage, en croisant au large de l'armée pour surveiller
les torpilleurs ennemis et les combattre au besoin ; à ce point
de vue, chaque bâtiment de ligne doit être pourvu, au moins,
d'un canot à vapeur à torpilles, d'un poids maniable.

Le bâtiment-torpilleur de mer, quels que soient du reste
l'espèce de cette arme et son mode d'installation à bord, ne
peut être qu'un croiseur ou un aviso assez grand et assez bien
approvisionné pour suivre l'armée par tous les temps et pour
naviguer dans tous les parages.

On pourrait donner à ce nouveau type des qualités spéciales de vitesse et de giration, en raison des besoins de
l'arme dont il est pourvu.

La coque sans cuirasse de ces bâtiments et leur faible artillerie ne permettraient pas de les exposer aux premiers
coups de l'ennemi ; en conséquence, ils seraient placés, dans
l'ordre de bataille, derrière l'armée, du côté opposé à l'ennemi.

Si l'armée était formée en bataille sur *une ligne de front
simple,* les croiseurs-torpilleurs seraient placés en deuxième

ligne ; si l'armée était rangée en *ordre de front double,* sur deux lignes de front parallèles, ils seraient placés en troisième ligne. Il est évident que les bâtiments ennemis qui, dans une attaque d'éperon, auraient traversé la ligne de l'ordre de front simple, ou les deux lignes de l'ordre de front double, se trouvant tout à coup en présence d'une ligne de croiseurs-torpilleurs, seraient gravement compromis.

On pourrait encore placer un de ces bâtiments derrière les vaisseaux occupant les deux extrémités d'une ligne de front, à une distance convenable pour les protéger contre des attaques de flanc. Ce sont là, du reste, des arrangements qui peuvent varier suivant les vues du commandant en chef.

Cas où l'ordre de bataille est rompu.

Il n'est pas probable qu'une armée puisse exécuter, sur une autre, plus de deux charges successives, sans que l'ordre qu'elle tenait au début de l'action soit profondément troublé. Dans ce cas, pour continuer le combat, l'initiative des capitaines deviendra d'autant plus grande que l'ordre sera plus troublé.

Les capitaines devront s'attacher à retarder ce moment le plus possible, en manœuvrant avec la plus extrême attention pour maintenir un ordre que tant de causes tendent à rompre, et, lorsqu'il sera rompu et que les circonstances les obligeront à manœuvrer d'une manière indépendante pour poursuivre ou achever leur adversaire, ils devront toujours faire veiller les mouvements de l'amiral, afin de connaître à chaque instant sa position au milieu de la mêlée.

Lorsque, par suite des charges successives fournies par une armée contre l'ennemi, l'ordre est rompu, les groupes de deux bâtiments doivent rester formés dans toute l'armée et subsister le plus longtemps possible ; il y a cependant des exceptions à cette règle ; si, par exemple, le serre-file d'une section rencontrait sur son passage un bâtiment ennemi placé en bonne position pour recevoir *sur-le-champ* un coup d'éperon, il ne devrait pas hésiter à l'attaquer, sauf à rallier ensuite son compagnon de combat.

Dispositions pour reformer l'ordre de bataille lorsqu'il est rompu.

Si, au milieu du combat, lorsque l'ordre de bataille est rompu, l'amiral jugeait nécessaire de reprendre l'ordre de manœuvre, il pourrait le signaler et se retirer de la mêlée. Dans ce cas, il deviendrait le point de ralliement des bâtiments engagés qui, en se formant sur lui, reprendraient l'ordre dans lequel se trouvait l'armée au moment où l'attaque a commencé, ou l'ordre signalé.

Si avant un engagement, et après avoir reconnu la force de l'ennemi, l'amiral renonçait à l'attaquer, la ligne de bataille prendrait, par un mouvement à la fois, l'ordre de front en retraite, pour éviter le combat ou pour étudier le mode d'attaque le plus avantageux à employer pour opérer un retour offensif.

Dans les routes que les vaisseaux d'une même ligne de bataille peuvent faire en ligne de front ou de relèvement, ils présenteront souvent l'avant ou l'arrière à l'ennemi : il est donc essentiel d'établir solidement sur tous les bâtiments le tir en chasse et en retraite de l'artillerie et des torpilles.

Lorsque les bâtiments d'une armée sont surpris sans ordre, ils ne doivent pas hésiter à présenter l'avant à l'ennemi et, au besoin, à traverser sa ligne pour aller, après l'avoir franchie, se former en bataille de l'autre côté en continuant de battre en retraite, jusqu'à ce que la formation de l'ordre soit complète.

C'est à l'amiral, du reste, qu'il appartient de prévoir ce cas dans ses instructions générales et de le régler suivant la nature des bâtiments qui composent son armée et suivant les circonstances.

Il ne doit rester aucun doute dans l'esprit des capitaines sur le caractère du mouvement à exécuter par les bâtiments de l'armée dans le cas d'une surprise, sous peine de les voir se disperser devant l'ennemi en prenant des directions divergentes. Des instructions à ce sujet sont nécessaires pour les temps brumeux qui ne permettent pas toujours de distinguer la manœuvre du bâtiment amiral.

Dans le cas exceptionnel dont il s'agit, l'amiral pourrait prescrire de former une ligne de front de prompte formation, sans tenir compte du numérotage des bâtiments, sauf à revenir aux ordres réguliers de tactique dès que les circonstances permettraient de le faire.

De la vitesse de l'armée pour le combat.

La vitesse d'une armée navale pour évoluer ainsi que pour combattre n'est pas arbitraire, elle est comprise entre des limites nécessaires qu'il est important de déterminer.

On suppose que l'armée est en branle-bas de combat et que, par conséquent, tous les feux sont allumés; on sait que la vitesse maximum qu'une armée peut se donner est toujours un peu inférieure à celle du bâtiment de l'armée qui marche le moins. La vitesse maximum d'une armée dépend donc de celle des bâtiments eux-mêmes.

Outre la vitesse maximum de route, il existe une vitesse maximum de manœuvre et une vitesse maximum de combat.

La vitesse maximum de manœuvre, celle qu'il ne serait pas possible de dépasser sans inconvénient pour la prompte exécution des évolutions, doit être inférieure d'environ trois nœuds à la vitesse maximum de l'armée.

En effet, chaque bâtiment doit toujours pouvoir se donner, sur la vitesse d'évolution, un avantage de marche afin de pouvoir tenir aisément son poste dans la ligne, quels que soient les incidents de la manœuvre.

Si un bâtiment venait à perdre son poste, il pourrait, par ce moyen, se donner la vitesse nécessaire pour le reprendre promptement. La nécessité de pouvoir augmenter la vitesse est évidente pour assurer la prompte exécution des mouvements de conversion qui reposent sur des vitesses variant d'un bâtiment à l'autre.

On ne pourrait donc adopter la vitesse maximum de l'armée comme vitesse de manœuvre, sans perdre tous ces avantages dans les évolutions, et on est conduit à adopter une vitesse maximum de manœuvre inférieure, d'environ trois nœuds, à la vitesse maximum de marche de l'armée.

La vitesse de combat d'une armée se détermine par d'autres considérations que celles qui ont trait aux évolutions. Elle doit être réglée de manière à laisser au manœuvrier le temps de reconnaître la position de son adversaire à la distance d'environ six encablures, et ensuite de manœuvrer pour l'attaquer avec son éperon.

Tous les incidents d'une bataille navale ne peuvent pas être prévus à l'avance, mais on peut toujours supposer que l'ennemi, en manœuvrant pour éviter le choc, ou par une fausse manœuvre quelconque, pourra se présenter obliquement au choc de l'éperon, et il faut être toujours en mesure de profiter de tous ses faux mouvements pour l'attaquer.

Dans ces conditions, le succès d'une attaque sera d'autant plus difficile à obtenir que la vitesse des combattants sera plus grande.

En effet, lorsque deux bâtiments se dirigent l'un contre l'autre avec des vitesses excessives, qu'ils ne sont plus séparés que par une distance de six encablures, le temps nécessaire pour apprécier les mouvements d'un adversaire qui se déplace rapidement est si court, qu'on l'a dépassé avant d'avoir pu faire aucun mouvement utile, quelles que soient, du reste, la rapidité du coup d'œil du manœuvrier et sa promptitude à commencer la manœuvre.

Un exemple particulier permettra de déterminer avec précision la vitesse de combat.

Si l'on suppose que deux bâtiments se dirigent l'un contre l'autre avec une vitesse de 10 nœuds, ils se rapprocheront de trois encablures ou de 600 mètres par minute; en deux minutes ils auront parcouru six encablures; à cette distance de six encablures, il ne leur resterait donc que deux minutes pour s'observer, se rendre compte de leur situation réciproque et ensuite pour manœuvrer. Ce temps paraît bien court pour des bâtiments qui emploient 50 secondes pour mettre toute la barre d'un bord, et 1′50″ pour décrire un quart de tour avec une vitesse de 9 à 10 nœuds.

La vitesse de 10 nœuds peut donc être considérée comme une vitesse maximum de combat; cette vitesse est indépendante de la vitesse maximum de l'armée.

Il existe une dernière considération dont il faut tenir compte pour fixer la vitesse de combat d'une armée. En branle-bas de combat, tous les feux doivent être allumés et tenus en état, lorsqu'ils sont poussés, de donner, en quelques minutes, toute la vitesse que le bâtiment peut atteindre. Dans ces conditions de l'entretien des feux pendant l'action, on ne pourrait pas descendre au-dessous d'une certaine vitesse qui représente la vitesse minimum de combat.

La vitesse de combat dépend de l'espèce des bâtiments qui composent l'armée, et s'il est possible d'indiquer une vitesse maximum de combat en mer calme, pour des bâtiments d'une longueur de 75 à 80 mètres pouvant filer 13 nœuds et au-dessus, dans la généralité des cas il convient de laisser à l'amiral la faculté de régler lui-même la vitesse de l'armée, en raison des circonstances atmosphériques, des besoins de la tactique qu'il se propose de suivre, et enfin de la vitesse maximum que les bâtiments de l'armée peuvent fournir, lorsqu'elle est inférieure à 12 nœuds.

Cette courte exposition des manœuvres de combat, pour les trois armes, est destinée à mettre en évidence les conditions que l'ordre de bataille doit remplir pour faire face à tous les incidents d'une action navale, à indiquer la nature de ses mouvements et les conditions de son organisation.

Une armée navale ne peut attaquer ou se défendre que par des mouvements très-prompts et dont l'exécution soit toujours certaine, et c'est principalement au point de vue des mouvements que l'organisation de l'ordre de bataille doit être établie.

Ce sera l'objet du chapitre suivant.

CHAPITRE XIV

FORMATION D'UNE ARMÉE NAVALE EN BATAILLE

DIVISIONS DE LA LIGNE DE BATAILLE.

Quel que soit le nombre des bâtiments composant une flotte à vapeur, elle se divise en escadres de huit vaisseaux. Deux escadres réunies forment une armée navale.

Chaque escadre est composée de deux divisions de quatre vaisseaux chacune.

Enfin, chaque division est composée de deux sections de deux vaisseaux.

Les deux vaisseaux d'une même section sont matelots de combat, c'est-à-dire que dans tout engagement de près qui conduit à une mêlée de bâtiments, ils doivent combiner leur action pour combattre le même vaisseau ennemi et se donner un appui mutuel, soit qu'il

Fig. 9

s'agisse de combattre avec l'artillerie, ou par le choc de l'éperon, ou au moyen des torpilles ; toutefois, cette solidarité dans les mouvements des deux matelots de combat n'existe que lorsqu'elle est prescrite par l'amiral.

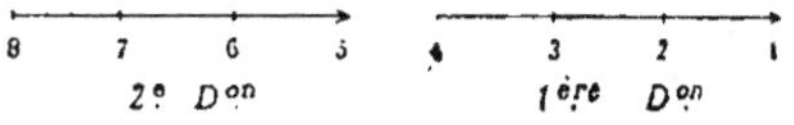

Les vaisseaux en bataille, en ordre de file ou en ordre de front simple, seront rangés par escadres et par divisions sur une ligne perpendiculaire à la direction où reste l'ennemi.

Les escadres, les divisions, les sections, les vaisseaux, prennent le numéro d'ordre qui correspond à leur rang de bataille dans la ligne, à compter de la droite dans l'ordre de front naturel (*fig.* 9) ou de la tête dans l'ordre de file.

Le chef de file prend toujours le numéro 1 et le serre-file le dernier numéro de l'armée.

En ligne de front double, les bâtiments seraient rangés comme dans la figure 10.

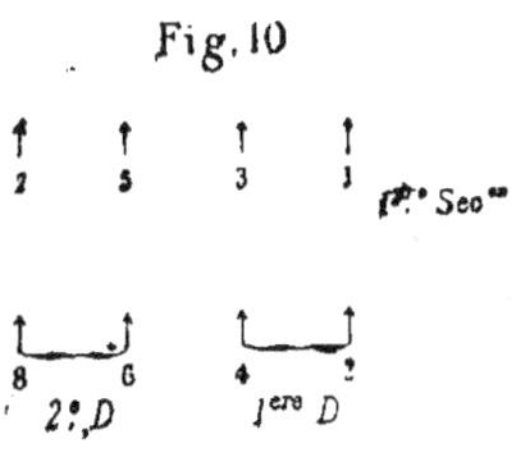

Quel que soit l'arrangement qui résulte des évolutions, les escadres, les divisions, les sections et enfin les vaisseaux conservent le numéro distinctif qui leur revient dans l'ordre naturel.

Cependant, dans l'ordre de bataille de prompte formation, les vaisseaux prendront un numéro d'ordre provisoire à compter de la droite. Les matelots de combat seront formés par les sections résultant de ce numérotage ; en sorte que la ligne de bataille aura une organisation complète, quoique provisoire.

Placement des chefs dans l'ordre de bataille.

Le commandant en chef est toujours placé en tête de l'armée lorsqu'elle marche par le flanc en ligne de file, parce que, dans ce poste, il conserve, sans l'intermédiaire des signaux, l'initiative et la direction des mouvements qui s'exécutent par la contre-marche.

Si une attaque contre l'arrière-garde oblige à renverser la ligne par un virement à la fois de seize quarts, c'est alors le second chef de la ligne, serre-file dans l'ordre naturel et chef de file dans l'ordre renversé, qui la guide momentanément, en se conformant aux instructions du commandant en chef pour ce cas spécial, de peu de durée généralement.

Cette règle s'applique à toutes les subdivisions de la ligne ; ainsi :

Dans chaque escadre, le chef d'escadre est placé en tête de son escadre et le sous-chef en serre-file ;

Dans chaque division, le chef de division marche en tête de sa division et le sous-chef en serre-file ;

Enfin, dans chaque section, le capitaine le plus ancien est placé en tête de la section dans l'ordre naturel. Si la section marche en ordre de file renversé, c'est le plus jeune capitaine qui guide le mouvement, mais toujours en se conformant aux instructions du commandant de la section, placé momentanément en serre-file.

Le poste de serre-file dans l'armée, dans les escadres et dans les divisions, est donc un poste de confiance et de choix et doit être confié à des officiers éprouvés ; ce sont là, en effet, des fonctions de premier ordre dans une armée navale.

Si l'armée marche en ordre de front naturel, le chef de l'armée se trouvera placé à droite de la ligne de front et le second chef à gauche. Ils conserveront, dans ces deux postes, les fonctions de régulateurs pour diriger les mouvements de l'armée, sous la dénomination de premier régulateur, c'est celui de droite ; et de deuxième régulateur à l'extrême gauche.

Les chefs de file et les serre-file des subdivisions de l'armée seront placés de la même manière dans leurs subdivisions lorsqu'elles marcheront en ligne de front.

S'il est bien établi que, lorsque l'armée marche par le flanc en ligne de file, les chefs doivent toujours occuper les postes de chef de file et de serre-file de la ligne, on ne pourrait admettre que la même ligne venant à marcher en ordre de front *par un mouvement à la fois* (*fig.* 2), les chefs aient à se déplacer pour se porter au centre de la ligne ; ce serait un mouvement impraticable en présence de l'ennemi.

On a déjà exposé la nature des mouvements d'une ligne de bataille :

1° Pour approcher l'ennemi en présentant l'avant ;

2° Pour se maintenir à une distance déterminée en présentant le côté ;

3° Pour augmenter la distance en présentant l'arrière.

Ces quatre directions dans la marche d'une même ligne portent les noms suivants :

1° Ordre de front en chasse — ordre naturel ;

2° Ordre de file en bataille — ordre naturel ;

3° Ordre de front en retraite — ordre renversé ;

4° Ordre de file en bataille — ordre renversé.

On passe d'un ordre à l'autre par un quart de tour ou par un demi-tour décrit par tous les vaisseaux à la fois avec le même rayon, c'est le rayon d'évolution.

Le tour d'évolution doit être le même pour tous les bâtiments d'une même ligne ; il est toujours égal à celui du bâtiment de l'armée qui décrit le plus grand tour avec toute la barre d'un bord ; chaque bâtiment doit connaître l'angle de sa barre qui correspond à ce tour.

Les quarts de tour ou les demi-tours à décrire par les bâtiments, dans les évolutions, doivent être faits avec l'angle de barre du tour d'évolution.

Toutefois, pour les petits changements de direction, on pourrait convenir d'un angle de barre plus petit pour simplifier la manœuvre.

L'ordre de bataille naturel, l'ordre renversé, l'ordre de prompte formation, tous ces ordres de bataille ont leur utilité suivant les circonstances, mais les deux derniers ordres ne doivent être pris que momentanément, et c'est l'ordre naturel qui doit être l'ordre normal et habituel de l'armée.

Cet ordre permet aux capitaines de se rendre compte plus

facilement de la position des bâtiments de l'armée, soit la nuit, soit par des temps brumeux, soit même dans le cours d'un engagement, et, par suite, il aide à éviter des méprises toujours fatales quand elles viennent à se produire dans un combat d'éperon.

Distance entre les vaisseaux en ordre de bataille.

La distance entre les vaisseaux d'une ligne de bataille varie avec la longueur des bâtiments ; elle doit être assez grande pour permettre à chacun des bâtiments d'une ligne de front de passer derrière son matelot de côté, sans l'aborder, en mettant toute la barre d'un bord.

Il peut arriver, en effet, qu'un bâtiment soit obligé d'évoluer indépendamment des autres bâtiments de la ligne, pour éviter, soit un choc d'éperon, soit la rencontre d'une machine à explosion, soit même pour attaquer au moyen de l'éperon, en mettant toute la barre d'un bord, un bâtiment ennemi qui présenterait le travers ; ces considérations montrent suffisamment que, dans une ligne de front, l'indépendance des mouvements de chacun des bâtiments de la ligne doit être complète.

Pour assurer l'indépendance des mouvements des bâtiments d'une ligne de bataille simple, en ordre de front, la distance à maintenir entre les vaisseaux doit être à peu près égale aux deux tiers du diamètre du tour d'évolution de l'armée.

Cette distance est un peu supérieure à celle qui serait strictement nécessaire pour permettre à des bâtiments, placés exactement à leur poste dans une ligne de front, de passer derrière leur matelot de côté en mettant toute la barre d'un bord ; mais, dans la pratique, on doit admettre que les bâtiments ne seront pas toujours exactement à leur poste et, par suite, il est prudent d'adopter une distance qui assure l'indépendance des mouvements des bâtiments de l'armée, dans les circonstances ordinaires de marche.

Faisant application de ces principes aux bâtiments de ligne actuels, on peut admettre que la distance à conserver, dans une ligne de front simple, entre des bâtiments d'une longueur de 75 à 80 mètres, doit être de 2 encablures.

On remarquera d'ailleurs que les distances fixées par l'amiral ne resteront telles que pendant les évolutions et au début d'un mouvement d'attaque au moyen de l'éperon; dès que le mouvement d'attaque sera commencé, chacun des bâtiments d'une ligne d'attaque A, gouvernant sur celui qui lui correspond dans une ligne B, il est clair que les bâtiments de A auront pris, en arrivant sur B, des distances égales à celles des bâtiments de cette ligne.

Distance entre les vaisseaux en ordre de front double.

Si l'ordre de front est composé de deux lignes (*fig.* 10), la distance entre les vaisseaux pourrait être, dans chacune des lignes, un peu plus grande que pour une ligne simple. Cette distance ne pourrait cependant excéder, sans inconvénient, une longeur plus un tiers du diamètre du tour d'évolution, soit 4 encablures pour un diamètre d'évolution de 600 mètres.

Dans l'ordre de front double, l'indépendance des mouvements des bâtiments de la première ligne n'existe pas d'une manière complète; ainsi ils ne pourraient faire un mouvement étendu, avec toute la barre d'un bord, sans risquer de tomber sur les bâtiments de la deuxième ligne; mais les bâtiments de cette deuxième ligne possèdent une complète indépendance de mouvements, et c'est celle qui, dans une charge, a le rôle le plus important à remplir.

Intervalle entre les deux lignes.

L'intervalle à maintenir entre les deux lignes de l'ordre de front double serait d'environ 6 encablures (1,200 mètres) pour une vitesse de 10 nœuds.

Si on suppose, en effet, que les deux armées s'avancent l'une contre l'autre avec la vitesse de 10 nœuds chacune, elles se rapprocheront, pour se traverser, avec une vitesse de 20 nœuds. Dans ce cas, la seconde ligne de l'ordre de front double atteindrait l'ennemi deux minutes seulement après le passage de la première ligne.

Dans un intervalle de temps aussi court, la deuxième ligne aurait à peine le temps de manœuvrer pour tirer parti du désordre occasionné, dans l'armée ennemie, par le passage et par le choc de la première ligne. Si l'intervalle entre les deux lignes était inférieur à 6 encablures, l'action de la seconde ligne serait probablement nulle. Si on adoptait une vitesse de combat inférieure à 10 nœuds, on pourrait diminuer l'intervalle entre les deux lignes, mais sans avantage sensible.

Les distances et les intervalles qui viennent d'être indiqués pour l'ordre de bataille représentent des quantités *minimum* pour des bâtiments placés exactement à leur poste. Le manœuvrier devra donc, avant tout mouvement, se rendre un compte exact de la position de son bâtiment, par rapport aux autres bâtiments de l'armée, enfin d'éviter des abordages toujours périlleux avec des bâtiments à éperon.

On fera remarquer de nouveau que les distances entre les vaisseaux d'une ligne ne peuvent être fixées que pour le début d'une attaque, et qu'elles deviennent forcément égales à celles de l'armée ennemie, lorsque la ligne arrive en contact avec elle.

Dans les évolutions, la manœuvre sera d'autant plus aisée que les distances entre les vaisseaux de la ligne seront plus grandes, sans dépasser toutefois 3 encablures.

Par contre, une ligne de bataille trop serrée serait à la merci de l'ennemi; les bâtiments ne pourraient faire aucun écart de route d'un bord ou de l'autre pour diriger leur éperon contre un bâtiment de l'armée ennemie sans risquer de tomber lés uns sur les autres. Un rapprochement trop grand des bâtiments nuirait encore à la prompte exécution des mouvements d'ensemble de l'armée pour l'attaque et pour la défense.

Ces réserves faites, les distances entre les vaisseaux d'une armée navale en bataille ne pouvant être fixées d'une manière absolue pour tous les cas, l'amiral devra toujours conserver la faculté de les modifier suivant les circonstances.

On vient de discuter la forme et les propriétés de l'ordre de bataille; il reste à examiner les règles relatives à la marche des armées navales devant l'ennemi et hors de la présence de l'ennemi.

CHAPITRE XV

DES ORDRES DE MARCHE

DE LA MARCHE EN ORDRE DE BATAILLE.

On appelle ligne de bataille une ligne perpendiculaire à la direction dans laquelle on relève l'ennemi.

Lorsque les vaisseaux formés sur la ligne de bataille suivent des routes perpendiculaires à cette ligne, ils marchent en bataille en ordre de front.

La ligne de bataille peut marcher obliquement en avant, sur tribord ou sur bâbord de la direction E, où reste l'ennemi (*fig.* 11); pour cela, les bâtiments de l'armée suivent des routes *a a* ou *à à* obliques à la ligne de bataille A et parallèles entre elles.

La ligne de bataille peut se transporter par ce moyen, parallèlement à elle-même, à droite ou à gauche de sa position première; cette marche oblique peut, dans certains cas, suffire pour conserver l'ennemi sur le front de la ligne sans avoir recours à des mouvements de conversion.

La ligne de bataille peut marcher obliquement sur l'arrière de la direction où reste l'ennemi, comme elle marche obliquement en avant; toutes ces lignes sont connues sous la dénomination générale de lignes de relèvement.

Parmi les lignes de relèvement différentes qu'une armée peut prendre, celles qui présentent les conditions de combat les plus avantageuses pour l'artillerie sont les lignes de relèvement à cinq quarts. Dans cet ordre, les bâtiments rangés sur la ligne de bataille A gouvernent à cinq quarts, à droite ou à gauche de la perpendiculaire E (*fig.* 11), pour la marche oblique en avant, et à onze quarts à droite ou à gauche de cette même perpendiculaire, pour la marche oblique sur l'arrière.

Les lignes de relèvement à cinq quarts offrent l'avantage de dégager le tir de l'artillerie de côté des bâtiments de l'armée, sur un secteur assez étendu par le travers de chaque bâtiment.

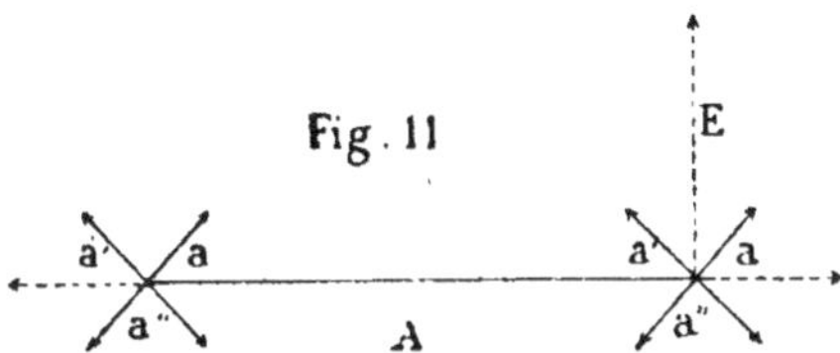

En résumé, la ligne de bataille peut marcher, par rapport à la direction où reste l'ennemi, directement en avant, obliquement en avant, en ligne de file sur les côtés, obliquement sur l'arrière, et enfin directement sur l'arrière; on passe d'un ordre à l'autre par des mouvements à la fois, peu étendus et d'une faible durée.

Principes de la marche en bataille.

Il n'est pas facile de faire marcher longtemps une armée navale sur une ligne de front étendue, en conservant cet ordre toujours régulièrement formé.

Dans la marche en ordre de front, les capitaines ont à s'occuper de maintenir à la fois, à bord de leur bâtiment :

1° La direction de la route;

2° Le relèvement de la ligne;

3° Leur distance dans la ligne.

1° Pour suivre une route donnée, à la mer, les bâtiments de l'armée gouvernent à l'aire du compas qui correspond à cette route.

Les compas des bâtiments doivent donc être tenus parfaitement réglés; cependant cette précaution, toujours nécessaire, n'est pas suffisante par elle-même pour régler la marche des bâtiments de l'armée; la rose des compas de route n'est pas fixe et les indications qu'elle fournit, à chaque instant, aux bâtiments ne leur permettront pas de suivre des routes absolument parallèles entre elles; il se produira d'un bâtiment à l'autre des écarts par suite desquels les capitaines seront obligés de manœuvrer souvent pour rectifier la position de leur bâtiment dans la ligne.

2° Pour aider les capitaines à se maintenir dans le relèvement de la ligne — indiquée aussi par le compas —, on pourrait adopter les dispositions suivantes: Les chefs des divisions — régulateurs de leurs divisions — se tiendraient un peu en avant de l'alignement de l'ordre de front, l'étrave débordant cet alignement d'un quart environ de la longueur du bâtiment, de manière à se tenir bien en vue les uns des autres et de l'amiral; dans cette position, ils manœuvreraient pour maintenir leur bâtiment dans le relèvement du premier régulateur placé à l'extrême droite de l'armée et serviraient de repère aux bâtiments de leur division, pour se maintenir à leur poste.

Le premier régulateur occupe toujours l'extrême droite de la ligne et le deuxième régulateur l'extrême gauche; ces deux vaisseaux encadrent l'armée et sont spécialement chargés d'assurer le maintien du relèvement; ce sont deux jalons sur lesquels les régulateurs intermédiaires auront à se guider pour se tenir dans le relèvement prescrit.

3° Pour assurer le maintien des distances entre les bâtiments de la ligne, les capitaines devront manœuvrer de manière à maintenir leur bâtiment dans le relèvement et à la distance prescrite de leur matelot de droite, en ayant soin, toutefois, de laisser les deux régulateurs extrêmes déborder la ligne, sur l'avant, d'une demi-longueur de bâtiment environ.

On peut admettre d'une manière générale que, pour assurer le maintien de l'ordre dans la marche d'une armée en ligne de front ou de relèvement, — que l'ordre soit naturel ou renversé, — c'est le bâtiment placé du côté du premier régulateur qui doit servir de repère au bâtiment qui le suit immédiatement dans la ligne, pour régler la distance et le relèvement de son poste.

Cependant, si l'amiral signalait au deuxième régulateur de servir momentanément de guide au mouvement, c'est du côté de ce régulateur que les bâtiments de l'armée auraient à se repérer pour se maintenir à leur poste, jusqu'à ce que le premier régulateur ait reçu l'ordre de reprendre ses fonctions.

Des ordres de navigation.

Comme on le voit, l'ordre de bataille disposé pour le combat ne se prête pas aux besoins de la navigation ordinaire ; les ordres de navigation pour une armée qui fait route ou qui croise sont connus sous la dénomination générale d'ordres de marche ; ils doivent satisfaire aux conditions suivantes :

1° Perdre le moins de chemin possible dans le sens de la route ;

2° Écarter les chances de collision entre les bâtiments de l'armée ;

3° Tenir l'armée disposée de manière à permettre de former facilement l'ordre de bataille.

Les pertes de chemin, pendant la marche, proviennent de deux causes : premièrement, de la nécessité de rectifier souvent l'ordre, ce qui indique qu'il ne faut pas viser à maintenir un ordre trop serré et trop régulier entre les bâtiments; deuxièmement, des changements de route et, dans ce cas, la perte de chemin est d'autant plus grande que l'ordre est plus étendu en largeur, c'est-à-dire dans le sens perpendiculaire à la route, comme cela a lieu quand il est formé de plusieurs bâtiments de front.

En effet, dans ce cas pour venir se ranger à la nouvelle route, sans altérer l'ordre de marche, les bâtiments placés sur le front de l'ordre auront à exécuter un mouvement de conversion sur l'une des ailes, et à décrire une courbe étendue par des changements de cap successifs.

Dans l'hypothèse d'un ordre étendu dans le sens perpendiculaire à la route, c'est surtout la nuit que les changements de direction de l'armée deviennent d'une exécution difficile, parce que les bâtiments placés latéralement par rapport au régulateur — qui a l'initiative du mouvement — ne peuvent pas apprécier la valeur de ses changements de cap et que les signaux de nuit, destinés à régler le mouvement, ne se font pas aisément et sans une grande perte de temps.

La seconde condition, qui a pour but d'écarter les chances de collision entre les bâtiments de l'armée, ne peut être remplie que par le maintien de distances convenables entre les bâtiments d'une même colonne, d'un intervalle suffisant entre les colonnes, et enfin, par une disposition de l'ordre de marche telle que tout bâtiment obligé de stopper ou d'évoluer pour prévenir une collision, ou par une cause fortuite quelconque, puisse venir d'un côté où il n'y ait pas de bâtiments, ou du moins d'un côté où il ait la place nécessaire pour évoluer lorsqu'il rencontrera des bâtiments devant lui.

La troisième condition, celle qui a pour but de permettre de former facilement l'ordre de bataille, établit une certaine relation entre ces deux ordres.

Il existe plusieurs ordres de marche disposés d'une manière différente suivant le nombre des bâtiments qui composent l'armée et suivant l'objet spécial de la marche.

Il n'est pas inutile de rappeler les principes admis à ce sujet dans la tactique des bâtiments à voiles (chap. I).

Si une armée combat, elle doit être rangée différemment que si elle marche ; si l'armée fait route en vue de l'ennemi, il faut qu'elle soit disposée autrement que si elle était éloignée de le rencontrer.

Une armée qui marche en retraite a son ordre particulier ; celle qui poursuit l'ennemi, celle qui garde un passage, celle qui force un passage, celle qui est mouillée dans un port ou dans une rade, celle qui va insulter l'ennemi, toutes ces armées doivent être formées en ordres différents.

Trois choses font juger qu'un ordre est bon :

1° Si l'ordre rend l'armée plus disposée à faire ce à quoi on la destine, comme si l'ordre de marche contribue à faire aller l'armée plus vite, si l'ordre de retraite met l'armée à couvert contre les poursuites de l'ennemi ;

2° Si l'ordre donne moins d'étendue à l'armée, en la réunissant davantage, parce qu'une armée moins étendue est plus difficile à couper et que les différentes divisions s'entr'aident plus aisément et parce qu'il y a plus de communications entre le commandant en chef et les particuliers ;

3° Si l'ordre se réduit d'une manière simple et facile à l'ordre de bataille.

Ce passage, extrait en entier de la *Tactique navale* du P. Hoste, contient des principes excellents applicables à toutes les marines — à rames, à voiles ou à vapeur —, parce que les services de guerre qu'il signale sont de tous les temps.

L'application de ces principes à la tactique des armées à voiles a donné naissance à deux ordres de marche particuliers — l'un pour la retraite, l'autre pour la chasse — qui n'ont aucune raison d'être, du moins quant à la forme, pour les armées à vapeur.

Les armées à voiles sont obligées de combattre au plus près du vent en ligne de file; par suite, dans l'ordre de retraite, l'armée est rangée sur les deux lignes du plus près du vent formant entre elles un angle de 135 degrés. Les bâtiments de combat sont répartis, par portions égales, sur les deux côtés de cet angle, dont le sommet — occupé ordinairement par l'amiral — est tourné du côté de l'ennemi.

Les transports, les brûlots, etc., étaient placés entre les deux branches de l'angle de retraite du bord opposé à l'ennemi. Dans cet ordre, le sommet de l'angle se trouvait au vent de l'armée et les bâtiments pouvaient marcher, sur les routes du vent largue, à une aire de vent quelconque signalée par l'amiral.

L'ordre de chasse présente les mêmes dispositions.

Dans ces deux ordres, l'arrangement des vaisseaux sur les deux lignes du plus près a pour but de faciliter la formation de l'armée en ordre de bataille sur un bord ou sur l'autre, suivant la position de l'ennemi; c'est l'application rigoureuse du troisième principe des ordres de marche, à savoir : « si l'ordre se réduit d'une manière simple et facile à l'ordre de bataille. »

Dans les armées navales actuelles, appelées à manœuvrer toujours sous vapeur devant l'ennemi, ce principe peut être appliqué d'une manière plus simple, l'ordre de bataille est à la fois l'ordre de retraite et l'ordre de chasse.

Ordre de marche sur une colonne.

La marche d'une armée en ordre de file présente moins de difficultés, pour la navigation ordinaire, que la marche en ordre de front. En effet, dans la marche en ordre de file, le chef de file de la colonne est seul chargé de suivre la route; les autres bâtiments, placés dans ses eaux, gouvernent sur lui comme sur un point fixe.

Cette disposition offre l'avantage d'assurer, sans effort, la direction de la route et le relèvement de la colonne; débarrassés de ces deux préoccupations, les capitaines n'ont plus à s'occuper que de régler la distance de leur bâtiment sur leur matelot d'avant.

Si l'amiral occupe le poste de chef de file de la colonne, il peut exécuter, sans signaux et par la contre-marche, tous les changements de route de l'armée. Les facilités que présente l'ordre de file pour la navigation en escadre ont conduit à faire de cet ordre la base des ordres de marche.

Lorsque l'armée est peu nombreuse et composée, par exemple, d'un nombre de bâtiments inférieur à 6 ou 8, l'ordre de marche le plus commode pour une telle force est l'ordre de file sur une seule colonne en maintenant une distance minimum de 2 encablures entre les bâtiments.

Dans cet ordre, les changements de route seront d'une exécution facile le jour et la nuit; si un bâtiment est obligé de stopper ou d'évoluer par une cause fortuite quelconque, il peut sortir de la ligne par une embardée sur un bord ou sur l'autre. Enfin, l'ordre de bataille est facile à former puisqu'il suffit, pour cela, de ranger l'armée sur la ligne de bataille par un mouvement de contre-marche (*fig.* 13), ou par un mouvement direct (*fig.* 14).

PENHOAT.   14

Quelque nombreuse que soit une armée, si elle traverse des passes sinueuses et en général des parages où les changements de route doivent être fréquents — l'espace en largeur étant limité —, il est toujours préférable de naviguer sur une colonne en ordre de file que dans tout autre ordre.

L'ordre de file est encore l'ordre qu'une armée doit prendre pour forcer un passage dans lequel elle pourrait rencontrer des lignes de torpilles de fond dont l'existence ne serait pas connue ; c'est là un danger éventuel contre lequel il est toujours bon de se prémunir ; si, pendant la marche de l'armée en ordre de file, une torpille venait à faire explosion, le bâtiment de tête de la ligne serait seul exposé à être atteint, et dans le cas où il y aurait lieu de poursuivre, coûte que coûte, l'opération commencée, l'armée pourrait franchir la ligne des torpilles en passant, en ligne de file, par l'ouverture produite par l'explosion de la torpille.

S'il s'agit de torpilles disséminées sans ordre, les bâtiments de l'armée, en gouvernant derrière le vaisseau de tête, pourront passer partout où ce dernier aura passé ; il semble donc possible par ce moyen, de diminuer les chances d'une mauvaise rencontre pour les bâtiments de l'armée.

Il est bien entendu qu'il ne s'agit ici que d'un danger éventuel et que si, en faisant la reconnaissance d'un passage, on acquiert la certitude qu'il est défendu par des torpilles, il faudrait détruire ces obstacles dangereux avant de passer outre.

Ordre de marche sur deux colonnes.

Il est en général préférable d'augmenter la longueur des colonnes d'un ordre de marche que d'en multiplier le nombre, surtout lorsqu'on s'attend à rencontrer l'ennemi. Cependant, une colonne ne pourrait être composée de plus de 8 grands vaisseaux sans présenter des inconvénients sérieux pour la navigation ordinaire.

Une colonne de 8 vaisseaux aurait une étendue minimum de 14 encablures; or, on sait que les colonnes ont toujours une tendance à s'allonger pendant la marche, les bâtiments de l'arrière-garde pourraient donc se trouver souvent à deux milles de distance du chef de file, et cette distance ne leur permettrait pas toujours de suivre aisément ses mouvements, particulièrement la nuit et par des temps brumeux.

Si donc l'armée était composée de plus de 8 vaisseaux, il y aurait avantage à la former, en ordre de marche, sur deux colonnes. Dans cet ordre, la première colonne pourrait être placée à droite ou à gauche de l'armée, suivant les ordres de l'amiral (*fig.* 12).

L'ordre de marche sur deux colonnes permet d'exécuter des changements de route sans difficultés; dans chaque colonne les bâtiments ont un bord sur lequel ils peuvent embarder pour sortir de la ligne sans rencontrer d'autres bâtiments.

L'intervalle minimum à maintenir entre les deux colonnes de l'ordre de marche doit être plus grand que le diamètre du tour d'évolution de l'armée, afin que si, par extraordinaire, un bâtiment appartenant à l'une des deux colonnes était obligé d'évoluer du côté de l'autre colonne, il puisse décrire un tour entre les deux lignes, sans courir le risque d'un abordage; cet intervalle pourra être de 5 ou 6 encablures, si le diamètre du tour d'évolution de l'armée est de 600 mètres, — soit environ *deux diamètres du tour d'évolution.*

L'intervalle maximum à maintenir entre les colonnes a pour but de rendre plus facile la formation de l'armée sur une seule ligne, et pour cela il doit être égal à la longueur d'une colonne, plus une distance.

Cette disposition permet, en effet, de former l'armée, par une manœuvre très-simple, sur une ligne de file (*fig.* 13),

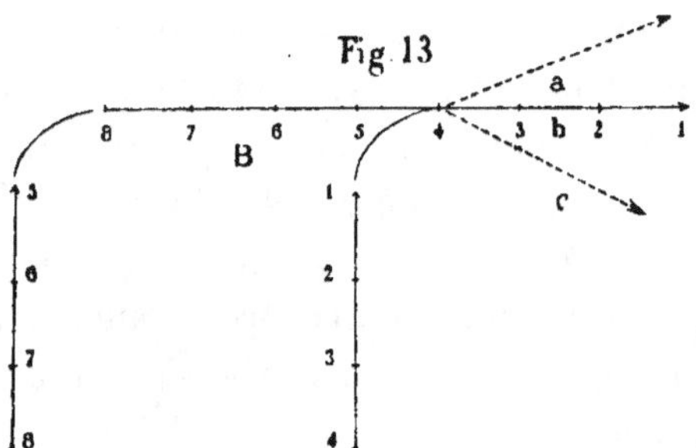

ou sur une ligne de front B (*fig.* 14) perpendiculaire à la route ou à la direction dans laquelle on relève l'ennemi.

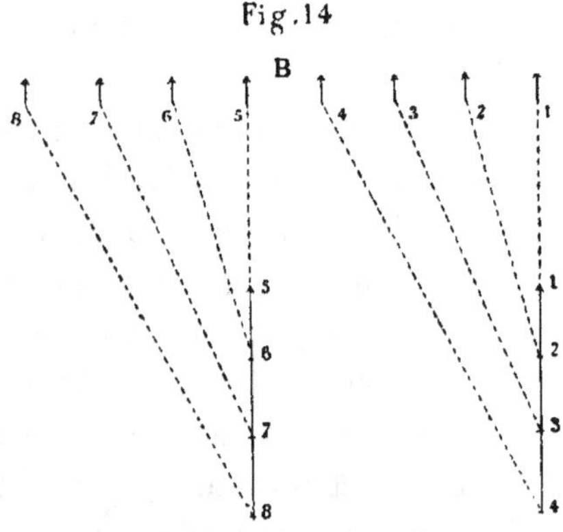

La grandeur maximum de l'intervalle des deux colonnes

d'un ordre de marche dépend de la longueur de ces colonnes ; lorsqu'elles sont composées d'une division de 4 vaisseaux chacune, l'intervalle maximum serait de 8 encablures, il serait de 16 encablures pour des colonnes de 8 vaisseaux.

Ce dernier intervalle ne serait utile que pour tenir l'armée prête à se former sur une seule ligne par la méthode des figures 13 et 14 ; mais il serait une gêne pour la navigation ordinaire, et dans ce cas, on pourrait adopter un intervalle moyen de 6 à 8 encablures, pour des colonnes formées de plus de 6 bâtiments.

On peut admettre, d'une manière générale, que l'intervalle moyen à maintenir entre les colonnes d'un ordre de marche, ne doit pas être plus petit que deux diamètres du tour d'évolution, ni être supérieur à trois diamètres de ce tour.

L'intervalle compris entre deux et trois diamètres du tour d'évolution se prête facilement aux évolutions qui consistent à passer d'un ordre à l'autre ; s'il s'agit, par exemple, de former l'armée sur une seule ligne parallèle à la route, c'est-à-dire, de placer la deuxième colonne à la suite de la première, la deuxième colonne pourra manœuvrer, par un mouvement à la fois, comme dans la figure 15, pour prendre son poste à la suite de la première colonne.

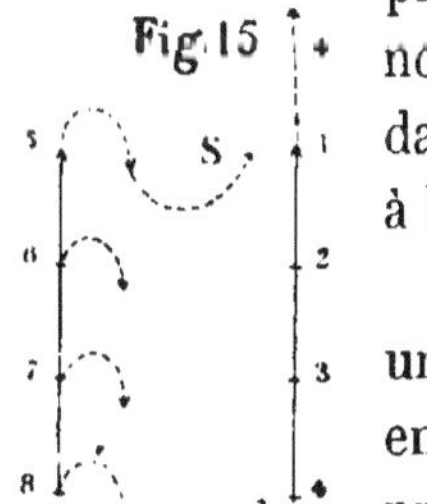

On pourrait encore former l'armée sur une seule ligne perpendiculaire à la route, en manœuvrant de la manière suivante : La première colonne prendrait, par une contre-marche, la direction voulue comme dans la figure 13 ; la deuxième colonne diminuerait sa vitesse et le chef de file de cette colonne, après avoir dépassé la première d'environ une demi-encablure, prendrait une route parallèle à celle de cette colonne ; les autres bâtiments suivraient

les mouvements de leur chef de file par la contre-marche ;
lorsque, par suite de la différence entre les vitesses des deux
colonnes, le chef de file de la deuxième colonne se trouverait à la hauteur du serre-file de la première, la deuxième
colonne manœuvrerait pour se placer dans l'alignement de la
première, etc.

L'intervalle moyen des colonnes ne se prêterait pas au dé-
ploiement de l'ordre de marche sur une seule ligne de front
par un mouvement direct ; pour exécuter ce mouvement, les
colonnes auraient d'abord à se mettre à l'intervalle maximum
relatif à la longueur des colonnes, le mouvement s'exécuterait
alors comme dans les figures 13 et 14.

L'ordre de marche sur deux colonnes peut être de deux
sortes : ou les 2 vaisseaux d'une même section (1 et 2, etc.)
marchent en ligne de file, comme dans la figure 12, ou ils
marchent de front, comme dans la figure 16.

Dans ce dernier ordre, une des colonnes est formée par les
bâtiments impairs de l'armée, et l'autre par
les bâtiments pairs. La colonne des bâtiments impairs peut être placée à droite ou à
gauche de l'armée, à la volonté de l'amiral.

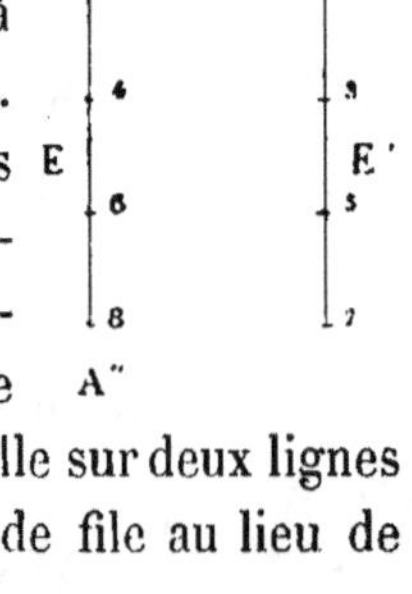

Lorsque la colonne des bâtiments impairs
est à gauche de l'armée et que les deux colonnes sont séparées par un intervalle d'environ 5 encablures, cet ordre de marche
peut être considéré comme l'ordre de bataille sur deux lignes
(*fig.* 10), marchant par le flanc en ordre de file au lieu de
marcher en ordre de front.

A ce point de vue, c'est l'ordre de marche le plus avantageux à prendre pour naviguer à proximité de l'ennemi ; il est
facile de voir que l'armée établie dans cet ordre pourra être
formée promptement en ordre de bataille sur deux lignes,

dans une direction perpendiculaire à celle dans laquelle l'ennemi pourrait paraître à l'horizon.

L'ordre de marche par section en colonne (*fig.* 16), lorsque la distance entre les vaisseaux de chaque section varie entre 2 et 4 encablures, permet de former aisément l'armée sur une seule ligne de front perpendiculaire à la route; pour cela, les sections 3, 5, 7 gouverneront pour aller se placer, par un mouvement direct, à gauche de la première section 2-1, et se former, sur une seule ligne, en ordre naturel (*fig.* 14).

Si la colonne des bâtiments impairs était à gauche de l'armée, les sections se formeraient à la droite de la première section 1-2, sur une seule ligne, en ordre renversé.

La distance minimum des bâtiments dans les colonnes a été fixée à 2 encablures; on peut considérer cette distance comme une distance normale pour les ordres de marche; cependant, elle pourrait être portée jusqu'à 3 encablures pour les convenances de la navigation ordinaire et suivant l'état du temps; mais dans ce cas, l'intervalle entre les colonnes resterait le même, c'est-à-dire, qu'il serait toujours calculé pour une longueur de colonne de vaisseaux formés à la distance de 2 encablures; avant d'évoluer, l'armée aurait donc à serrer les distances à 2 encablures.

Ordre de marche sur trois colonnes.

L'ordre de marche sur trois colonnes, ou même sur quatre colonnes, n'est utile que pour une armée très-nombreuse. Il a pour but de tenir l'armée groupée à portée des ordres de l'amiral.

Dans ces ordres, la distance des vaisseaux et l'intervalle des colonnes peuvent être établis sur les mêmes règles que pour l'ordre de marche sur deux colonnes. Les évolutions destinées à développer l'armée sur une seule ligne sont de même espèce que celles de l'ordre de marche sur deux colonnes.

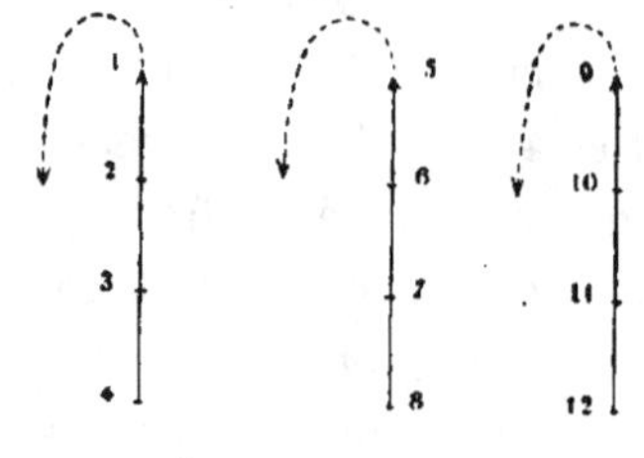

L'armée peut marcher sur trois colonnes composées chacune d'une division (*fig.* 17).

La première division à gauche ou à droite, suivant les ordres de l'amiral.

L'armée peut encore marcher par divisions en ordre de front, comme dans la (*fig.* 18). La première division devant, etc.

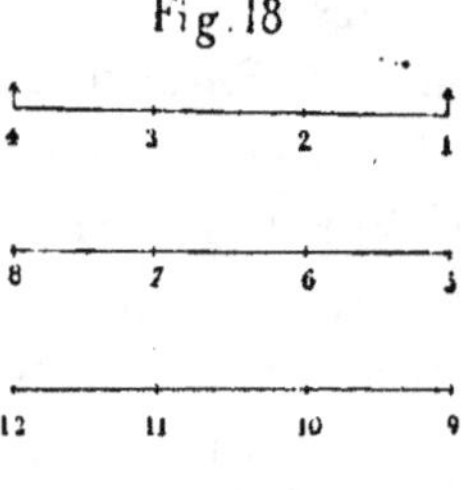

On remarquera que l'on peut passer, de la figure 17 à la figure 18, par un mouvement à la fois de huit quarts sur bâbord.

Ordre de route.

On peut distinguer un dernier ordre de marche que l'on pourrait appeler ordre de route. Il consiste à naviguer par sections de 2 bâtiments ou par pelotons de 3 bâtiments placés en ordre écarté et de manière à perdre le moins de chemin possible par des rectifications d'ordre trop fréquentes.

Il s'applique à une armée qui aurait à faire, hors de l'atteinte de l'ennemi, une traversée de quelque durée, comme, par exemple, un voyage transatlantique.

Dans cet ordre, les groupes peuvent être placés à la file les uns des autres ou sur les côtés de l'amiral ; mais toujours de

manière à éviter que les bâtiments aient à manœuvrer souvent pour se tenir à un poste trop exactement déterminé,
comme le comportent les ordres de marche en colonne.

Cet ordre est inscrit, du reste, dans la tactique navale actuelle sous le titre : *Ordre de marche par pelotons;* il se prête
difficilement aux évolutions de la tactique.

En résumé, le chapitre XIV contient les principes de la
marche d'une armée en ordre de bataille et la définition des
ordres de marche pour la navigation ordinaire; il contient
aussi des indications sur la distance à donner aux vaisseaux
dans les colonnes et sur l'intervalle qui doit séparer les colonnes; ce sont là les éléments principaux de la tactique navale et ils doivent être l'objet d'une étude constante dans les
escadres d'évolutions.

Les mouvements à exécuter pour passer des ordres de
marche que l'on vient de définir, à l'ordre de bataille et in-
versement, sont simples, et il sera facile de les déterminer
avec précision. Ces mouvements ou plutôt ces évolutions
reposent sur des principes que nous allons exposer au chapitre XV.

CHAPITRE XVI

CONSIDÉRATIONS SUR LES ÉVOLUTIONS SOUS VAPEUR

PRINCIPES GÉNÉRAUX.

Les évolutions de la tactique navale ont pour objet : la formation des ordres, le passage d'un ordre à l'autre et les changements de direction ; la rectification des ordres, par suite d'un changement dans la direction du vent, qui formait un chapitre important de la tactique des bâtiments à voiles, n'existe pas pour les armées navales manœuvrant sous vapeur.

Toute évolution doit satisfaire aux conditions suivantes :

1° S'exécuter dans le moins de temps possible ;

2° Prendre le moins d'étendue possible.

Les mouvements pour évoluer se rattachent aux trois types suivants :

Mouvements à la fois ;

Mouvements successifs ou de contre-marche ;

Mouvements directs.

Ces trois mouvements types peuvent être considérés comme les mouvements élémentaires des évolutions ; à ce point de vue, ils doivent être étudiés avec soin, afin de permettre au manœuvrier de choisir, sans hésitation, celui des trois mouvements qui conviendra le mieux à la situation des deux armées en présence.

Certaines évolutions peuvent comporter deux ou même trois des mouvements élémentaires exécutés l'un après l'autre ; ce sont alors des manœuvres ou des évolutions.

Dans toute armée navale, le tour d'évolution devra être exactement déterminé, et, à bord de chaque bâtiment, on devra connaître l'angle de barre nécessaire pour décrire ce tour.

La manœuvre de la barre, sur laquelle repose en entier l'exécution des évolutions sous vapeur, acquiert une très-grande importance dans les armées navales. Le mouvement plus ou moins rapide à imprimer à cet organe, pour l'exé-cution de chacun des trois mouvements types, devra être réglé par des instructions spéciales. Enfin, tout le système du gouvernail — personnel et matériel — devra être tenu à l'abri des coups de l'ennemi.

Pour régler promptement les variations de vitesse que comportent certaines évolutions, soit sur le même bâtiment, soit d'un bâtiment à l'autre, comme cela a lieu, par exemple, dans une conversion en ligne sur une des ailes, on devra connaître, à bord de chaque bâtiment, le nombre de tours de l'hélice qui correspond à un nœud, par une mer calme, avec le vent de l'avant et avec le vent de l'arrière.

Si dans les évolutions les bâtiments d'une même armée doivent décrire des tours de même grandeur, dans les com-bats particuliers, dans le cours d'une action navale quand elle dégénère en combats particuliers, en un mot, pour les mouvements indépendants, chaque bâtiment pourra se servir de toute la rapidité de mouvement qu'il est possible d'im-primer à la barre et de toute la puissance du gouvernail, afin de diminuer la durée et l'étendue des mouvements giratoires.

En présence de l'ennemi, les évolutions doivent se faire par bâtiments et non par groupes de bâtiments, un groupe de bâtiments ne pouvant tourner sans se déformer, que par des conversions qui prennent du temps et de l'étendue.

Lorsqu'une armée sous vapeur rencontre l'ennemi à la mer, elle doit former immédiatement son ordre de bataille sur une ligne perpendiculaire à la direction dans laquelle on le voit. Si l'armée est formée en ordre de marche sur une ou sur deux colonnes, cette manœuvre peut être faite de deux manières :

1° Par un *mouvement de contre-marche*, suivi d'un *mouvement à la fois (fig.* 13);

2° Par un *mouvement direct (fig.* 14).

Mouvements à la fois.

L'expression de mouvement à la fois s'applique à une ligne dont les bâtiments décrivent, en même temps, un tour complet, ou un demi-tour, ou un quart de tour, ou enfin une portion quelconque du tour d'évolution de l'armée (*fig.* 1, 2, 3).

Les mouvements à la fois seront d'une exécution facile si le mouvement de giration est commencé, au même instant, à bord de tous les bâtiments de la ligne et s'il est décrit avec un même rayon ; on devra s'attacher non-seulement à commencer partout la manœuvre de la barre au même instant, mais encore à employer le même temps pour la mettre à l'angle voulu et pour la redresser.

Les bâtiments pourvus d'un appareil à vapeur pour manœuvrer le gouvernail devront aussi employer, pour mouvoir la barre, un temps égal à celui employé par les autres bâtiments de l'armée pour la même manœuvre.

Il y a quelques réserves à faire au sujet des principes que l'on vient d'énoncer. Si théoriquement, pour assurer l'exécution parfaite d'un mouvement à la fois, la manœuvre de la barre doit commencer au même instant à bord de tous les bâtiments de l'armée, dans la pratique on devra se conformer, dans une certaine mesure, à la règle admise pour les armées évoluant sous voiles, à savoir : que l'initiative du mouvement appartient au bâtiment qui n'en verra aucun du côté où l'évolution se fait ; si l'armée est en ligne de file, c'est le serre-file qui commencera le mouvement ; si l'armée est en ligne de relèvement, c'est le bâtiment placé à l'extrémité de la ligne, du côté où vient l'armée, qui aura l'initiative du mouvement, c'est lorsque le mouvement de ce bâtiment est suffisamment marqué que celui qui le suit immédiatement dans la ligne commence à manœuvrer vivement sa barre.

Cette règle n'a rien d'absolu pour des bâtiments manœuvrant sous vapeur ; cependant, il sera toujours utile de s'y conformer dans une armée nombreuse formée en ordre serré. Dans tous les cas, les capitaines devront surveiller la manœuvre de leurs matelots de côté pour éviter des collisions possibles dans le cas où le mouvement de l'un de ces deux bâtiments se trouverait gêné par un embarras de drosse ou par toute autre cause.

Les mouvements à la fois doivent, autant que possible, être toujours signalés, et c'est lorsque le signal se détache de la tête du mât que l'on doit commencer à manœuvrer la barre à bord de tous les bâtiments.

Cependant, il peut arriver que le temps nécessaire pour faire signaler un mouvement à la fois au moment opportun fasse défaut, et dans ce cas l'amiral ne pourrait indiquer la manœuvre à exécuter qu'en prenant lui-même l'initiative du mouvement. Il serait à désirer que pour ces cas exceptionnels on pût faire usage de signaux rapides faits, par exemple, au moyen d'un puissant sifflet à vapeur.

Les mouvements à la fois sont à peu près les seuls qu'une armée puisse exécuter pour engager une action navale et pour la continuer ; à ce point de vue, ils ont une très-grande importance.

Pour étudier les mouvements à la fois, on pourrait prendre la ligne de bataille et montrer comment elle peut passer, par des mouvements à la fois :

1° De la ligne de file à la ligne de front pour approcher l'ennemi ou engager un combat d'éperon ;

2° De la ligne de front à la ligne de file pour présenter l'artillerie de côté, et maintenir la distance où l'on veut se tenir de l'ennemi ;

3° De la ligne de file à la ligne de front en retraite pour refuser le combat ou écarter la distance.

Il est important de connaître la distance à laquelle une armée A pourra exécuter ces mouvements devant une armée B, marchant à sa rencontre, sans courir le risque d'être atteinte par cette dernière pendant la manœuvre, cette distance dépend de la grandeur du tour d'évolution de A. En effet, si l'on suppose que les vitesses des deux armées sont égales, le diamètre du tour d'évolution de A étant de 600 mètres, la grandeur du demi-tour décrit par l'armée A pour marcher du côté opposé à sa direction première, sera de 950 mètres, soit 1,000 mètres ou 5 encablures. — Pendant la durée de ce mouvement, l'armée B aura fait, dans la direction de A, le même chemin — 5 encablures —; si donc, les deux armées ne sont séparées au commencement du mouvement que par un intervalle de 5 encablures, elles se trouveront en contact à la fin du mouvement.

Pour maintenir un intervalle voulu — 2 encablures, par exemple — entre les deux armées après le mouvement, il faudrait ajouter 2 encablures aux 5 encablures représentant la grandeur du demi-tour d'évolution de A, et commencer le mouvement à 7 encablures de l'adversaire B.

On peut énoncer cette règle d'une manière générale par la formule suivante : Si deux armées A et B marchent l'une contre l'autre avec des *vitesses égales quelconques,* la distance à laquelle l'armée A pourra virer devant l'armée B, par un mouvement de 16 quarts à la fois, pour marcher du côté opposé à sa direction première, sera égale à la moitié du tour d'évolution de A, augmenté des deux tiers du diamètre de ce tour.

Cette règle est indépendante des vitesses des deux armées *lorsqu'elles sont égales,* cependant, l'armée qui vire doit compter sur une diminution de vitesse d'un nœud au moins, avec une forte dérive du côté de l'ennemi, c'est pourquoi cette règle ne donne que la distance minimum à laquelle il convient de commencer le mouvement. C'est au manœuvrier à juger s'il faut se réserver une marge plus considérable en raison de la direction du vent et de l'état de la mer.

Si les deux armées ont des vitesses inégales et que la différence entre les vitesses soit connue, il sera encore facile de calculer la distance de l'ennemi, à laquelle une armée pourra, sans risquer d'être abordée, virer de 16 quarts, par un mouvement à la fois, pour prendre la direction opposée à sa route. Il suffirait pour cela d'évaluer, à raison de 30 mètres par nœud et par minute, le chemin résultant de la différence des vitesses et de l'ajouter ou le retrancher de la distance calculée pour la vitesse de l'armée.

Donc, pour manœuvrer avec sûreté et précision devant l'ennemi, il faut connaître, à chaque instant, la distance à laquelle il se trouve, ainsi que sa vitesse, et pour y parvenir, il est indispensable d'établir, à bord de chacun des bâtiments de l'armée, un service spécial chargé de suivre les mouvements de l'adversaire et de signaler, aussi souvent que possible, sa distance et sa vitesse aux services de la manœuvre et de l'artillerie.

Si l'on considère combien d'erreurs peuvent résulter de l'appréciation de la distance et de la vitesse de l'armée opposée, on peut avancer que le virement de 16 quarts par un mouvement à la fois, fait en sa présence, pourrait devenir dangereux entre les distances de 7 à 10 encablures et qu'il faudrait un coup d'œil extrêmement sûr et des capitaines très-exercés pour manœuvrer aux distances comprises entre ces deux limites 7 et 10. — Dans tous les cas, si, par suite du rapprochement de l'ennemi, on avait des doutes sur la réussite du mouvement projeté, il vaudrait mieux traverser sa ligne en passant entre les bâtiments que d'entreprendre une évolution qui pourrait compromettre l'armée.

L'étude des *mouvements à la fois* peut se faire au moyen de dessins graphiques très-simples, dressés pour une escadre composée de 8 vaisseaux rangés en ligne à 400 mètres de distance les uns des autres, le rayon du tour d'évolution étant de X mètres et la vitesse de Y nœuds. Il sera facile de calculer la durée et l'étendue du mouvement pour diverses valeurs de X et de Y.

Mouvements successifs ou de contre-marche.

L'expression de mouvements successifs ou de contre-marche s'applique aux mouvements d'une ligne de file dont les bâtiments vont décrire l'un après l'autre, dans les eaux du bâtiment de tête et au point où il a commencé le mouvement, une même portion quelconque du tour d'évolution, dans le but de changer la direction de la ligne (*fig.* 20).

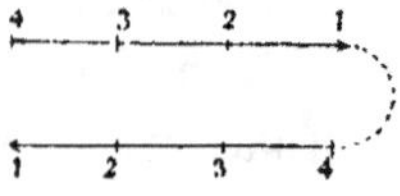

Exemple. — Étant en ligne de file en bataille, venir en ligne de file en bataille à l'autre bord par la contre-marche.

Pour exécuter ce mouvement, le bâtiment placé en tête de la
ligne décrit un demi-tour de 16 quarts avec l'angle de barre
du tour d'évolution, et les bâtiments qui le suivent dans la
ligne vont successivement décrire un demi-tour de 16 quarts
sur le même tour d'évolution, au point où le vaisseau de tête
a commencé le mouvement ; lorsque tous les bâtiments ont
exécuté cette manœuvre, la ligne de file est formée en bataille à l'autre bord.

Pour éviter un engorgement au point où les bâtiments vont
successivement tourner, chaque bâtiment devra virer en manœuvrant la barre *en douceur* pour la mettre toute d'un bord,
tandis que le matelot d'arrière du bâtiment qui vire fera une
embardée de quelques degrés du côté opposé à celui sur
lequel le mouvement de contre-marche se fait.

Cette règle est obligatoire lorsque la vitesse est grande et
que la ligne qui évolue est serrée.

Le commandant en chef de l'armée peut exécuter, sans
signaux, les mouvements par la contre-marche, lorsqu'il
occupe le poste de chef de file dans la ligne. Dans ce cas,
lorsque le chef de file change sa route d'un nombre quelconque de quarts, les bâtiments qui le suivent doivent
successivement changer leur route du même nombre de
quarts, au point où il a tourné, pour se ranger dans ses eaux
et gouverner sur lui.

Le placement des chefs, dans l'ordre de bataille et ses
subdivisions, a eu pour objet de faciliter les mouvements
de ces subdivisions et principalement les mouvements de
contre-marche ; si, par exemple, l'amiral ordonnait à une
escadre, à une division, à une section de se détacher de
l'armée pour manœuvrer à part, les chefs et les seconds chefs
de ces détachements se trouveraient placés, d'avance, aux
postes qui conviennent le mieux pour diriger les mouvements

des bâtiments sous leurs ordres. Ils servent de régulateurs pour diriger et régler les mouvements quels qu'ils soient.

Plusieurs évolutions sont composées d'un mouvement de contre-marche précédé ou suivi d'un mouvement à la fois.

Exemple. — Étant en ligne de file, ordre naturel, venir en ligne de front en chasse sur la perpendiculaire à la route ou à la direction dans laquelle on relève l'ennemi.

Cette manœuvre s'exécute au moyen d'un *mouvement de contre-marche* suivi d'un *mouvement à la fois* (*fig.* 21). Le chef de file de la ligne tourne sur tribord du nombre de quarts nécessaire pour prendre la direction voulue, et tous les bâtiments vont successivement se ranger dans ses eaux, au point où il a tourné, et gouvernent sur lui. Lorsque le

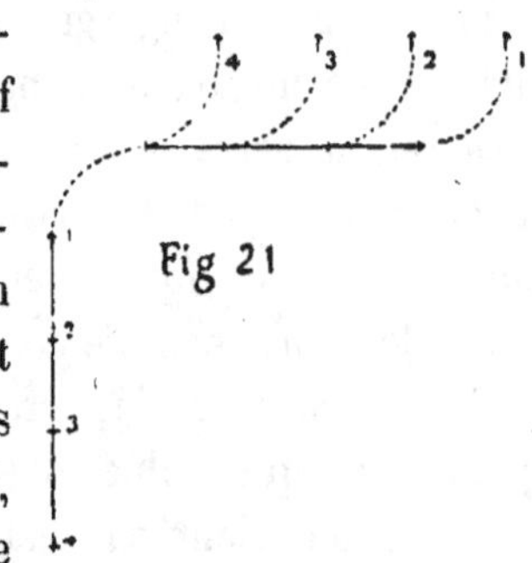

serre-file de la ligne aura terminé son mouvement, l'armée se trouvera rangée en ligne de file dans la direction voulue; elle viendra alors sur bâbord de 8 quarts, par un mouvement à la fois, pour former l'ordre de front, objet de la manœuvre.

Soit une escadre de 8 vaisseaux rangés à 400 mètres de distance les uns des autres et animés d'une vitesse de 10 nœuds au moment où la manœuvre commence ; dans ces conditions, la durée du passage de la ligne de file à une ligne de front perpendiculaire serait de quinze à seize minutes. Le chemin parcouru en avant, à partir du chef de file, serait égal au diamètre du tour d'évolution.

Pendant la durée du mouvement, la vitesse de l'armée sera influencée par l'action du gouvernail et tombera au-dessous de 10 nœuds ; mais cette influence se produira de la même manière sur tous les bâtiments, et ils subiront des réductions égales de vitesse, en sorte que l'ordre ne sera pas troublé.

C'est là un des avantages que présentent les mouvements successifs et les mouvements à la fois.

Mouvements directs.

L'expression de mouvements directs est employée pour désigner la manœuvre d'une ligne qui évolue pour passer d'un ordre à l'autre ou d'une direction à une autre, lorsque chacun des bâtiments de la ligne se dirige, par la route la plus directe, vers le poste qu'il doit occuper dans le nouvel ordre.

Le mouvement peut avoir pour objet de former une ligne de front perpendiculaire (*fig.* 14) ou oblique à la direction de la ligne de file.

Exemple. — L'armée étant en ligne de file, ordre naturel, passer par un mouvement direct sur une ligne de front perpendiculaire à la direction de la ligne de file (*fig.* 14).

Ce mouvement est une sorte de conversion dont le centre ou pivot est situé sur la droite de la ligne de file, dans l'ordre naturel ; le mouvement se fera sur bâbord.

Le chef de file 1, placé du côté du pivot du mouvement, réduira sa vitesse au minimum possible sans stopper et continuera sa route (1 1') sur la direction de la ligne de file. Il servira de régulateur pendant le mouvement, et la ligne de son travers indiquera, à l'armée, la direction de la ligne de front à former ; il constitue donc un point de repère important pour guider les bâtiments pendant la manœuvre.

Les autres bâtiments de la ligne viendront sur bâbord d'un

nombre de degrés suffisant pour chasser directement leur poste par le travers du régulateur de droite **1**, et ils régleront leur vitesse proportionnellement au chemin qu'ils auront à parcourir pour l'atteindre.

A mesure que chacun des bâtiments parviendra à la distance prescrite, par le travers du régulateur-guide, il prendra la même route et la même vitesse que lui.

La manœuvre sera terminée lorsque le serre-file **4** de la ligne de file sera parvenu à son poste à l'extrême gauche de la ligne de front.

Dans ce poste, il remplira les fonctions de deuxième régulateur de la ligne et devra se tenir exactement par le travers de l'amiral — premier régulateur. — Les bâtiments rectifieront leur alignement sur ces deux jalons, et lorsque l'ordre sera bien formé, l'armée pourra prendre la vitesse de route signalée par l'amiral.

En examinant les détails de cette manœuvre, on voit que, pendant l'exécution du mouvement direct, les vitesses ont varié d'un bâtiment à l'autre, depuis celle du chef de file situé du côté du pivot, qui prend la vitesse minimum du mouvement, jusqu'à celle du bâtiment serre-file qui se rend à l'extrême gauche et qui, ayant plus de chemin à parcourir que les autres bâtiments, prendra la vitesse maximum ; lorsque les bâtiments seront rendus à leur poste en ligne de front, ils auront tous pris la vitesse minimum du guide et devront encore changer leur vitesse pour prendre la vitesse de route signalée par l'amiral.

Chaque bâtiment aura donc eu à subir, pendant le mouvement, plusieurs variations de vitesse ; or, les bâtiments ne peuvent pas augmenter ou diminuer leur vitesse instantanément. Plus ils seront grands et plus ils emploieront de temps pour modifier leur aire.

Il est donc assez difficile, faute d'expériences précises, de calculer la durée d'un mouvement direct, ainsi que le chemin parcouru par l'armée pour l'exécuter, autrement qu'en établissant une appréciation de la vitesse moyenne de chacun des bâtiments de la ligne pendant le mouvement.

Si on suppose que l'armée, rangée en ligne de file, filait 10 nœuds au moment où le mouvement a commencé, on pourra estimer, avec une approximation suffisante, à 5 nœuds la vitesse moyenne du chef de file placé du côté du pivot du mouvement et régulateur de droite, et à 11 nœuds celle du serre-file qui devient régulateur de gauche, surtout si l'on suppose que tous les feux sont allumés; ces deux vitesses représentent les vitesses minimum et maximum du mouvement.

Dans ces conditions, la durée du mouvement, pour une ligne de 8 vaisseaux, sera de vingt minutes, et le chemin parcouru par l'armée du côté de l'ennemi sera de 3,080 mètres, soit près de deux milles marins.

Si l'armée manœuvre en présence d'une armée ennemie qui s'avance, sur elle, avec la même vitesse de 10 nœuds, cette dernière aura parcouru quatre milles pendant que la ligne en évolution en aura fait deux. Or, ces deux chemins s'ajoutent; il faudrait donc commencer la manœuvre à six milles environ de l'ennemi pour se trouver en ligne de front au moment du contact des deux armées. C'est là un inconvénient et ce n'est pas le seul.

Quelle que soit l'habileté des capitaines, l'ordre de front résultant d'un mouvement direct sera d'abord irrégulièrement formé, parce que les bâtiments arriveront sur la ligne avec des vitesses inégales et qu'il s'écoulera un certain temps avant qu'il soit possible de rectifier l'ordre.

Si on compare la manœuvre qui vient d'être décrite

(*fig.* 14) à celle déjà exposée (*fig.* 21) et qui a été exécutée au moyen d'un mouvement de contre-marche suivi d'un mouvement à la fois, l'avantage semble appartenir à cette dernière méthode lorsqu'il s'agit de manier une ligne de certaine longueur, comme, par exemple, une escadre de 8 vaisseaux.

En effet, la durée de la formation de l'ordre de front, par un mouvement de contre-marche suivi d'un mouvement à la fois, sera de quinze minutes, pendant lesquelles l'armée aura marché en avant d'une longueur égale au diamètre du tour d'évolution, tandis que la durée de la formation du même ordre de front, par un mouvement direct, serait de vingt minutes, pendant lesquelles l'armée aurait marché en avant de 3,080 mètres.

La méthode des mouvements directs ne semble donc présenter aucun avantage pour manœuvrer une escadre de 8 vaisseaux en ligne de file, lorsque la direction de l'ordre à former est perpendiculaire à la direction de l'ordre sur lequel l'armée était rangée avant le mouvement ; c'est la conclusion à tirer de ce qui précède.

Mouvement oblique.

On a considéré le cas le plus défavorable des mouvements directs, c'est celui où l'ordre de front à former est perpendiculaire à la direction de la ligne de file sur laquelle l'armée est rangée ; mais si cet ordre de front était oblique à la ligne de file, les conséquences du mouvement ne seraient pas les mêmes.

Supposons qu'une ligne de file composée de 8 vaisseaux — distance 2 encablures, vitesse 10 nœuds — manœuvre pour former, par un mouvement direct de conversion, une ligne de front dont la direction fasse avec la ligne de file un angle de 45 degrés. Le mouvement se ferait de la manière suivante :

L'armée viendrait, par un mouvement à la fois, de 45 degrés sur bâbord de la ligne de file. Cet angle est le complément de l'angle formé par la ligne sur laquelle l'armée est rangée, avec la ligne à prendre ; chaque bâtiment suivra donc une route perpendiculaire à la ligne de relèvement à former. Il chassera, par la route la plus directe, le poste qu'il doit occuper dans cette nouvelle ligne, et réglera sa vitesse proportionnellement au chemin qu'il aura à parcourir pour s'y rendre.

La vitesse moyenne du régulateur de droite étant supposée de 5 nœuds et celle du régulateur de gauche de 11 nœuds, la durée du mouvement serait de dix minutes, pendant lesquelles l'armée aurait marché en avant de 1,500 mètres.

La même ligne, formée par un mouvement de contre-marche suivi d'un mouvement à la fois, demanderait une durée de quinze minutes et le chemin parcouru en avant serait de 600 mètres, on voit que l'avantage reste ici au mouvement direct, du moins pour la durée.

On pourrait admettre, sans trop s'éloigner de la réalité, que lorsque la ligne de front à former fait avec la ligne de file un angle plus grand que 45 degrés, le passage de la ligne de file à la ligne de front par un mouvement de contre-marche suivi d'un mouvement à la fois (*fig.* 21) prendra moins de temps et d'étendue que s'il est exécuté par un mouvement direct ; il sera par conséquent plus avantageux ; si l'angle des deux lignes était plus petit que 45 degrés, le mouvement direct serait préférable.

On voit par cette courte analyse que les mouvements directs présentent l'inconvénient grave de faire parcourir à l'armée un chemin considérable en avant, lorsqu'il s'agit de changer la direction de la ligne de front, et à ce point de vue ils semblent appartenir plutôt aux formations de la marche en retraite qu'à celles de la marche en avant.

Mouvements directs en ordre de marche sur deux colonnes.

Si au lieu de marcher sur une seule ligne de file, on suppose que l'escadre marche sur deux lignes de file parallèles entre elles et composées chacune d'une division de 4 bâtiments ; si on suppose que ces deux divisions, placées par le travers l'une de l'autre, sont séparées par un intervalle égal à la longueur d'une division plus une distance, la formation de l'ordre de front par un mouvement direct (*fig.* 14) présenterait quelques avantages sur la méthode de la contre-marche suivie d'un mouvement à la fois (*fig.* 21).

Si la première colonne est à droite, le mouvement se fera sur bâbord comme dans la figure 14. Dans chaque colonne, les bâtiments manœuvreront, pour exécuter le mouvement direct, comme on l'a déjà expliqué pour une seule ligne de file.

Le chef de file de chaque colonne sera régulateur de droite pour sa colonne, et la direction de la ligne de front à former passera par les deux régulateurs, qui s'attacheront à se tenir dans l'alignement prescrit ; ils serviront de point de repère pour guider la manœuvre.

Si la première colonne était à gauche, le mouvement se ferait sur tribord et l'ordre de front serait renversé.

Dans l'un et l'autre cas, la durée du mouvement serait de huit minutes, pendant lesquelles l'armée aurait marché en avant de 1,300 mètres environ.

La même formation exécutée par un mouvement de contre-marche suivi d'un mouvement à la fois, aurait une durée de neuf minutes, et le chemin parcouru en avant par l'armée serait égal au diamètre du tour d'évolution, soit 600 mètres.

La comparaison de ces chiffres montre que la méthode des mouvements directs pourrait s'appliquer sans désavantage à des lignes de file composées d'une division de 4 bâtiments et au-dessous.

Il est évident, par exemple, que s'il s'agit de former en ordre de front une section de 2 bâtiments marchant en ligne de file, le mouvement ne pourra se faire avec avantage que par un mouvement direct.

Dans ce qui précède on suppose que la ligne B, à former par les deux colonnes de l'ordre de marche, est perpendiculaire à la direction de ces colonnes; si cette ligne était oblique à la direction des colonnes de l'ordre de marche, le mouvement serait moins simple que le précédent. En effet, avant de commencer le mouvement direct destiné à former la ligne B, les chefs de file des deux colonnes auraient, d'abord, à manœuvrer pour se relever dans la direction de la ligne à former (*fig.* 12); ensuite, le mouvement direct pourrait se faire comme dans la figure 14.

La même formation, sur une ligne oblique à la direction des colonnes, pourrait se faire aisément par la contre-marche, comme dans la figure 13. Dans cette figure, les lignes *abc* servent à indiquer les directions quelconques que l'on peut donner à la ligne B.

Les mouvements directs ont été considérés comme les mouvements les plus importants de la tactique des bâtiments à éperon, parce que les bâtiments présentent l'avant à l'ennemi pendant toute la durée de la manœuvre; c'est à ce point de vue qu'on a recommandé de les employer, de préférence aux mouvements de contre-marche, pour exécuter devant l'ennemi les évolutions qui pourraient se faire des deux manières (*fig.* 21 et 14).

Au moyen des exemples précédents, le manœuvrier pourra apprécier la valeur exacte de ces deux mouvements et choisir, pour l'appliquer, celui qui conviendra le mieux à la situation des deux armées en présence.

Les mouvements directs prennent de l'espace et du temps, ils exigent, en outre, que les vitesses varient régulièrement d'un bâtiment à l'autre; il n'est pas facile de réaliser ces conditions de manœuvre dans une armée nombreuse, et il semble plus simple, lorsque l'ennemi se trouvera à bonne distance, d'employer les mouvements de contre-marche pour manœuvrer (*fig.* 13); par cette dernière méthode, le mouvement s'exécutera, pour ainsi dire, sur place, et il sera facile de maintenir l'armée en ordre, parce que la vitesse des bâtiments ne changera pas pendant la durée de l'évolution.

Dans la marche d'une armée en ordre de front ou de relèvement, les changements de direction pourront se faire avec avantage par des mouvements directs; à ce titre, les mouvements directs méritent un examen particulier.

Changement de direction des lignes de front ou de relèvement par des mouvements directs. — Conversions.

Les mouvements circulaires de conversion n'ont pas été classés parmi les mouvements élémentaires des évolutions navales, parce qu'ils sont d'une exécution impraticable pour une armée nombreuse.

Ce genre de conversion ne présente, en effet, aucun repère pouvant servir à guider la manœuvre des bâtiments; pendant le mouvement, la vitesse varie d'un bâtiment à l'autre et la route change à tout moment sans qu'il soit possible d'établir aucune règle précise pour guider le manœuvrier, ce n'est donc que par une suite de tâtonnements que l'on pourrait exécuter cette conversion et il serait toujours difficile d'en calculer la durée et l'étendue.

C'est pourquoi on est conduit à penser que l'on pourrait substituer, avec avantage, les mouvements directs aux mouvements circulaires de conversion.

Les exemples précédents ont suffisamment indiqué le caractère d'un mouvement direct de conversion ; si pendant le mouvement la vitesse varie d'un bâtiment à l'autre comme dans une conversion circulaire, la route que tous les bâtiments de l'armée doivent suivre pendant le mouvement est toujours connue et l'on peut se rendre un compte exact de la durée et de l'étendue du mouvement, en fixant la vitesse des régulateurs placés aux deux bouts de la ligne.

Dans la marche en ordre de front devant l'ennemi, les armées navales auront à faire un usage fréquent des mouvements directs de conversion, pour se maintenir sur la ligne de bataille, — c'est-à-dire sur une ligne perpendiculaire à la direction où reste l'ennemi, — en suivant, à mesure que l'ennemi se déplace, les variations de cette direction, lorsqu'elles ne sont pas trop étendues.

Il est donc nécessaire d'examiner avec attention cette partie de la tactique navale ; c'est l'objet de la proposition suivante :

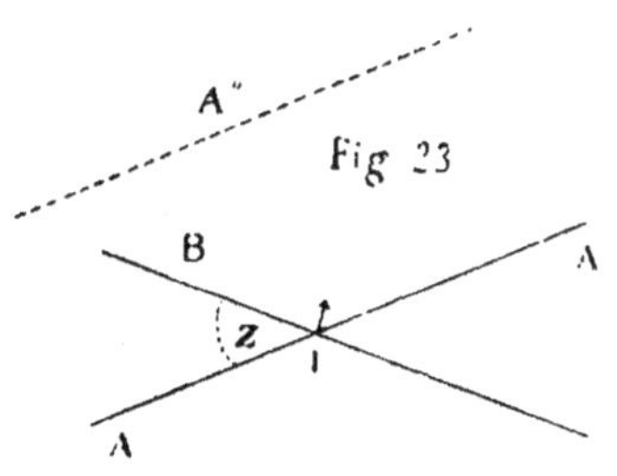

Étant donnée une armée rangée sur une ligne de relèvement A, faire passer cette armée par un mouvement direct sur une ligne de relèvement B, formant avec la première A, un angle Z de 90 degrés ou plus petit que 90 degrés (*fig.* 23).

Cette proposition comprend tous les cas : si en effet l'angle Z était plus grand que 90 degrés du côté A' de l'intersection des deux lignes A et B, il serait plus petit que 90 degrés du côté opposé A. C'est toujours sur la partie A I de la ligne qui forme le côté de l'angle aigu B I A que le mouvement direct doit être exécuté.

S'il s'agissait, par exemple, de faire passer la ligne de front B I sur le relèvement I A' formant avec la ligne B un angle B I A' plus grand que 90 degrés, c'est sur la partie A I de la ligne A I A' que le mouvement devrait s'exécuter.

Si on suppose que l'armée B marche dans le sens indiqué par la petite flèche I, le mouvement de B, pour se rendre sur la ligne A I, devrait avoir lieu en arrière, au moyen d'un demi-tour exécuté par tous les bâtiments à la fois, suivi d'un mouvement direct pour se rendre sur la ligne A I et d'un deuxième demi-tour lorsque les bâtiments seront rendus sur A I ; ce mouvement serait compliqué et il sera toujours plus simple de former l'armée B, en avant, sur une direction A'' parallèle à la ligne AA', en prenant le pivot du mouvement à gauche.

Donc, lorsque l'angle Z (*fig.* 23) sera plus petit que 90 degrés, le pivot du mouvement de A pour se rendre sur B sera *à droite ;* il serait *à gauche,* si l'angle Z était plus grand que 90 degrés.

Tout changement dans la direction d'une armée marchant en ordre de relèvement, revient donc au cas où les deux relèvements, celui sur lequel l'armée est rangée et celui qu'elle doit prendre, se croisent sous un angle Z plus petit que 90 degrés. Cela admis, il sera facile d'exposer les règles générales des mouvements directs de conversion.

On suppose que l'armée est rangée sur une ligne de relèvement A (*fig.* 24), ayant à son extrême droite, dans l'ordre naturel, le premier régulateur **1**, et à l'extrême gauche le deuxième régulateur 8.

L'un de ces deux régulateurs est toujours désigné, par l'amiral, pour servir de guide pendant le mouvement ; on pourrait l'appeler le régulateur-guide. A défaut d'une désignation spéciale, c'est toujours sur le premier régulateur que les bâtiments auront à se guider.

Tout changement de direction par un mouvement direct équivaut à un mouvement de conversion en marche ; le centre autour duquel s'opère la conversion, en d'autres termes, le pivot du mouvement est situé du côté du point d'intersection des deux lignes de relèvement. L'un des régulateurs de la ligne se trouve donc placé, par rapport à l'armée, du côté du pivot du mouvement, et l'autre du côté opposé au pivot.

Dans ce qui va suivre, on supposera d'abord que le régulateur-guide est placé du côté du pivot du mouvement dans l'ordre naturel.

Il existe plusieurs manières d'exécuter les mouvements directs de conversion, il est nécessaire de les examiner toutes.

I.

Pour passer d'une ligne de front ou de relèvement A sur une ligne de front ou de relèvement B, les bâtiments de la ligne A prendront, par un mouvement à la fois, des routes perpendiculaires à la direction de la ligne B (*fig.* 24).

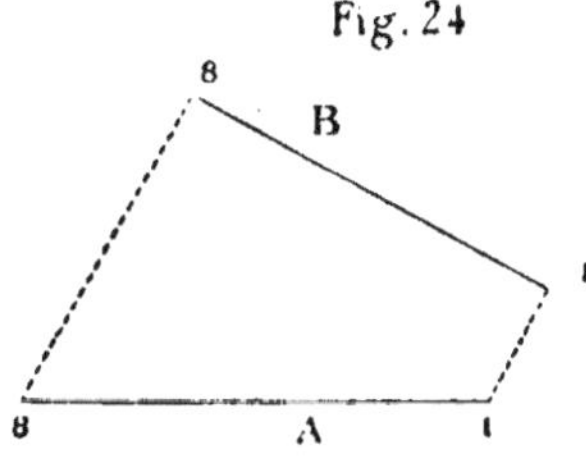

L'angle de cette route avec la ligne **A** est le complément de l'angle Z des deux lignes de relè-vement A et B. — Du côté A de l'intersection des deux lignes, cet angle est égal à 90 degrés — Z, du côté opposé il est de 90 + Z.

Ce premier mouvement à la fois étant fait, les bâtiments de A se rendront sur la ligne B en suivant des routes 1, 1′ et 8, 8′, perpendiculaires à cette ligne et, par suite, parallèles entre elles.

Le régulateur 1, placé du côté du pivot, prendra le minimum de vitesse possible sans stopper. Chacun des autres bâtiments de la ligne réglera sa vitesse proportionnellement au chemin qu'il aura à parcourir pour atteindre son poste sur la ligne B, et lorsqu'il sera parvenu par le travers du régulateur 1, placé du côté du pivot, il prendra la même vitesse que lui ; c'est la ligne du travers de ce régulateur qui indiquera la direction du relèvement B vers lequel l'armée se dirige, c'est un point de repère important pour guider les bâtiments.

Lorsque toute l'armée A sera rangée sur la ligne de relèvement B, le mouvement sera terminé ; mais l'armée occupera, sur cette ligne, une étendue moins grande que celle qu'elle occupait sur la ligne A, et, par suite, les distances entre les vaisseaux de la ligne B seront diminuées, surtout lorsque l'angle des deux relèvements sera plus grand que 45 degrés.

C'est un inconvénient, mais c'est le moyen le plus prompt de faire passer l'armée d'un relèvement sur un autre.

II.

Pour conserver, entre les vaisseaux, des distances égales sur les deux lignes de relèvement A et B, il faudrait manœuvrer de la manière suivante (*fig.* 25) :

Les bâtiments de la ligne A, au lieu de suivre la route perpendiculaire à la ligne B, comme dans la première manière, prendraient, par un mouvement à la fois, la route perpendi-

culaire à la ligne qui divise l'angle des deux lignes de relèvement A et B en deux parties égales.

L'angle de cette route avec la ligne A est égal au complément de la moitié de l'angle Z formé par
les deux lignes de relèvement A et B;
on terminerait ensuite le mouvement
comme précédemment.

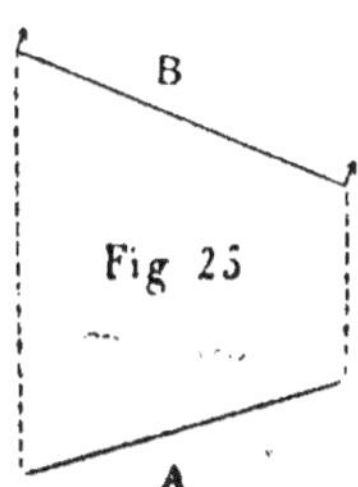

Pendant ce mouvement, le travers du
régulateur-guide n'indiquera plus la direction du relèvement à prendre et on devra
avoir recours au compas pour y suppléer.

Cette deuxième méthode d'exécution est rigoureusement
exacte, la tactique des bâtiments à voiles en donne, du reste,
la formule, mais elle emploie plus de temps que la première.

III.

Pour arriver à un résultat satisfaisant dans la pratique,
c'est-à-dire pour exécuter promptement le mouvement direct
en conservant, sur les deux lignes, des distances égales entre
les vaisseaux, on pourrait avoir recours à la règle empirique
suivante :

Les bâtiments de la ligne de relèvement A prendront, par
un mouvement à la fois, des routes
perpendiculaires à la ligne de relèvement B, comme dans la première
méthode.

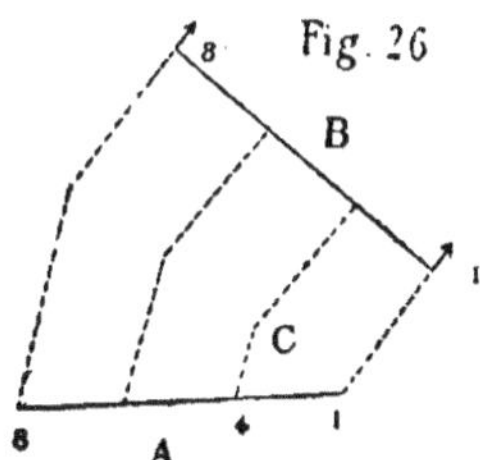

Cela fait, le régulateur 1, placé du
côté du pivot et guide du mouvement, suivra, sans varier, cette route

perpendiculaire (1 et 1') en réduisant sa vitesse au minimum
possible sans stopper (*fig.* 26).

Les autres bâtiments de la ligne A dépasseront la route perpendiculaire sur B et prendront, du côté opposé au pivot, une route 4 C (*fig.* 26) formant avec la route perpendiculaire un angle égal au quart de l'angle Z formé par les deux lignes de relèvement A et B.

La divergence établie, par ce moyen, entre la route du régulateur 1 et celle des autres bâtiments de l'armée A, a pour but d'empêcher les bâtiments de se rapprocher pendant le mouvement.

A l'exception du régulateur 1, les bâtiments suivent donc des routes parallèles entre elles, mais à mesure que chacun d'entre eux parviendra à une certaine distance C du régulateur-guide 1, il prendra la même route que lui et diminuera sa vitesse *pour la rendre égale à la sienne.*

La distance C (*fig.* 26) doit être assez grande pour assurer le maintien des distances des bâtiments de l'armée A sur la ligne B.

Le travers du régulateur-guide 1 indiquera la direction de la ligne B à former, et lorsque le deuxième régulateur sera parvenu sur cette ligne en 8′, le mouvement sera terminé, et toute l'armée aura pris la vitesse du guide, c'est-à-dire la *vitesse minimum du mouvement.*

Cette troisième manière est suffisamment exacte dans la pratique, lorsque les deux relèvements A et B se croisent sous un angle de 45 degrés et au-dessous ; mais lorsque cet angle est plus grand que 45 degrés, l'angle C devra être égal au tiers, au lieu du quart, de l'angle Z des deux lignes A et B. Du reste, il n'est pas nécessaire que cet angle soit déterminé d'une manière rigoureuse.

Pendant l'exécution du mouvement, les capitaines devront veiller avec attention le moment où leur bâtiment se trouvera à la distance C du régulateur, afin de prendre, sans perte de temps, la même route et la même vitesse que lui.

IV.

Il existe une méthode d'exécution plus prompte que la précédente. Jusqu'à présent on a pris, pour guider le mouvement, le premier régulateur de la ligne placé du côté du pivot ; mais si l'on prenait pour guide le deuxième régulateur 8 (*fig.* 27), placé à l'extrémité de la ligne opposée au pivot, l'exécution de ce mouvement présenterait, sur les méthodes précédentes, des avantages dans la durée et l'étendue.

Le deuxième régulateur, placé du côté opposé au pivot, est le bâtiment de l'armée qui a le plus de chemin à parcourir pour se rendre à son poste ; il faudrait donc éviter, pour activer le mouvement, d'avoir à le déranger de sa route, et, à ce point de vue, c'est celui qu'il serait préférable de prendre pour guide.

Cela admis, pour exécuter cette manœuvre, les bâtiments de l'armée prendront, par un mouvement à la fois, une route $(90° - z)$ perpendiculaire à la ligne de relèvement B.

Le régulateur 8, opposé au pivot et guide du mouvement,

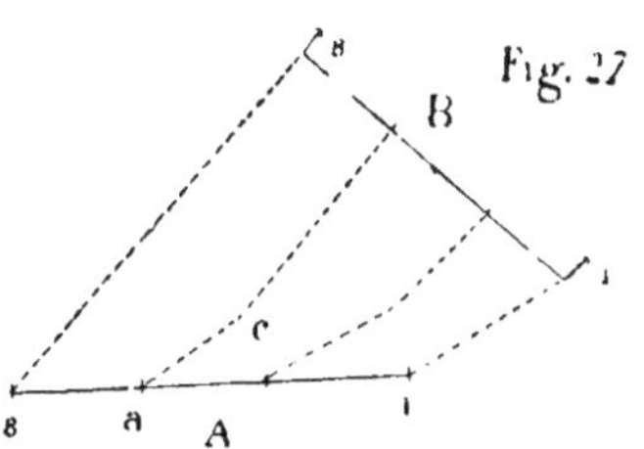

suivra cette route perpendiculaire 8, 8' sans varier, tandis que les autres bâtiments, continuant le mouvement à la fois, dépasseront la route perpendiculaire sur B pour aller prendre, du côté du pivot, une route $a\,c$ (*fig.* 27), oblique à la ligne de relèvement B.

L'angle de cette route oblique $a\,c$ avec la route perpendiculaire à B serait égal au tiers environ de l'angle des deux lignes de relèvement A et B s'il était plus petit que 45 degrés, et à la moitié environ de cet angle s'il était plus grand que 45 degrés. Il sera, du reste, facile de le déterminer en raison de la longueur de la ligne, de la différence entre les vitesses maximum et minimum du mouvement et de l'angle des deux relèvements.

L'armée étant établie sur les deux routes qui viennent d'être indiquées, tous les bâtiments, à l'exception du guide, suivront des routes $a\,c$ parallèles entre elles et diminueront leur vitesse proportionnellement au chemin qu'ils auront à parcourir pour se rendre à leur poste.

A mesure que chacun des bâtiments de l'armée parviendra à une distance c du guide suffisante pour assurer le maintien, sur la ligne B, des distances que les bâtiments occupaient sur la ligne A, il prendra la même route que le guide et *augmentera sa vitesse pour la rendre égale à la sienne.*

Le travers du deuxième régulateur-guide 8 indiquera la direction de la ligne de relèvement à prendre, et lorsque le premier régulateur 1, placé du côté du pivot, sera parvenu sur cette ligne, le mouvement sera terminé et toute l'armée aura pris la vitesse *maximum* du guide.

Par cette méthode d'exécution, on voit que le régulateur-guide, placé du côté opposé au pivot et qui a le plus de chemin à faire pour se rendre à son poste sur la ligne de relèvement B, suit, pour y parvenir, la route la plus directe avec le maximum de vitesse, et que les autres bâtiments, qui ont diminué leur vitesse proportionnellement au chemin à parcourir, prendront, en arrivant en ligne, la vitesse maximum du guide au lieu de prendre la vitesse minimum, comme lorsque le régulateur-guide est placé du côté du pivot.

Enfin, la route oblique suivie par le régulateur 1 — placé

du côté du pivot et qui prend le minimum de vitesse possible sans stopper — lui fera parcourir moins de chemin dans le sens perpendiculaire au relèvement B, que s'il avait suivi sans dévier la route perpendiculaire à cette ligne.

Ce bâtiment perdra encore du chemin, dans la même direction, par suite des rectifications qu'il devra apporter à sa route pour être assuré d'arriver exactement à son poste.

Ces causes auront pour effet d'abréger la durée du mouvement direct et de diminuer le chemin parcouru par l'armée pour passer d'une ligne de relèvement à l'autre.

Une ligne de front étendue ne pourrait exécuter devant l'ennemi, par des mouvements directs, que des conversions d'une amplitude angulaire peu considérable.

On suppose qu'une armée B est rangée en ordre de front devant une autre armée A et que cette dernière, au lieu de marcher droit sur B, marche, en ordre de file, dans une direction A A′ oblique à la ligne B (*fig.* 29).

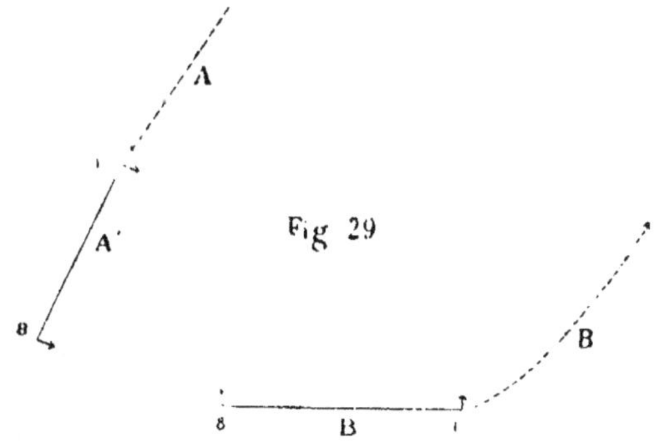

Si l'armée B était formée sur une ligne de front étendue, elle ne pourrait pas tourner assez vite, par un mouvement de conversion, pour maintenir l'armée A devant elle, à mesure que cette armée A croise sa route. Dans ce cas, l'armée

B serait obligée de venir en ligne de file, comme l'armée A, afin de pouvoir maintenir aisément cette dernière dans une direction perpendiculaire à la sienne, par un mouvement de contre-marche B B'.

En manœuvrant de cette manière, l'armée B' se tiendrait toujours prête à profiter d'un moment favorable pour faire face du côté de l'ennemi A', par un mouvement à la fois, soit pour l'attaquer, soit pour recevoir son attaque.

L'intention de l'ennemi en allant prendre position en A' pourrait être de tenter une attaque oblique d'éperon sur B, ou de provoquer, dans cette armée, un certain désordre, résultant du mouvement de conversion qu'elle aurait à exécuter pour faire face de son côté, et de profiter de ce désordre pour l'attaquer dans de bonnes conditions.

Donc, dès que l'ennemi sera en vue, à grande distance, il sera prudent de former l'armée B en ordre de file sur la ligne de bataille, pour observer et pour suivre les mouvements de l'adversaire, avant de marcher en ordre de front à sa rencontre.

Changement de direction d'une armée en ordre de marche.

Les changements de direction des ordres de marche, formés sur deux ou sur un plus grand nombre de colonnes, peuvent se faire en suivant les règles que l'on vient d'exposer pour effectuer les changements de direction d'une ligne de front.

Lorsque le changement de direction est inférieur à huit quarts, *les chefs de file des colonnes, placés par le travers les uns des autres,* manœuvreront pour aller se relever sur la perpendiculaire à la nouvelle route, comme ils le feraient s'ils étaient placés dans une ligne de front ordinaire (*fig.* 24,

25, 26, 27), et comme s'ils n'avaient aucun bâtiment derrière eux. Dans chaque colonne, les bâtiments suivront les mouvements de leur chef de file, par la contre-marche, en réglant leur vitesse sur la sienne.

Le changement de route de huit quarts exige des dispositions particulières et qui sont les suivantes : on suppose qu'une armée formée en ordre de marche sur deux colonnes (*fig.* 12) veut exécuter un changement de route de huit quarts. Pour cela, la colonne placée du côté du pivot du mouvement diminuera sa vitesse et le chef de file de cette colonne prendra la direction voulue. — Le chef de file de la colonne opposée au pivot du mouvement viendra, en même temps, de quatre quarts du côté du pivot, et lorsqu'il se trouvera à une distance suffisante pour maintenir l'intervalle qui doit exister entre les colonnes dans l'ordre de marche, il prendra la même route que le chef de file de la colonne qui a commencé le mouvement, et ira se placer par son travers.

Dans chaque colonne, les bâtiments suivront les mouvements de leur chef de file, par la contre-marche, en réglant leur vitesse sur la sienne.

Les changements de direction supérieurs à huit quarts doivent se faire par colonnes et dans chaque colonne par la contre-marche; ce sont, par le fait, des virements de bord qui doivent être exécutés suivant les règles ordinaires de ces sortes d'évolutions, comme dans la figure 17.

Il suffit d'indiquer ces mouvements, qui doivent être étudiés avec soin dans les escadres d'évolutions, ainsi que toutes les évolutions qui découlent de l'ordre de bataille et des ordres de marche que l'on a déjà décrits.

Résumé des principes de tactique pour les vaisseaux à éperon.

Le but principal de cette étude a été de fixer la forme de l'ordre de bataille des armées navales combattant sous vapeur et de chercher la meilleure organisation à donner à cet ordre pour assurer l'exécution des manœuvres de combat.

Si ces deux éléments, la forme et l'organisation de l'ordre de bataille, sont bien déterminés, il sera facile d'en déduire la forme et les propriétés des ordres de marche et d'établir d'une manière stable les évolutions de la tactique navale, car ils en sont la base.

Les évolutions de combat ne pourraient être compliquées sans qu'il en résultât de grandes difficultés pour le maintien de l'ordre dans l'armée et, en même temps, une perte de temps considérable pendant l'exécution des mouvements.

Plus les bâtiments qui composent une armée navale seront grands, et plus les évolutions de l'armée devront se rattacher à des types simples.

Il faut déjà une grande habileté pour manœuvrer le bâtiment lui-même, pour le faire tourner avec précision, l'arrêter à la place qu'il doit occuper, pour mettre en action contre l'ennemi, dans les meilleures conditions, les armes établies à bord. Si donc, par surcroît, les évolutions étaient compliquées, on peut affirmer qu'elles ne produiraient qu'une confusion dangereuse.

C'est pour cela qu'on n'a compris dans cette étude que les mouvements vraiment utiles d'une tactique navale.

Une armée est en garde lorsqu'elle présente l'avant à son adversaire, et c'est en partant de cette position, qui doit être prise de bonne heure, qu'elle peut commencer l'attaque avec l'éperon.

En approchant de l'armée ennemie, l'amiral devra, autant que possible, éviter de faire manœuvrer l'armée, parce que la moindre faute de manœuvre pourrait entraîner la perte d'un bâtiment.

Dans le cas où l'armée serait surprise à la mer sans ordre, les bâtiments manœuvreront pour se ranger sur une ligne de front de *prompte formation,* soit en marchant sur l'ennemi pour traverser sa ligne, soit en marchant en retraite.

Il serait impossible de diriger les mouvements d'une armée nombreuse pour engager une action et pour en poursuivre la continuation, si l'amiral n'était pas fortement secondé par les capitaines de l'armée ; mais l'action des capitaines ne doit avoir rien d'arbitraire, elle est soumise à des règles dont ils ne pourraient s'écarter sans compromettre le succès d'une manœuvre.

Les ordres de l'amiral sont transmis au moyen de signaux dont la préparation et l'interprétation exigent du temps ; cependant les armées navales, toujours mobiles, se déplacent et se croisent avec des vitesses très-grandes, et il peut arriver que l'instant favorable pour entreprendre un mouvement soit passé avant qu'il ait pu être signalé, ou avant que le signal ait été aperçu et compris.

Il y a des mouvements dont l'exécution doit être pour ainsi dire spontanée, parce que la durée du moment favorable pour les faire avec utilité est très-courte. Dans ces circonstances exceptionnelles, l'armée ne pourrait exécuter avec ensemble aucun mouvement si les capitaines n'avaient pas le moyen d'apprécier, d'un coup d'œil rapide, l'importance d'une situation, de la juger au même point de vue et de prévoir le mouvement que l'amiral aura à signaler.

Il est possible, sans doute, de suppléer en partie à l'imperfection du mode de commandement par signaux, par les instructions de l'amiral pour le combat ; mais si ces instructions peuvent indiquer les vues d'ensemble, elles ne sauraient prévoir les cas particuliers et tous les incidents d'une bataille navale.

L'initiative des capitaines peut seule combler cette lacune, mais pour qu'elle soit réellement utile, il est nécessaire que l'amiral et les capitaines soient guidés par les principes communs d'une tactique navale bien définie.

Pour réaliser ce *desideratum* important, le corps des officiers devrait posséder une doctrine complète de tactique navale toujours à l'étude et dont les manœuvres de combat ne seraient qu'une application.

On voit, par ce qui précède, l'importance de la prompte exécution des mouvements dans une armée navale : c'est pour assurer l'exécution des mouvements que le placement des chefs a été réglé dans l'ordre de bataille.

Toute ligne perpendiculaire à la direction dans laquelle on relève l'ennemi est en ordre de bataille. Lorsque cet ordre marche en ligne de file, l'amiral, occupant le poste de chef de file, est maître absolu de tous les mouvements qui s'exécutent par la contre-marche, et peut les diriger, même sans l'aide des signaux.

Les mouvements à la fois présentent plus de difficultés que les mouvements de contre-marche et doivent toujours être signalés. Cependant l'expérience montre que dans plusieurs batailles navales il n'a pas été toujours possible de signaler les mouvements à la fois au moment opportun, et que la manœuvre de l'amiral a pu seule indiquer à l'armée la nature de la manœuvre à exécuter. Les mouvements du bâtiment amiral doivent donc être observés de très-près à tous les instants d'une bataille navale.

Dans le but de prévenir toute hésitation, de la part des

capitaines, à imiter les mouvements de l'amiral, il serait à désirer que quelques signaux rapides puissent être établis dans l'armée pour signaler les mouvements spontanés dont il s'agit.

S'il est bien établi, et une longue expérience a confirmé ce principe, s'il est bien établi que l'amiral doit être placé en tête de l'armée lorsqu'elle marche en ligne de file, on ne pourrait admettre que, la même ligne venant à marcher en ligne de front par un mouvement à la fois, l'amiral eût à se déplacer pour aller prendre poste au centre d'une ligne de front susceptible de revenir en ligne de file, etc., suivant les mouvements préliminaires d'une action navale.

Tout indique que l'amiral doit conserver son poste à l'extrême droite de la ligne de front dans l'ordre naturel. Dans ce poste, il peut encore diriger et régler les mouvements de la ligne mieux que s'il était placé au centre de l'armée ; n'ayant d'un côté aucun bâtiment, il possède une plus grande indépendance de mouvements que les autres bâtiments. Il pourrait éviter plus facilement un choc d'éperon ou une attaque de torpilles. Enfin, dans ce poste, il n'est pas plus exposé aux attaques de l'armée ennemie que dans toute autre partie de la ligne.

Si, cependant, il existait, à ce point de vue, des appréhensions, on pourrait couvrir plus complétement l'amiral en plaçant derrière lui son matelot de combat. La même disposition serait prise alors à l'égard du bâtiment placé à l'extrême gauche et qui est celui du second chef de la ligne.

La distance à maintenir entre les bâtiments de l'armée, dans l'ordre de bataille et dans les ordres de marche, n'est pas arbitraire, elle doit être assez grande pour écarter tout danger d'abordage entre les bâtiments dans les évolutions.

Il est impossible d'admettre que l'erreur d'un bâtiment,

erreur qui pourrait être promptement corrigée, en maintenant une distance convenable entre les bâtiments, puisse devenir la cause d'un désastre dans l'armée.

Les instructions générales de la tactique ne peuvent indiquer que des distances minimum, mais une fois fixées, il faut les observer, et si un abordage venait à se produire en dedans de ces distances, on saurait à qui faire remonter la responsabilité de l'accident.

La division de la ligne de bataille a déjà été expliquée au chapitre XIV. Nous n'avons rien à y ajouter.

Les mouvements circulaires de conversion n'ont pas été mentionnés, parce qu'ils peuvent être exécutés avec plus de facilité et d'avantages par la méthode des mouvements directs, que par des mouvements circulaires qui n'offrent aux bâtiments aucun point de repère pouvant servir à guider leurs mouvements pendant la manœuvre.

C'est aussi avec intention que l'ordre de bataille triangulaire, pour les combats d'éperon, n'a pas été discuté. Dans cet ordre, appelé aussi ordre en coin, les bâtiments sont rangés sur les deux côtés d'un angle de 90 degrés, dont la pointe est tournée en avant dans le sens du mouvement et du côté de l'ennemi ; la route de l'armée divise l'angle du sommet en deux parties égales.

L'ordre en coin ne paraît remplir aucune des conditions d'un ordre de bataille. En effet, l'indépendance des mouvements des vaisseaux rangés sur les deux côtés de l'angle n'existe pas ; on ne pourrait changer la direction de la route de l'armée, en maintenant l'ordre, que par des mouvements de conversion très-lents. Dans cet ordre, les mouvements à la fois sont impraticables et l'armée ne pourrait pas se retourner en arrière ou sur les côtés, par *des mouvements à la fois,* suivant les besoins d'une action navale.

Si l'adversaire contre lequel cet ordre est employé évitait par des marches obliques (*fig.* 29) de rester dans l'axe du mouvement d'une armée formée en coin, cette dernière ne pourrait pas tourner assez vivement pour lui présenter la pointe du coin à mesure qu'il se déplacerait pour croiser sa route.

Par contre, si l'ordre de bataille de l'adversaire possédait une grande mobilité, il pourrait, après avoir évité, par une marche oblique, le choc de l'ordre angulaire, tomber sur les bâtiments qui occupent la queue des deux branches de cet ordre, lesquels resteraient longtemps sans défense, puisque les bâtiments placés en avant ne pourraient pas se retourner vivement, par un mouvement à la fois, du côté des points attaqués.

L'ordre en coin paraît avoir été emprunté à la tactique des galères, mais, même avec des galères, il n'a jamais été employé que pour forcer des passes étroites.

Le vicomte de Morogues le recommande également dans sa *Tactique navale* (1763) pour forcer un passage avec des bâtiments à voiles.

Les considérations qui précèdent, concernant les ordres de bataille et les ordres de marche des armées navales sous vapeur, sont fondées sur des observations dont il serait difficile de contester l'importance. Les principes sur lesquels elles s'appuient sont déduits d'une étude attentive des manœuvres de combat des armées à voiles, les seules qui aient eu à supporter des guerres maritimes d'une longue durée (1).

L'ancienne division de ces armées en trois corps, l'avant-garde, le corps de bataille et l'arrière-garde, ne semble pas répondre aux besoins de la flotte actuelle ; c'est pourquoi elle a été remplacée par des subdivisions multiples de 2, qui découlent naturellement de la méthode des concentrations.

____

(1) Voir, page 145, le résumé des principes de la tactique à voiles.

Le bàtiment de ligne varie incessamment dans sa grandeur et dans le développement de ses moyens d'attaque et de défense ; il serait donc impossible de fixer, d'une manière définitive, un programme pour la composition de la flotte. Cependant, il est nécessaire de jeter un coup d'œil sommaire sur la composition des armées navales actuelles et sur le bâtiment de ligne considéré comme unité de combat.

CHAPITRE XVII

DES BATIMENTS DE LIGNE.

Les avantages qu'une armée navale pourrait obtenir en suivant les règles que l'on vient de tracer pour combattre seraient peu importants si les bâtiments ne possédaient pas les qualités nécessaires pour exécuter facilement, rapidement et dans un espace peu étendu, toutes les évolutions de la tactique navale.

On sait que la flotte est composée de plusieurs catégories de bâtiments pourvus de qualités spéciales, en raison des services qu'ils sont appelés à rendre, dans les armées navales, dans les mers rapprochées, dans les parages lointains ou dans les croisières.

Plusieurs des bâtiments appartenant à ces catégories sont capables de figurer dans un ordre de bataille; on les a désignés sous la dénomination générale de bâtiments de ligne; ils ne sont pas tous, nécessairement, de même grandeur et de même force.

On ne peut déterminer la valeur d'un bâtiment de ligne que par l'étude des armes établies à bord — artillerie, éperon, torpilles — et par l'examen des qualités qu'il doit posséder pour les employer avec avantage contre l'ennemi.

Tous les bâtiments de ligne peuvent porter les trois armes, cependant il existe plusieurs catégories de bâtiments dans la flotte, non-seulement au point de vue nautique, mais encore au point de vue du combat, en raison de la prépondérance plus ou moins grande que l'on se propose de donner, sur un bâtiment, à l'une des trois armes sur les deux autres; chacune des trois armes exerce, en effet, une influence particulière sur la grandeur du navire et sur les qualités de manœuvre qu'il doit posséder.

Si on considère le bâtiment de ligne au point de vue particulier du développement de sa force en artillerie, on est conduit à donner au bâtiment appartenant à cette catégorie, l'artillerie la plus puissante qu'il sera possible de créer; mais pour réaliser un pareil *desideratum,* on sera obligé d'augmenter sa grandeur en proportion de la charge plus forte qu'il aura à porter.

Est-il bien certain qu'il y ait avantage à s'engager indéfiniment dans la voie du développement progressif de la puissance de l'artillerie et de l'épaisseur de la cuirasse ? Il y a évidemment à cette progression une limite que l'on ne pourrait dépasser sans nuire aux qualités nautiques et aux qualités giratoires du bâtiment; là se trouve la limite de sa grandeur.

Il n'est guère possible d'admettre qu'un bâtiment de ligne de haute mer puisse porter une cuirasse d'une épaisseur supérieure à 35 centimètres en conservant des qualités de navigation et des qualités d'évolution convenables.

Si l'on suppose cependant que, par des artifices de construction, on soit parvenu à donner à la cuirasse du réduit ou à celle des tours une épaisseur de 45 centimètres (1), il semble qu'un canon capable de perforer cette épaisseur de

---

(1) On n'entend pas donner l'épaisseur de cuirasse de 45 centimètres comme une limite maximum, on pourra sans doute la dépasser; mais les bâtiments de cette espèce formeront toujours une catégorie exceptionnelle, d'un rayon d'action limité et plus propres, peut-être, à naviguer dans la Méditerranée que dans les grosses mers de l'Océan.

cuirasse à la distance de 1,200 mètres aurait une puissance suffisante pour armer un bâtiment de ligne, au point de vue des combats d'artillerie à la mer.

En effet, le tir à la mer contre un bâtiment ne peut avoir aucune précision au delà de la distance de 1,200 mètres — quelle que soit du reste la tension des trajectoires, — par toutes les causes d'erreur qui affectent le tir du canon à bord.

Ces causes d'erreur proviennent des mouvements du roulis, du tangage, des embardées du bâtiment et surtout des variations de la distance, dont la mesure est difficile à obtenir d'une manière exacte au moment du tir, parce que les deux adversaires se déplacent rapidement ; les causes d'erreur dans le tir peuvent encore provenir de la gêne que l'on éprouve, dans les batteries, à suivre les mouvements du bâtiment ennemi, au moyen du pointage latéral d'un canon placé souvent à un sabord de dimensions réduites par rapport au volume du canon, ou même sur les ponts et dans les tourelles.

Si on admet qu'un canon capable de perforer une cuirasse de 45 centimètres à la distance de 1,200 mètres sera suffisant pour armer convenablement un bâtiment de ligne — artillerie, — il serait préférable d'employer le poids restant disponible, à bord, pour l'artillerie, à augmenter le nombre des canons du bâtiment, plutôt qu'à développer encore la puissance de l'arme au moyen de son poids.

Les armées navales seront rarement conduites à livrer à la mer des combats d'artillerie à distance, parce que le nombre des coups de canon dont un bâtiment peut disposer pour combattre est restreint — 110 coups par pièce — et que, devant le défaut de précision du tir à la mer, les approvisionnements de l'artillerie seront promptement épuisés, sans avoir produit des dommages en rapport avec la quantité de munitions dépensées.

La forme que prendront désormais les batailles navales semble exclure les combats d'artillerie à distance ; tous les bâtiments de ligne sont armés d'un éperon et les armées navales ne pourront plus, comme autrefois, attendre l'attaque de l'ennemi en présentant le côté, sans rester exposées à une perte certaine ; il faudra donc nécessairement que les bâtiments présentent l'avant à l'ennemi pour marcher à sa rencontre, ou bien qu'ils présentent l'arrière pour éviter son attaque ; or, le tir à distance que l'on pourrait diriger contre l'avant ou contre l'arrière d'un bâtiment cuirassé serait sans efficacité — du moins à la flottaison, — parce que, dans ces deux parties, la cuirasse se présente au tir sous un angle très-oblique. Le bâtiment n'offrirait d'ailleurs, dans cette direction, qu'un but peu étendu sur lequel l'ennemi lui-même ne pourrait diriger, par l'avant ou par l'arrière, qu'une artillerie peu nombreuse et généralement plus faible que l'artillerie de côte.

Lorsque deux armées ennemies sont en présence, on sait que, pour engager l'action, les bâtiments des deux armées doivent se diriger les uns contre les autres pour se choquer par l'avant ; ce sera seulement, au moment où ils se croiseront à contre-bord, après le choc — si le choc a eu lieu, — que le tir du canon pourra être employé d'une manière utile et toujours à une très-petite distance ; il y a donc un intérêt de premier ordre à réserver les munitions de l'artillerie pour les employer à ce moment du combat.

Malgré tout l'intérêt que présente le développement de la force d'un bâtiment en artillerie, on ne pourrait cependant augmenter sa grandeur au delà d'une certaine mesure sans nuire à ses qualités de manœuvre et, par suite, sans le mettre dans de mauvaises conditions pour supporter l'attaque de bâtiments à éperon et des torpilleurs de mer, plus petits et plus nombreux.

Si on considère le bâtiment de ligne au point de vue particulier des combats d'éperon, on est conduit à donner aux bâtiments de cette catégorie une grandeur modérée, et à en multiplier le nombre pour augmenter le nombre des éperons qu'une armée pourra mettre en ligne.

Quelle que soit la grandeur d'un bâtiment, il n'a qu'un éperon, et cet éperon n'a pas une puissance plus grande que celui d'un bâtiment plus petit, lorsque le poids de ce dernier est suffisant pour rendre son action efficace contre les murailles les plus solides ; il peut même arriver que le bâtiment le plus petit soit supérieur à l'autre, lorsqu'il possède des qualités d'évolution plus grandes.

A ce point de vue, les corvettes cuirassées sont de bons bâtiments à éperon.

Les bâtiments armés de torpilles portées ou divergentes, capables de figurer dans un ordre de bataille, n'exigent pas, pour être bien armés, une grandeur considérable ; cet armement paraît convenir, plus spécialement, à des bâtiments de la grandeur des croiseurs de première classe, qui ne portent qu'une artillerie relativement faible et ne pourraient combattre, sans danger pour eux-mêmes, au moyen du choc de l'avant ; ce sont, en général, des bâtiments de deuxième ou de troisième ligne dans l'ordre de bataille.

Les bâtiments à éperon et les torpilleurs de mer doivent posséder une grande vitesse et des qualités giratoires excellentes, afin de pouvoir se servir, avec avantage, des armes dont ils sont pourvus.

En résumé, on peut augmenter progressivement la force d'un bâtiment en artillerie, en développant sa grandeur pour le rendre capable de porter des canons de plus en plus puissants avec la cuirasse qui correspond à cette artillerie.

Il n'en est pas de même pour les deux autres armes ——

éperons et torpilles — on ne pourrait pas augmenter la puissance de chacune de ces deux armes en développant la grandeur du bâtiment, mais on pourra obtenir, en multipliant le nombre des bâtiments de ces deux catégories, un accroissement de leur puissance au moyen de manœuvres de concentration.

Une armée navale peut donc contenir, dans sa composition, des bâtiments de ligne de diverses grandeurs en raison de leur armement spécial ; tous ces bâtiments, pour figurer avec avantage dans un ordre de bataille, doivent être pourvus de qualités giratoires qui ne diffèrent pas trop d'un bâtiment à l'autre ; c'est le seul moyen de rendre l'exécution des évolutions facile. On doit encore s'efforcer de donner aux armées le tour d'évolution le plus petit qu'il sera possible d'obtenir pour des bâtiments de ligne.

A ce point de vue, les bâtiments à deux hélices ne paraissent pas avoir une supériorité d'évolution sur les bâtiments à une seule hélice ; en effet, lorsqu'on manœuvre les hélices, dans le but de faire décrire au bâtiment un tour aussi réduit que possible, on met en action des forces dont on ne peut pas régler la mesure, comme on règle la force du gouvernail au moyen du mouvement de la barre ; il pourra donc arriver que, par suite de la manœuvre des hélices, le bâtiment décrive un tour dont on ne sera pas toujours maître de régler la grandeur ; ce sont là de mauvaises conditions pour manœuvrer en ordre de bataille.

On a vu qu'au début d'une action navale, les bâtiments des deux armées s'avancent les uns contre les autres pour engager le combat au moyen de l'éperon ; il est possible qu'au lieu de se choquer par l'avant, ils se bornent à passer dans les intervalles de la ligne opposée, pour faire usage des torpilles remorquées et, en même temps, de l'artillerie de côté ;

cependant, ils pourront manœuvrer pour se choquer sur l'avant, et dans ce cas, l'avantage restera à celui des deux bâtiments qui aura l'avant le plus solide.

Pour résister au choc de l'éperon dans le sens longitudinal, l'avant du bâtiment devra présenter des formes déclives sur lesquelles l'éperon de l'adversaire pourra glisser sans pénétrer dans la muraille ; cette partie du bâtiment pourra être renforcée par une cuirasse qui aura pour effet de favoriser le glissement de l'éperon au moment du choc, et cette cuirasse devra s'étendre assez bas pour garantir les œuvres vives de l'avant de toute atteinte ; enfin, le bâtiment sera protégé à l'intérieur par un système de cloisons étanches bien établi.

Les cloisons étanches constituent un système défensif, peut-être plus important que la cuirasse. On peut considérer la cuirasse comme la protection du personnel combattant ; si elle est perforée, par un projectile, dans le travers des batteries, il pourra en résulter, sans doute, de très-grands dommages, comme il peut s'en produire sur des vaisseaux sans cuirasse, mais le bâtiment ne sera pas perdu pour cela.

Les cloisons étanches protégent le bâtiment lui-même. Si un bâtiment est bien emménagé de cloisons étanches et qu'il vienne à être crevé dans ses œuvres vives par un projectile, par un coup d'éperon, ou par l'explosion d'une torpille, il ne sera pas entièrement perdu ; il sera possible de sauver l'équipage et, peut-être même, de continuer le combat.

Bâtiments spéciaux pour la défense des côtes.

Les considérations générales que l'on vient d'exposer et qui concernent les bâtiments de ligne, seraient incomplètes, si on n'examinait pas encore le navire de guerre au point de vue spécial de la défense des côtes.

L'instrument le plus puissant à employer pour la défense des côtes, c'est la flotte de ligne; elle est la force mobile par excellence, capable de se porter sur les points menacés du littoral pour combattre les forces de l'ennemi, malgré les obstacles que pourraient lui opposer le vent et la mer. Cependant, il peut exister une défense navale locale sur les points de la côte qu'il y a intérêt à protéger d'une manière particulière.

On peut diviser les bâtiments de défense locale en deux catégories, qui sont : les gardes-côtes cuirassés de diverses classes et les torpilleurs de rade.

Les gardes-côtes cuirassés, dont l'action est locale, n'ont pas besoin d'avoir un rayon d'action étendu pour remplir le rôle auquel ils sont affectés, et dès lors, il devient possible de supprimer, sans inconvénient, la mâture de ces bâtiments et de réduire leurs approvisionnements, de toute nature, au strict nécessaire. L'allégement qui résultera de ces suppressions sera employé à augmenter la résistance de la cuirasse et la vitesse. Ces sortes de bâtiments n'étant pas destinés à faire campagne, rien n'empêche de les diviser, à l'intérieur, en une multitude de cloisons étanches ou de cellules, de manière à les rendre insubmersibles.

Les gardes-côtes ayant pour arme principale l'éperon, doivent avoir une longueur modérée, afin de pouvoir évoluer aisément dans un petit espace (1); leur tirant d'eau, toujours peu considérable, doit être établi d'après la profondeur des eaux sur lesquelles ils sont appelés à manœuvrer, et de manière à leur laisser la faculté de se réfugier sur les petits

---

(1) A ce point de vue, ils pourraient être pourvus, avec avantage, de deux hélices.

fonds de la côte, lorsqu'ils sont obligés de se dérober à des attaques trop vives de la part des grands bâtiments.

Les gardes-côtes peuvent fournir un renfort important aux forces navales opérant, devant l'ennemi, dans la portée de leur rayon d'action. Cependant, il faudrait se garder de donner, à cette catégorie de bâtiments, un développement capable d'amoindrir l'effectif de la flotte de ligne, parce qu'ils ne sont, par le fait, que des bâtiments incomplets, dont le rôle est tout à fait limité.

Ces bâtiments, en effet, ne seraient utiles que pour défendre les rades militaires exposées à des attaques ou à des insultes du côté de la mer; ils ne pourraient être affectés, sans inconvénient, à la défense générale des côtes. C'est le rôle de la flotte de ligne.

Les bateaux à torpilles de rade sont faits pour naviguer sur des mers plates; néanmoins, ils doivent pouvoir agir par tous les temps, dans un certain rayon en dehors de l'entrée de la rade qu'ils ont à défendre; sans cela leur rôle perdrait de son importance.

Les bateaux torpilleurs sont peu coûteux et il sera toujours facile d'en placer dans les localités du littoral qui ont besoin d'un moyen spécial de défense.

Pour favoriser leur action, il serait indispensable de créer des abris, ou plutôt des embuscades, près des batteries de côte, afin qu'ils pussent s'y réfugier en cas de poursuite, et de là, guetter les mouvements des bâtiments ennemis, pour les attaquer s'ils s'approchaient à leur portée.

Pour apprécier le rôle que les bâtiments affectés à la défense locale des côtes sont appelés à remplir, il convient d'examiner la nature des opérations qu'une puissance maritime pourrait entreprendre contre les côtes de son adversaire.

L'attaque des côtes comprend trois opérations distinctes :

1° Attaque de vive force pour pénétrer dans l'intérieur des rades militaires ;

2° Bombardement des places du littoral ;

3° Débarquement de corps de troupes, etc.

La défense des côtes doit être organisée pour combattre ces trois espèces d'agression.

Nous ne pouvons présenter, à ce sujet, que quelques considérations très-courtes.

Attaque de vive force.

Un bâtiment qui attendrait, à l'ancre, une attaque d'éperon serait perdu.

Il est donc nécessaire de protéger les forces navales mouillées sur les rades militaires contre toute attaque venant du côté de la mer, afin qu'elles puissent se réparer et se ravitailler en toute sûreté, sans être obligées de se tenir constamment en branlebas de combat, les feux allumés et toujours en alerte pour être en mesure de déjouer les entreprises de l'ennemi.

La vitesse des armées navales est si grande qu'elles peuvent paraître à l'improviste devant les rades, avec des moyens d'attaque capables de détruire des bâtiments surpris au mouillage.

L'artillerie des batteries à terre ne pourrait arrêter des vaisseaux cuirassés, décidés à forcer l'entrée d'une rade pour obtenir, coûte que coûte, un résultat important.

La flotte de ligne pourrait, sans doute, s'opposer à une agression contre une rade, en se portant au-devant de l'ennemi pour le combattre, mais elle peut n'être pas disponible, ou bien être employée au loin, ou, enfin, bloquée dans un autre port par des forces supérieures ; une rade militaire doit donc pouvoir se défendre, par ses seuls moyens, contre des attaques de vive force ou par surprise ; c'est ce qui justifie l'existence d'une défense navale locale.

Des études faites avec soin ont établi que le moyen de défense le plus sûr et en même temps le moins coûteux, à opposer à des attaques contre l'intérieur des rades, consiste à couvrir le mouillage des bâtiments de guerre par des retranchements infranchissables pour les bâtiments ennemis.

Plusieurs moyens ont été proposés pour atteindre ce but :

1° Des lignes de torpilles de fond ; ce genre de barrage, d'un appareil compliqué, est loin de présenter un obstacle infranchissable pour des bâtiments, il est possible de désorganiser les lignes en draguant les fils des amorces, etc.; enfin, ce système de barrage ne peut inspirer qu'une confiance très-limitée lorsque les lignes ont une grande longueur.

Les lignes de torpilles ne pourraient pas empêcher des bateaux-torpilleurs de se glisser dans une rade la nuit et par des temps brumeux.

2° Des estacades flottantes ; ce genre de barrage a été repoussé comme insuffisant. Il sera toujours possible de détruire les flotteurs et même de briser les chaînes d'un barrage flottant au moyen de sachets de dynamite ou de torpilles portées, etc.

3° Les barrages en pierres, en transformant une rade en un port fermé, sont seuls capables de donner une sécurité absolue aux bâtiments au mouillage sur les rades des ports militaires.

Les barrages en pierres peuvent être disposés, dans chaque localité, suivant la configuration des lieux, laissant une ouverture de 300 à 400 mètres, suffisante pour le passage des bâtiments. Il sera toujours facile de défendre un passage de cette largeur de manière à en interdire l'accès à l'ennemi.

Dans le cas où un arsenal maritime, bloqué par mer, serait en même temps assiégé par terre, les barrages en pierres empêcheraient les bâtiments du blocus de pénétrer dans l'intérieur de la rade pour prendre la place à revers, et seconder les attaques de terre, surtout au moment décisif d'un assaut.

Ces dispositions défensives ne sont pas nouvelles, elles étaient déjà en pratique à l'époque où les galères et autres bâtiments à rames composaient les armées navales.

Bombardement.

Il ne serait pas possible d'empêcher d'une manière absolue le bombardement des places maritimes par des forces navales ennemies, lorsque la flotte de ligne est impuissante à s'opposer à ces agressions.

Cependant, si la rade menacée est couverte par des barrages ou jetées, les batteries destinées à défendre le mouillage intérieur devenant inutiles, il sera possible de les supprimer, en partie, et d'accumuler les batteries de gros calibre à l'extérieur, sur les points de la côte les mieux placés pour battre les bâtiments ennemis, et les obliger à se tenir aussi éloignés que possible du corps de la place.

S'il existe une force navale de défense locale, les gardes-côtes cuirassés et les bateaux torpilleurs de rade feront des sorties pour inquiéter l'ennemi, l'empêcher de mouiller pour donner plus de précision à son tir, et pour le tenir, avec l'aide des batteries de la côte, aussi éloigné que possible de la rade.

Si, dans les engagements qu'ils auraient à livrer pour atteindre ce but, les bâtiments de la défense locale étaient trop pressés par l'ennemi, ils pourraient se réfugier derrière les barrages ou les abris disposés sur la côte à cet effet, pour se réparer, se ravitailler et se tenir prêts à tenter de nouvelles sorties.

Ces moyens défensifs ne seraient pas toujours suffisants pour empêcher une escadre ennemie de lancer quelques boulets sur la place, mais ils sont capables de l'empêcher d'effectuer un bombardement en règle.

On sait que les canons établis en batterie dans le réduit d'un vaisseau de ligne n'ont pas un pointage en hauteur supérieur à 9 degrés, ils ne pourraient donc être employés, pour un bombardement, qu'à la condition de tenir le bâtiment fort près de la place, et par suite, à petite distance des batteries les plus avancées de la côte. Or, les canons des batteries à terre auront toujours une supériorité de pointage, et peuvent avoir une supériorité de calibre sur ceux des vaisseaux. Les canons établis en barbette sur le pont des gaillards et dans les tourelles des bâtiments peuvent avoir 25 degrés de pointage en hauteur, ce sont les seuls capables de donner des angles de pointage nécessaires pour le tir à distance, mais le nombre en est réduit.

Du reste, les bombardements ne sont pas aussi redoutables qu'on pourrait le supposer, ils seraient impuissants, par eux-mêmes, à faire tomber une place qui ne serait pas attaquée en même temps par terre.

On peut donner à l'appui de cette opinion l'exemple de Sébastopol. Cette place a été bombardée par les flottes alliées le 17 octobre 1854, jour de l'ouverture du siége.

Cette attaque formidable et d'autres attaques de même nature faites par les vaisseaux, n'ont exercé aucune influence sur la durée du siége et sur la reddition de la place.

C'est un barrage établi par les Russes qui a empêché les bâtiments alliés de forcer l'entrée du port pour prendre la place à revers, et qui a permis à Sébastopol d'opposer une longue résistance aux efforts des armées alliées.

Débarquements.

Le principal moyen de défense contre les débarquements de troupes, lorsque les forces navales ne sont pas en mesure de s'opposer aux opérations de l'ennemi, réside dans le chemin de fer de ceinture du littoral; ce puissant moyen de transport permet d'expédier promptement les troupes nécessaires pour combattre les forces du débarquement.

En résumé, on voit par ce qui précède, que la flotte de ligne est la base de la puissance navale, et que les opérations de mer de quelque importance, telles que les bombardements, les transports de troupes, etc., ne pourraient être entreprises avec sécurité, si la flotte de ligne de l'ennemi n'a pas été, préalablement, réduite à l'impuissance.

C'est donc la flotte de ligne qu'il convient de développer de préférence aux forces accessoires qui viennent se joindre à elle pour constituer l'ensemble des forces navales. Il y a évidemment une proportion nécessaire à donner à chacune de ces forces secondaires — croiseurs — bâtiments de transport — gardes-côtes cuirassés — en raison de leur degré d'importance, mais elle ne doit pas nuire au développement de la force principale.

A ce point de vue, il faut s'efforcer de réduire les établissements à terre au strict nécessaire, afin de diminuer, dans la mesure du possible, les frais généraux relatifs à la construction, à l'armement et à l'entretien du matériel naval.

Plus les frais généraux seront considérables et plus l'effectif à flot se trouvera réduit. Il y a donc un grand intérêt à emprunter à l'industrie une partie de ses moyens d'action.

La marine de commerce pour les transports, les chantiers du commerce pour les constructions, les usines de l'industrie pour le matériel d'armement et de construction, peuvent fournir à la marine militaire des moyens puissants, au grand avantage des deux parties.

ADDITIONS ET ERRATA.

Page 30, ligne 16, au lieu de : « on ne trouvera pas étrange, dit-il, qu'un », *lisez :* « on ne trouvera pas étrange qu'un ».

Page 34, ligne 1, au lieu de : D′, *lisez :* D″.

Page 43, ligne 15, après : « sous le vent à elle », *ajoutez :* « Si la force C (*fig.* 4) est placée au vent de l'arrière-garde de la ligne A, cette ligne A couvrira son arrière-garde A′ en virant vent devant par contre-marche. »

Page 80, ligne 25, au lieu de « bouches », *lisez* boucles ».

Page 89, ligne 1, au lieu de : « si l'avant-garde de l'armée sous le vent B′ », *lisez :* « lorsque les lignes se croisent à contre-bord (*fig.* 20), si l'avant-garde de l'armée sous le vent B est ».

Page 118, ligne 3, au lieu de : (*fig.* 30), *lisez :* (*fig.* 31).

Page 128, ligne 29, au lieu de : S′, *lisez :* C.

Page 142, ligne 9, après : « on signala », *ajoutez :* « d'être prêt à mouiller et à combattre, en attaquant l'avant-garde et le centre de l'ennemi, et de former », etc.

TABLE DES MATIÈRES.

Nancy, impr. Berger-Levrault et Cⁱᵉ.